汉语国际教育与中华文化推广系列丛书

成都平原
语音历史层次研究

CHENGDU PINGYUAN
YUYIN LISHI CENGCI YANJIU

何 婉◎著

四川大学出版社
SICHUAN UNIVERSITY PRESS

项目策划：徐　燕
责任编辑：张伊伊
责任校对：毛张琳
封面设计：墨创文化
责任印制：王　炜

图书在版编目（CIP）数据

成都平原语音历史层次研究 / 何婉著. — 成都：
四川大学出版社，2021.11
　ISBN 978-7-5690-4514-7

　Ⅰ. ①成… Ⅱ. ①何… Ⅲ. ①西南官话－方言研究－
成都 Ⅳ. ① H172.3

中国版本图书馆 CIP 数据核字（2021）第 027463 号

书　名	成都平原语音历史层次研究
著　　者	何　婉
出　　版	四川大学出版社
地　　址	成都市一环路南一段 24 号（610065）
发　　行	四川大学出版社
书　　号	ISBN 978-7-5690-4514-7
印前制作	四川胜翔数码印务设计有限公司
印　　刷	四川盛图彩色印刷有限公司
成品尺寸	170mm×240mm
插　　页	8
印　　张	17
字　　数	323 千字
版　　次	2021 年 11 月第 1 版
印　　次	2021 年 11 月第 1 次印刷
定　　价	78.00 元

版权所有 ◆ 侵权必究

◆ 读者邮购本书，请与本社发行科联系。
　电话：(028)85408408/(028)85401670/
　(028)86408023　邮政编码：610065
◆ 本社图书如有印装质量问题，请寄回出版社调换。
◆ 网址：http://press.scu.edu.cn

四川大学出版社
微信公众号

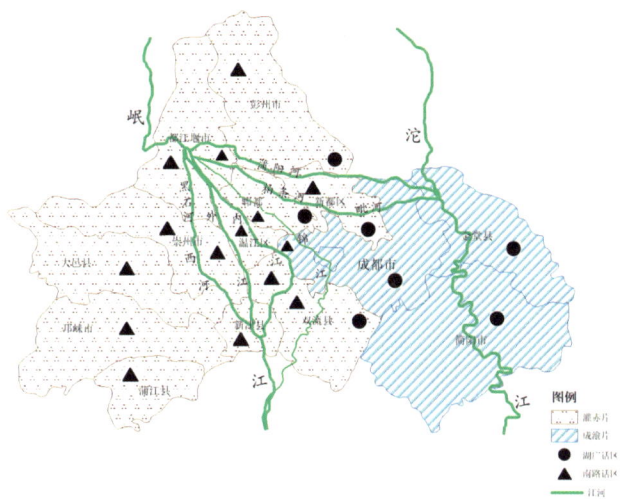

图1-1 21世纪初成都地区方言分布

图1-2 成都平原十三个方言点分布图

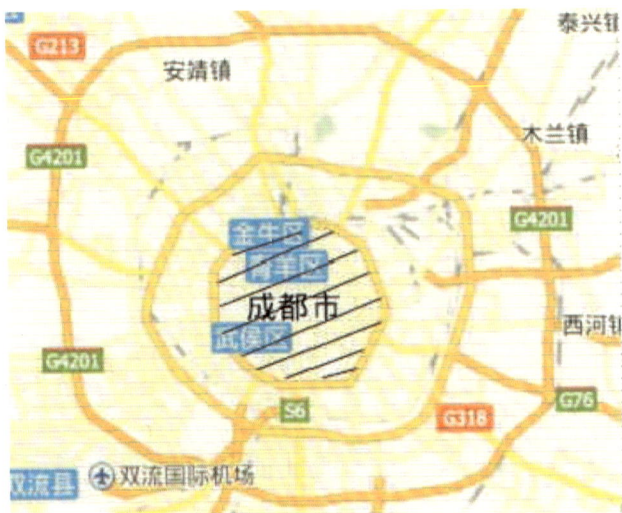

图 3-1 成都市区地理位置图

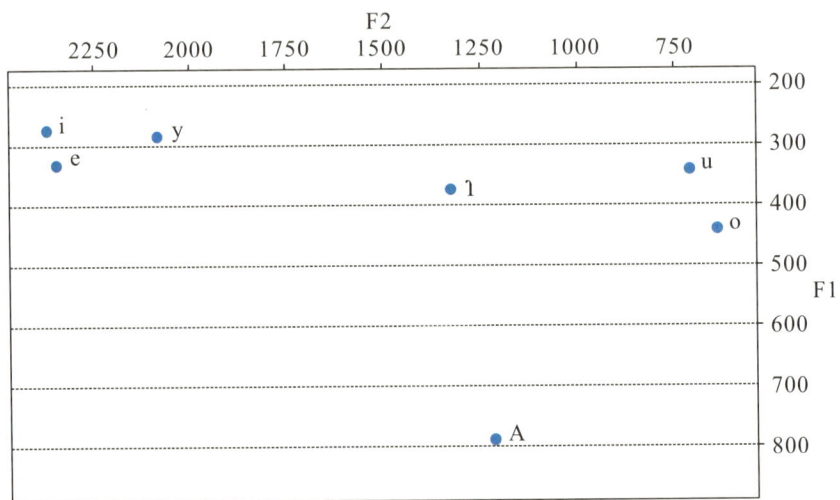

图 3-2 成都话声学元音图

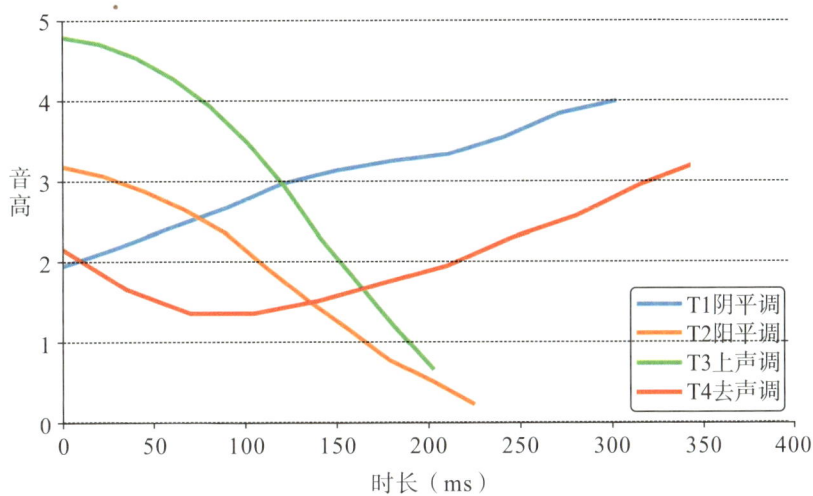

图 3-3　成都话声调曲线图

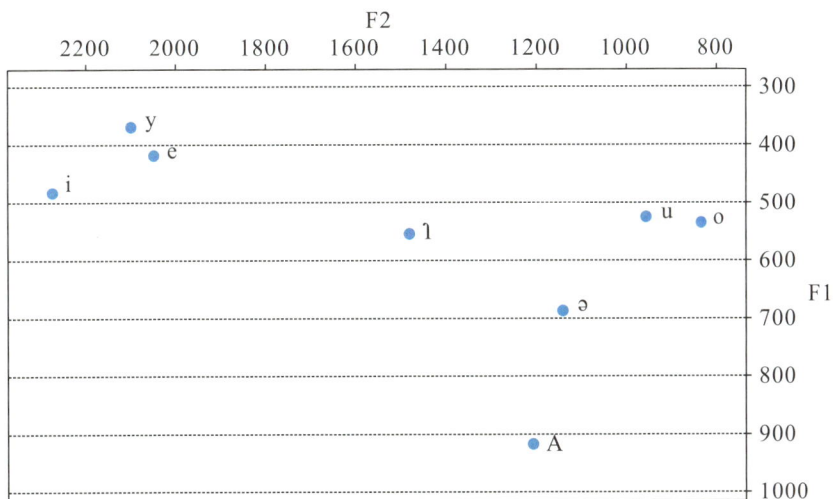

图 3-4　茶店话声学元音图

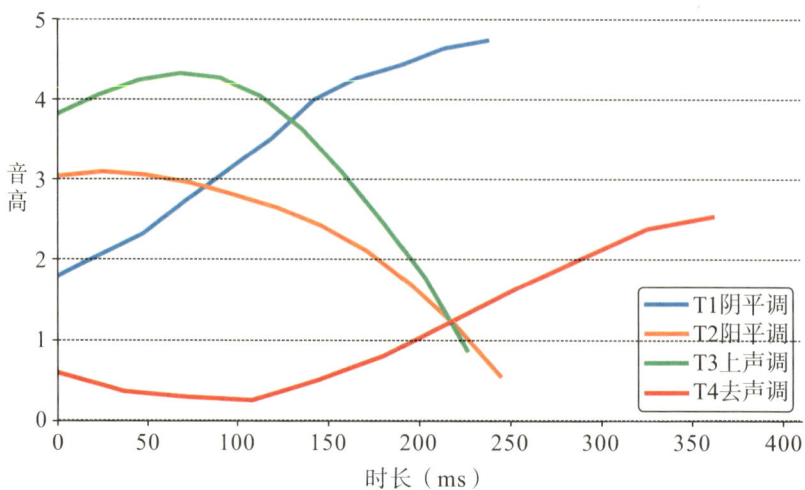

图 3-5 茶店话声调曲线图

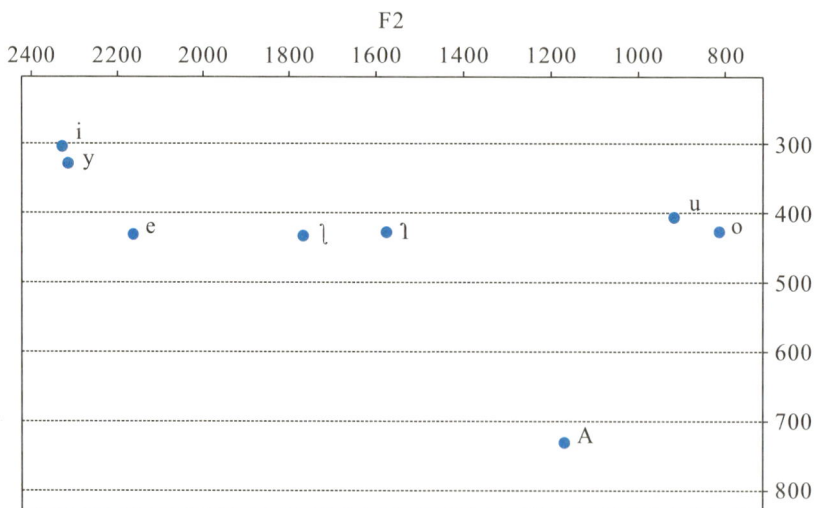

图 3-6 三河话声学元音图

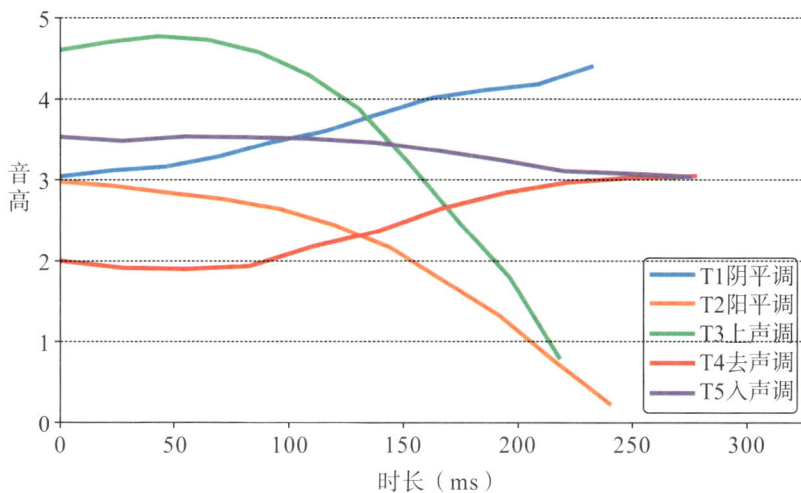

图 3-7　三河话声调曲线图

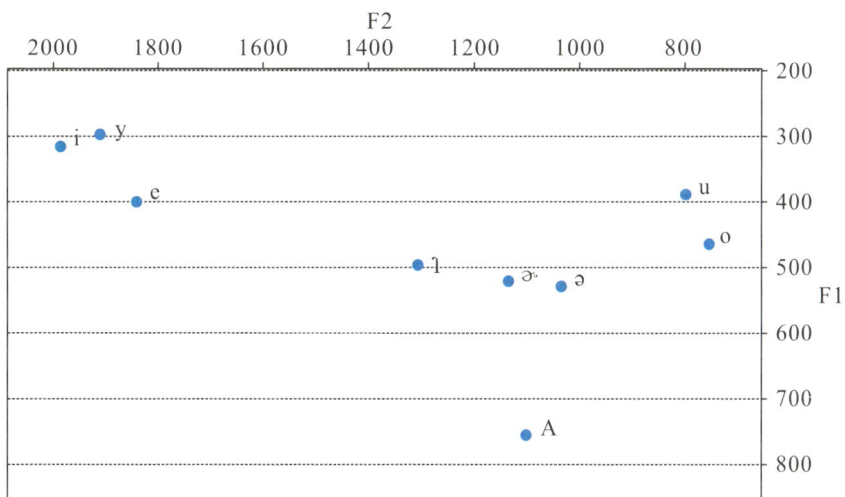

图 3-8　石羊话声学元音图

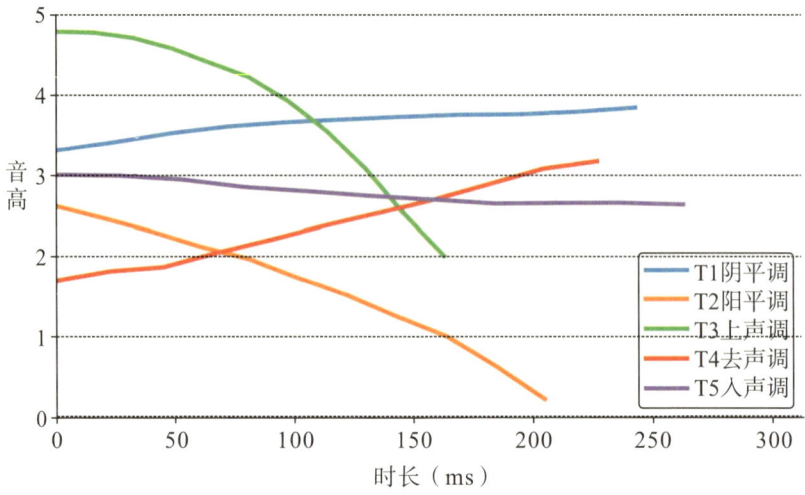

图 3-9 石羊话声调曲线图

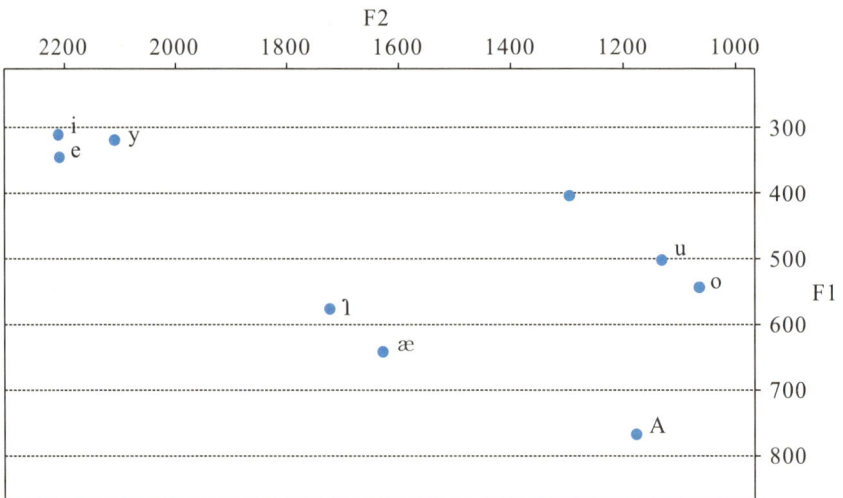

图 3-10 九江话声学元音图

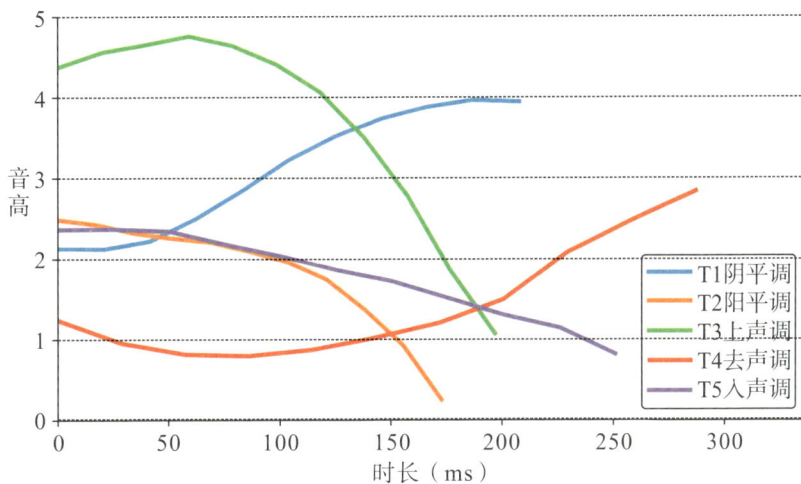

图 3-11 九江话声调曲线图

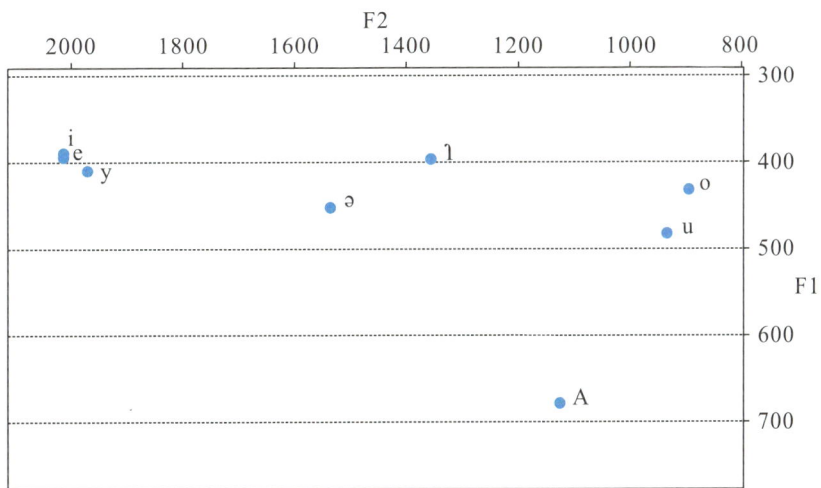

图 3-12 雍渡话声学元音图

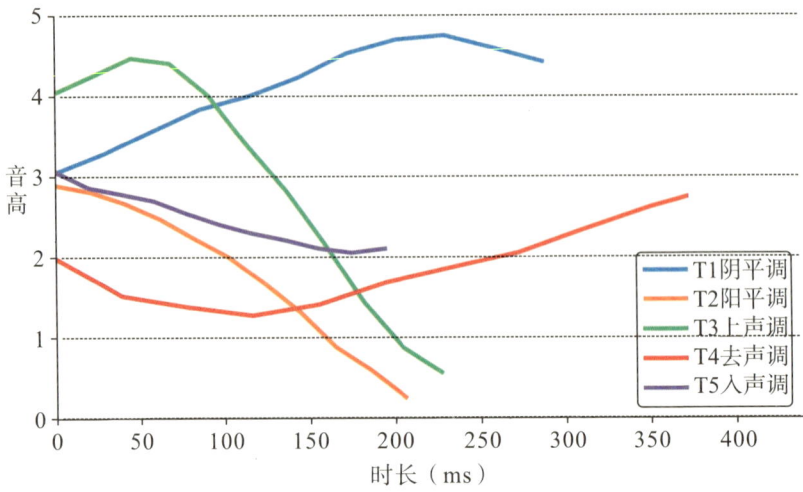

图 3-13 雍渡话声调曲线图

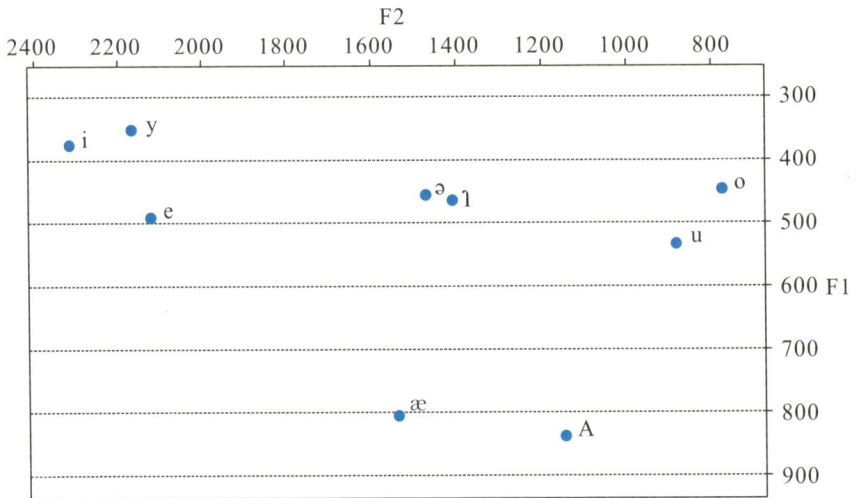

图 3-14 永宁话声学元音图

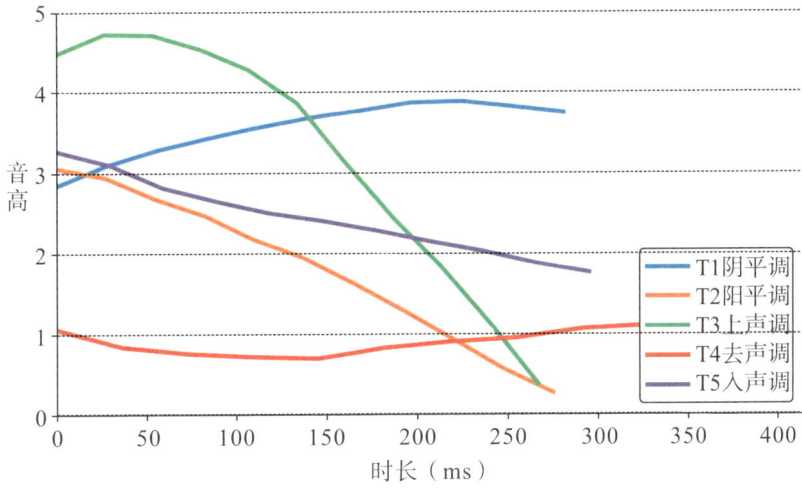

图 3-15　永宁话声调曲线图

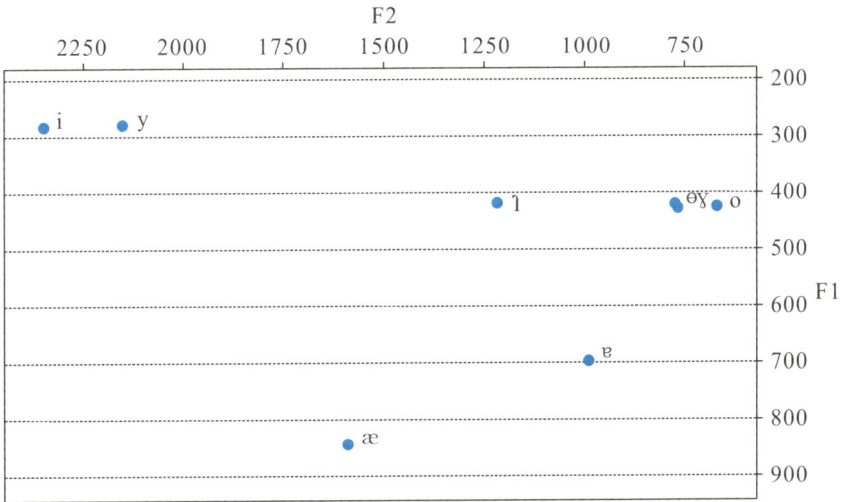

图 3-16　都江堰河东话声学元音图

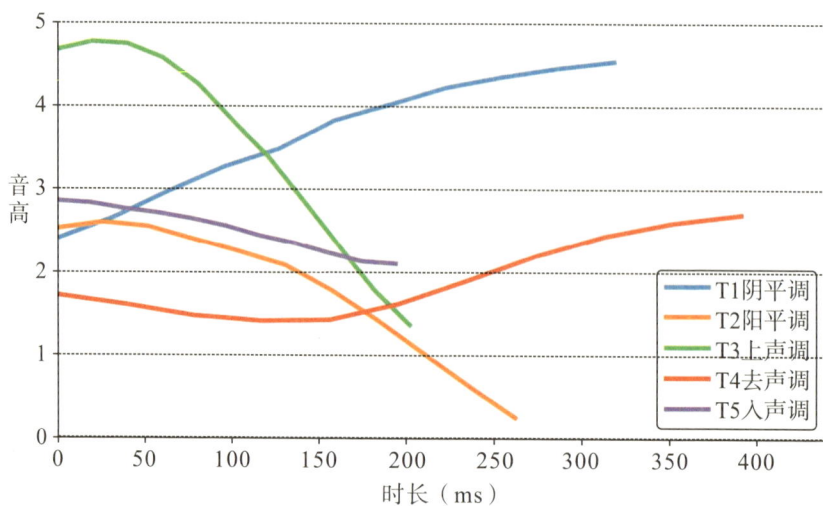

图3-17 都江堰河东话声调曲线图

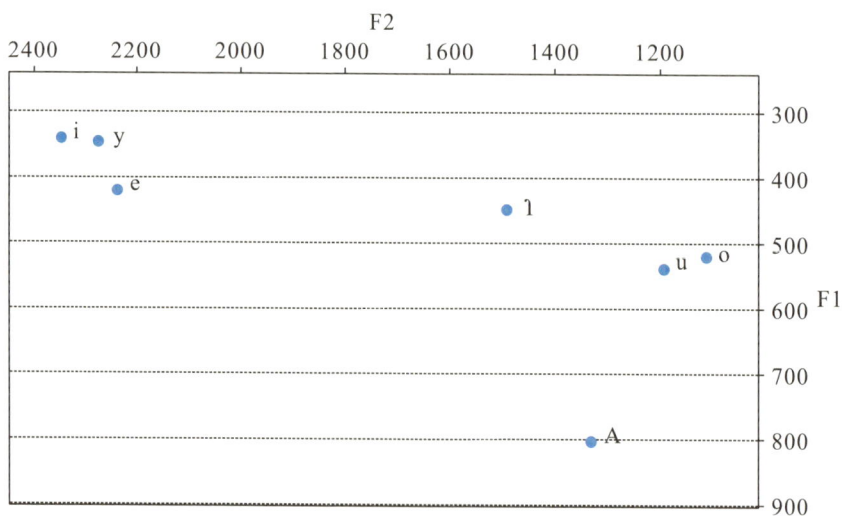

图3-18 金堂话声学元音图

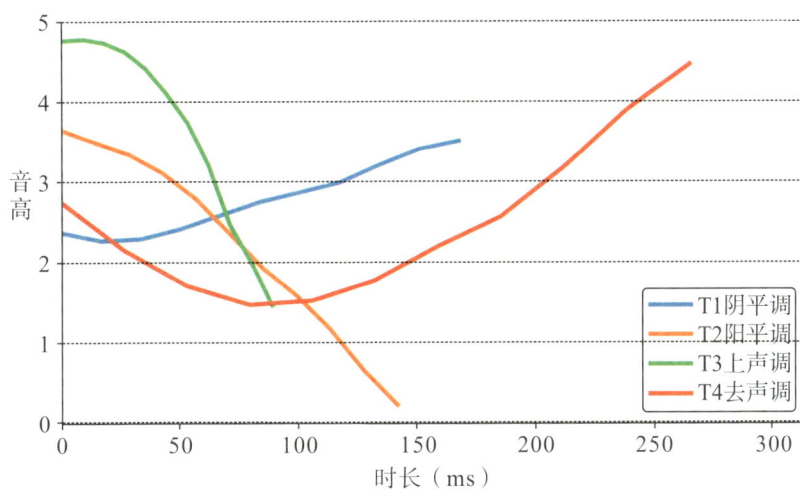

图 3－19　金堂话声调曲线图

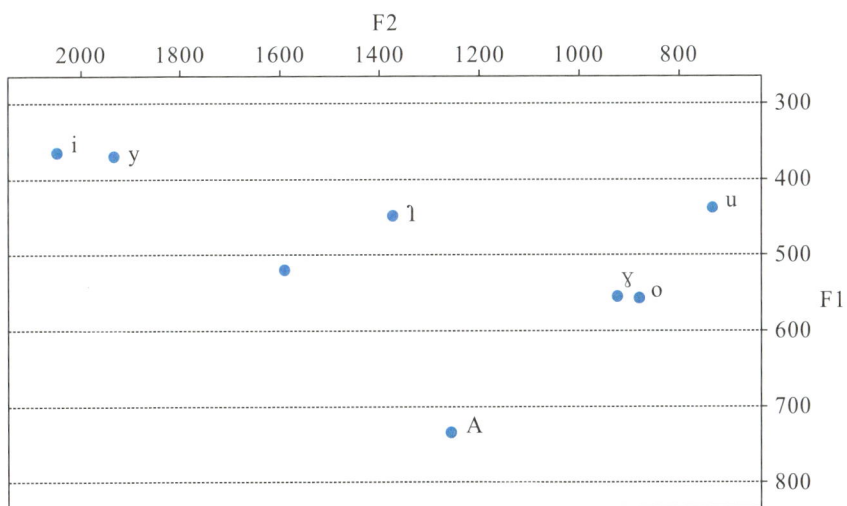

图 3－20　彭山话声学元音图

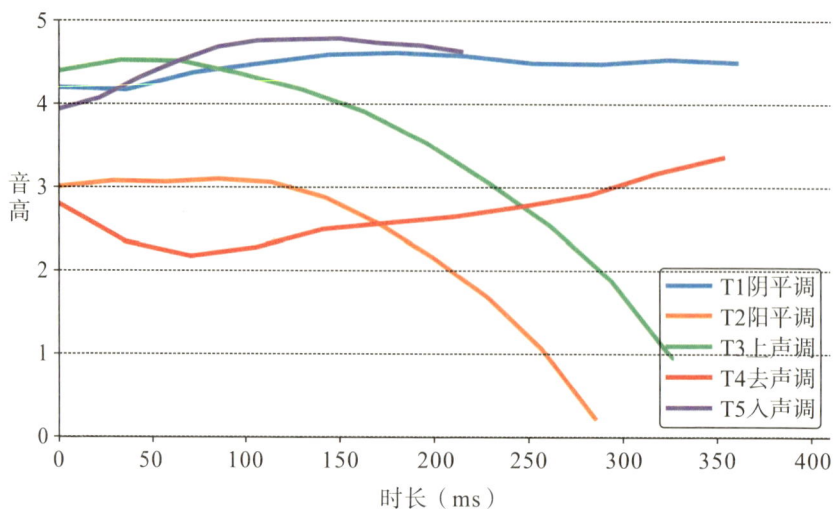

图 3-21　彭山话声调曲线图

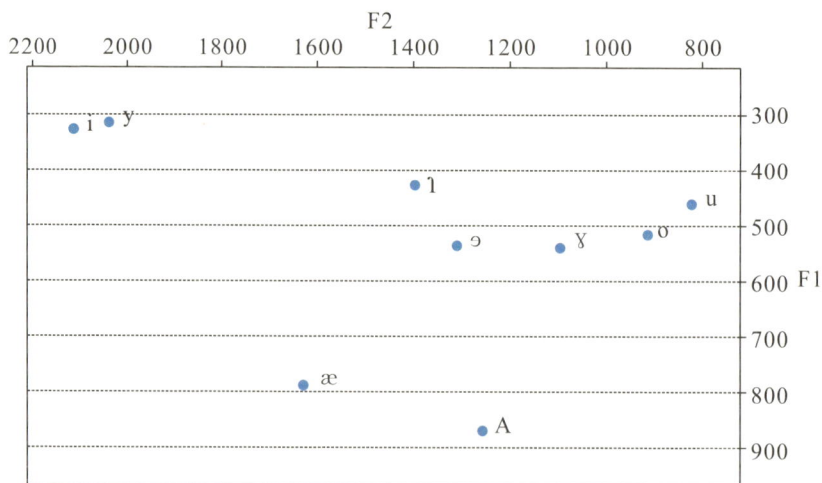

图 3-22　新津话声学元音图

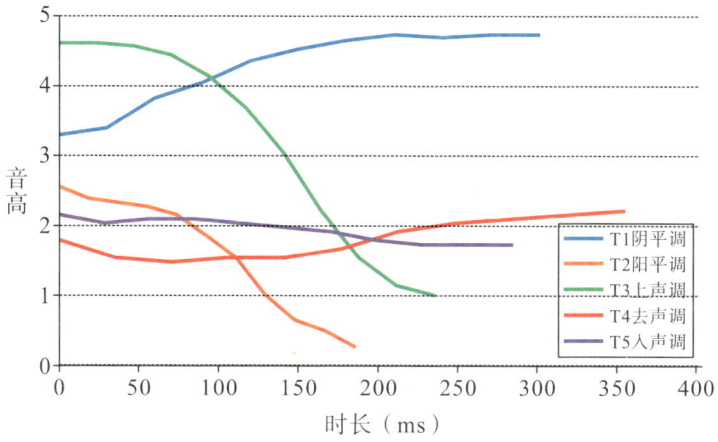

图 3-23　新津话声调曲线图

序

　　成都平原地区旧时有十六州县，古称西蜀，虽位于四川盆地的西部边缘，却是四川最富庶之地。这是因为有肥沃的岷江冲积平原，有建成二千多年之久、至今功能不衰的都江堰水利工程，有在这片土地上成长起来的古城成都。《华阳国志》云："水旱从人，不知饥馑，时无荒年，天下谓之'天府'也。"简直连"天时"都不要了。历史上，只要时无兵荒马乱、横征暴敛，勤劳的四川人总是把西蜀建设得如蜀锦一般美丽。

　　然而何婉博士的这本书，要探究的不是天府之国悠久的历史，而是成都近现代方言。成都话是四川方言的代表，元代以来成都一直是四川的省会城市，省会城市的方言自然是本地区的优势方言。甚至在 20 世纪七八十年代，成都话在全国都走红，因为那时的国家领导人好多都讲四川话。当年知青返城，邓小平的那句"让娃娃们回来"，乡音纯正，九州从风。我现回想起来，还忍不住落泪。这种话我们当地人叫"湖广话"，成都城区人也讲这种话。

　　但是不要以为成都平原地区的人都讲"湖广话"，西出成都市中心不到十公里，县乡村镇的人就不讲这种话了，而是讲一种入声调明显的"南路话"。成都城里人嘲笑这种话，嫌它"土"。"南路话"的名称，是因为出成都向西南，直到川南的乐山、宜宾、泸州等地，都讲这种话。于是，四川境内以岷江为大致的界线，就有了两种话：岷江以东以北的湖广话，岷江以西以南的南路话。湖广话、南路话不是我们今天才取的名称，民间早就这样说了。比较早的记载，见于成都现代作家李劼人反映清末民初四川生活的长篇小说《大波》《死水微澜》，里面就有"南路腔""南路人"（讲南路话的人）的说法。

　　四川人讲两种方言，中、东部讲湖广话，西、南部讲南路话（不包括甘孜、阿坝、凉山等三州民族地区）。而成都老城区恰恰位于湖广话分布区的西部边缘，就在这两种方言的交界处。难怪我们西出城区不到十公里，口音就大变了。问题便来了：一般来说方言都是逐渐变化的，为什么在很近的距离内会有如此不同的方言呢？它们的分界线到底在哪里呢？这便是何婉这本书要探讨的问题。

　　以前，汉语方言学界对上述第一个问题关注不够。多数人认为两种方言不过是同一方言分化演变的结果而已，无论是湖广话分化出南路话，还是南路话分化出湖广话，都会形成现在的局面。而分化的源头，就在明清时期的"湖广填四川"移民潮。问题又来了：第一，明清移民结束于康熙末年，至今不足三百年的时间，能形成如此大的方言差距吗？湖广话、南路话两种方言，泾渭分明。这里有个四川方言分化演变的例子。重庆湖广话大致形成于明代洪武年间移民；成都湖广话形成于清康熙年间移民，可证之于张献忠屠戮成都的大量史料。两种方言相差三百二十多年，今重庆、成都二市区的语音差别有多大？一般当地人只能凭听感，怕难于找出规律性的语音差别。① 第二，方言分化演变应是渐变的，为什么湖广话、南路话之间是突变的？何婉的书中，通过田野调查，描写了以前不曾调查过的成都市区附近的乡镇的方音特征，或是属于湖广话，或是属于南路话，或是南路话中夹杂了向湖广话学来的变异。我在成都生活六十多年了，还惊奇于两种方言的变化：远一点，岷江东边是湖广话，西边一定是南路话。近一点，清水河是成都西郊的一条小河，河东边的龙爪堰村讲湖广话，河西边的苏坡桥镇讲南路话。这就像相声里说的：老天爷下雨，只下在道两边，不下在道中间。雨哪有这个下法？方言哪有这个分化法？这几年来，通过更多的调查研究，我们对这个问题做出了回答：南路话是四川方言更古老的层次，在明清大移民前就存在于四川；而湖广话则是明清大移民从湖北、湖南带来的方言，它们在成都地区融合。难怪民间老百姓给了它"湖广话"这个名称，因为"湖广"在明清年间就是指湖北省和湖南省。何婉的书则从细节上证明了这个历史层次在成都平原地区的存在和分布。

　　对于上面提出的第二个问题：湖广话、南路话在成都平原地区如何分布，这是何婉这本书中通过田野调查所探寻的部分，具有方言分布细节描写的价值。十多二十年以后，我们的后代怕都要同化为普通话口音了。这时，我们才发现这本书的价值：成都平原的人讲话原来是这么的不同，区别和界限都记载在这里。

　　何婉是成都人，能讲湖广话，有方言的直觉。她多年从事成都地区方言研究，曾是我的学生，也是我四川方言研究的合作者，现在已经是四川大学的老师了。何婉在调查研究的基础上，联系近年来的四川方言研究的新资料和新成

---

① 见周岷《重庆话和成都话的四点语音区别》，待发表。

果，写出了这本书，这对于成都平原地区的方言分布的描写和成都方言历史的研究都很有价值。我很高兴地写了这些文字，作为这本书的序。

周及徐

二〇二一年九月，于成都清水河畔

引　言

　　本书的书名是《成都平原语音历史层次研究》，这里的成都平原是指狭义的成都平原，也就是以金堂、都江堰、彭山为顶点的一个三角形区域。笔者运用历史语言学、方言地理学及社会语言学的相关理论和方法，结合移民史的相关资料，主要研究了成都平原现代汉语方音及其历史演变。全书共分八个章节：

　　第一章是绪论，梳理学界已有的相关研究成果，确定具体的研究对象，阐述相关的研究意义，指明研究的具体方法，说明行文的体例及语料来源等。

　　第二章是成都平原历史移民概况，主要介绍了成都平原的历史移民概况，特别是明清时期成都平原地区人口变化的情况，重点分析了成都平原移民和当地的语言情况。

　　第三章是成都平原方言的语音面貌，描写了成都平原地区的语音全貌，从地理人口概况、建制沿革、音系、发音人情况等方面对各方言点进行介绍。

　　第四章是成都平原方言音韵特征比较，以《切韵》为参考，从声、韵、调三个方面对成都平原方言进行横向描写。用列表的方式展现例字、中古音韵地位以及各方言点的读音。

　　第五章是成都平原方言和湖广话音韵特征的比较，选取了21条湖广话的典型特征，使用权重的计算方式，将各个方言点和湖广话的相似度进行量化，从而看到各方言点和湖广话的远近亲属关系。

　　第六章是成都平原方言和南路话音韵特征的比较，选取了22条南路话的典型特征，使用权重的计算方式，将各个方言点和南路话的相似度进行量化，从而看到各方言点和南路话的远近亲属关系。

　　第七章是成都方言的内部分区及其历史成因，根据第五章和第六章的研究结果，进一步比较分析各个方言点与成都市区方言、南路话的远近亲疏关系，结合成都平原的地形图，形象地展示成都方言的内部分区情况，并且分析其成因。

　　第八章是结论，总结了成都平原现代汉语方言语音的总体特征及其近代历史演变。

目　录

第一章 绪 论

一、研究的背景

（一）关于四川方言来源的讨论

由于明清时期四川地区出现大规模的移民，四川方言的来源一直是学者讨论的问题。关于四川方言的来源，学者主要持两种不同的观点。一种观点是四川大学的崔荣昌教授提出的，他认为如今的四川方言是明清移民带入的语言，而四川原有方言已被新入方言替代。崔荣昌在《四川方言的形成》一文中就提道："我们认为四川话是外地人带来的，元末明初的战乱和大移民，大批湖广籍和部分陕西籍、安徽籍的军人和平民留居四川。他们带来了属于官话方言的湖北话、陕西话和安徽话。因此可以说，早在六百年前，官话方言就从东面和北面深入到四川了。到清朝前期，以湖广地区（特别是湖北）为主的大批移民入川，从而形成了今天的四川话和西南官话的体系。"① 后来崔荣昌在《四川境内的"老湖广话"》中再次提及"四川官话也不能不受到湘方言的某些影响"②，其在《四川境内的湘方言》"四川方言的形成"一节中强调："我们认为，四川方言，包括四川官话都是外省移民带来的。"③ 持这种观点的还有黄尚军，其在《湖广移民对四川方言形成的影响》中提道："元末明初及清前期的'湖广填四川'移民活动中，外地人大量迁入，把他们的方言也带入了四川，使得四川话的词汇发生了很大的变化。"④ 文章使用了很多族谱来证明这一观点。

另一种观点是四川方言并没有完全被移民方言替代，而是本地方言对移民方言产生了影响，李蓝在 1997 年首先指出崔荣昌所持的四川话被移民方言取代这一结论与语言事实不尽相符。以词语为例，"明末四川遂宁人李实的《蜀

---

① 崔荣昌. 四川方言的形成［J］. 方言，1985（1）：9.
② 崔荣昌，李锡梅. 四川境内的"老湖广话"［J］. 方言，1986（3）：197.
③ 崔荣昌. 四川境内的湘方言［M］. 台北：中研院历史语言研究所，1996.
④ 黄尚军. 湖广移民对四川方言形成的影响［J］. 川东学刊（社会科学版），1997（1）：55.

语》记录了563条明代遂宁话词语,清代贵州学者郑珍修《遵义府志》时即根据遵义话选择'与其相合'者入志,结果选入近500条词语。1992年甄尚灵、张一舟'仍觉得(《蜀语》中记录的词语)多与自己的用语(四川遂宁话)相合'。这些情况说明,清代移民对西南官话的影响并不大。这里再补充一个例子。《广韵》去声祃韵必驾切:'坝,蜀人谓平川为坝'。根据现有材料,这个词在现代汉语方言中主要用于云贵川三省的西南官话区,湖南、湖北、江西等地极少使用。如果明代进入四川的湖北话真的取代了原来的四川话,就没办法解释现代西南官话中这个词的分布局面。"① 这说明四川方言并未被完全替代。杨波研究合江方言时提出合江方言与移民话不同的原因是各自的来源不同:合江方言是秦汉时的中原汉语发展下来的,受元以后移民的语言影响小,一直保留了古老的入声调类,而移民话则是明清的北方官话直接进入四川形成的。② 孙越川认为:"四川西南官话的形成和其他西南官话一样,主要来自明清时期的'湖广填四川'大移民,但是……'湖广填四川'并非一蹴而就的,而是有地点性和程度性,其影响由东到西逐渐减弱。……在土著与移民的语言竞争中,虽然最终湖广官话取得了胜利,但是,与其他西南官话不同,这里的'老四川话'以底层的方式保留自己更多的痕迹。"③ 关于"老四川话"的特征,作者仅提出了"入声是否独立"一条。

为了探索四川方言的来源,笔者计划调查成都地区的方言分布,主要选取成都市区周围九个方言点进行调查。从掌握客观的方言材料出发,来分析成都地区方言分布与上述问题的关系,从而得出结论。

(二)"湖广话"和"南路话"

"湖广话"和"南路话"是近年来在四川方言研究中提出的分区和历史层次的重要概念。周及徐运用现代语言学的方法,从现代四川方言的调查研究做起,全面掌握方言特点和地区分布,再利用汉语古音系统和其他方言音系,进行语言的分析和历史比较,从而研究四川方言的历史形成。根据移民史的材料、四川方言分布情况及其语音特点,他提出:"在以往的研究中,由于过于偏重明清移民对于四川方言形成的影响,忽视岷江西南地区方言(南路话)与成渝地区方言(湖广话)的差别,也忽视了岷江两岸不同的方言分布格局,

---

① 李蓝. 六十年来西南官话的调查与研究 [J]. 方言, 1997 (4):254.
② 杨波. 四川官话入声现象的历史文化透视——论合江方言的形成与发展 [J]. 西南师范大学学报(哲学社会科学版), 1997 (5):49.
③ 孙越川. 四川西南官话语音研究 [D]. 杭州:浙江大学, 2011:133.

把岷江左右的全部四川方言，都视为明清'湖广填四川'移民的结果。这就错过了进一步揭示四川方言历史层次的关键线索。"他认为："四川盆地岷江以西以南地区、以及与其相延续的长江以南地区的有独立入声调类的方言（即'南路话'），应是更早的宋元时期古代四川方言的遗留。岷江以东以北四川中东部地区，以成都、重庆话为代表的成渝片方言（即'湖广话'），才是明清'湖广填四川'的结果。现代四川方言的形成，有两种情况：即明清以后外来方言在四川中东部地区直接填入和明以前当地方言在西南部边缘地区存留。这是官话方言在四川（和重庆）地区两大不同的历史分支。"① 周及徐明确地提出了"湖广话"和"南路话"两个概念，"湖广话"是四川人对成都和重庆等地方言的俗称，一般指以成都和重庆两地方言为代表的通行于成渝地区的方言。"南路话"是指岷江以西及以南，特别是成都西南的都江堰、温江、崇州、大邑、邛崃、蒲江和新津一带的方言，它在语音、词汇上都有自己的特征，最明显的不同于湖广话的语音特征是入声独立。关于"湖广话"和"南路话"的详细说明以及语音特征参看本书第五章和第六章。

（三）成都平原方言分区的讨论

李荣根据古入声在全国官话方言中的古今演变关系，把官话方言分为北京官话、北方官话、中原官话、兰银官话、西南官话、胶辽官话、江淮官话七个区。② 1937 年李方桂提出"西南官话"官话区的划分③。赵元任、丁声树等又曾指出，"而入声归阳平，这是西南官话一个最重要的特点"④。关于西南官话，李荣指出："西南官话的特性是古入声今全读阳平，与其他六区分开。"

1987 年中国社会科学院和澳大利亚人文科学院合编的《中国语言地图集》⑤ 对西南官话的定义是："古入声今读阳平的是西南官话，古入声今读入声或阴平、去声的方言，阴平、阳平、上声、去声调值与西南官话的常见调值相近的，即调值与成都、昆明、贵阳等六处的调值接近的，也算西南官话。"1987 年《中国语言地图集》中由黄雪贞绘制并撰文的"官话之六"，主要涉及四川（重庆市及其所属市、区、县当时尚属四川省）、云南、贵州、广西壮

① 周及徐. 从移民史和方言分布看四川方言的历史——兼论"南路话"与"湖广话"的区别［J］. 语言研究，2013（1）：58.
② 李荣. 汉语方言分区的几个问题［J］. 方言，1985（2）：82.
③ 李方桂. 中国的语言和方言［J］. 民族译丛，1980（1）：1–7.
④ 赵元任，丁声树等. 湖北方言调查报告［M］. 北京：商务印书馆，1948：1568.
⑤ 中国社会科学院和澳大利亚人文科学院合作编纂. 中国语言地图集［M］. 香港：香港朗文有限公司，1987.

族自治区以及湖北、湖南等省区。

1960年《四川方言音系》① 根据是否有入声将四川方言分为四个方音区，分别是入声独立、入归阴平、入归阳平、入归去声。李荣在《读〈四川方言音系〉》② 中评价该书"拿入声有无和入声归并的情况作四川方音的分区的标准是合适的"。邓英树、张一舟在《四川方言研究的里程碑——再读〈四川方言音系〉有感》③ 中认为："以声调的特征为依据，则具有提纲挈领的作用，带动声母韵母的差别，将方言之间的差异较为清晰地显示出来。"可见按入声分区的方法是很多学者的共识。

1985年郝锡炯、胡淑礼发表的《关于四川方言的语音分区问题》④ 再次讨论了四川方言的语音分区问题，由于一些专家提出仅按入声分区是否科学的疑问，该文采用入声标准和综合标准两种标准，并且加入模糊数学的方法进行方言分区，其目的是检查《四川方言音系》按照入声分区是否科学，结论是肯定的。文章将四川方言分为第一区（阳平区）、第二区（入声区）、第三区（去声区）、第四区（阴平区）和西昌方言，因为西昌方言在任何水平上始终自成一类，这种现象叫作"拒绝归类"。成都、重庆属于第一区，共同特征是入声归入阳平。郫县（今郫都区）、温江、双流、华阳、新都属于第二区，共同特征是入声自成调。黄雪贞在《西南官话的分区（稿）》⑤ 中列举了96个县市的声调调值，同时对"西南官话"进行了补充和完善。其将西南官话区分为11片：成渝片、滇西片、黔北片、昆贵片、灌赤片、鄂北片、武门片、岑江片、黔南片、湘南片、桂柳片。从《中国语言地图集》中的《官话之六》可以看到成都、重庆、简阳都属于成渝片，郫县（今郫都区）、温江、双流、华阳、新都属于灌赤片的岷江小片。

李蓝在《西南官话的分区（稿）》⑥ 中再次提及西南官话的分区问题，其根据最近二十来年汉语方言研究的进展，特别是西南官话调查研究的进展情况，参考黄雪贞的图对西南官话的分区进行重新划分。西南官话区包括成都、重庆、武汉、昆明、贵阳、柳州、桂林等地。李蓝认为，西南官话区分为川黔片、西蜀片、川西片、云南片、湖广片、桂柳片6片，其下共分为22个小片。

① 甄尚灵，郝锡炯，陈绍龄. 四川方言音系［J］. 四川大学学报，1960（3）120 – 123.
② 李荣. 读《四川方言音系》［J］. 中国语文，1961（9）.
③ 邓英树，张一舟. 四川方言研究的里程碑——再读《四川方言音系》有感［J］. 汉语史研究集刊（第十五辑），2012：438 – 446.
④ 郝锡炯，胡淑礼. 关于四川方言的语音分区问题［J］. 四川大学学报，1985（2）：85.
⑤ 黄雪贞. 西南官话分区（稿）［J］. 方言，1986（4）：266 – 267.
⑥ 李蓝. 西南官话分区（稿）［J］. 方言，2009（1）：72 – 78.

从划分标准看，李蓝的分区本质上是与黄雪贞相同的，也主要以古入声的归派和四声框架为标准。成都、重庆、简阳、温江属于川黔片下的成渝小片，特点是四呼俱全。郫县、双流属于西蜀片下的岷赤小片，特点是古入声今读入声。该分区将温江列入成渝小片，华阳和新都未列入。

周颖异、周及徐的《成都苏坡桥话音系及其在成都地区方言史上的意义》[①] 对成都市区内苏坡桥进行了方言调查。该地方言的特征是入声独立，作者依据自己的最新调查提出，成都市区内部分地区保留了入声，和成都市区整体所讲湖广话完全不同，并将其和成都市区话比较，认为苏坡桥保留了南路话特征，并提出以前的南路话区域要比今天更靠东，占据了成都近郊地区，甚至于成都地区本身原本也可能是南路话的区域。

唐文静在《四川湖广话音系中的几个异质特征及其意义——以双流白家话、龙泉柏合话为例》[②] 中对双流县（今双流区）白家镇和龙泉区柏合镇进行了调查。作者根据自己的调查结果，将白家话、柏合话进行横向比较，同时和成都市区话进行比较，观察其语音差别。作者认为，白家话和柏合话符合南路话的语音特征，同时带有湖广话的色彩，从本质上来说是带有湖广话色彩的南路话。

根据前人的研究，今天的成都平原"湖广话"与"南路话"共存，学者一致认为成都市区所讲方言为"湖广话"，成都周边郊县多讲"南路话"，成都郊区一带方言暂时还没有详细的研究和定论。

（四）前人对成都平原方言研究的成就

1. 四川方言普查

对于四川境内方言的调查和研究，可以分为四个时期，第一为上古和中古时期，这一时期前人没有给我们留下系统的论著，只能看到零星的记载。第二是明末清初时期，这一时期出现了几本系统论及四川方言的专著，明人李实的《蜀语》、清人张慎仪的《蜀方言》和现代人唐枢的《蜀籁》对四川方言的词汇做了大量收集、整理和诠释工作，《蜀语》收录了四川方言词语563条，《蜀方言》共收录四川方言词语786条。清人张澍的《蜀典》、傅崇炬的《成

---

① 周颖异，周及徐. 成都苏坡桥话音系及其在成都地区方言史上的意义. 语言历史论丛第六辑 [C]. 成都：巴蜀书社，2013：171-224.
② 唐文静. 四川湖广话音系中的几个异质特征及其意义——以双流白家话、龙泉柏合话为例 [D]. 四川师范大学，2013.

都通览》以及地方志中的方言志，也记录了一大批蜀方言词语。① 前面两个时期是近代传统语言学对于方言的研究，研究内容集中在词汇上，现代语言学研究时期，研究内容增加了语音研究等。第三是 20 世纪四五十年代，学者对四川方言开展了两次比较全面的调查。抗日战争时期，中研院历史语言研究所对四川方言进行了一次普查。20 世纪 50 年代末，四川大学、西南师范学院（今西南大学）、四川师范学院（今四川师范大学）的部分语言学者执行教育部和高教部关于开展方言调查的指示，对四川汉族地区的 150 个县（市）进行了调查，四川大学的甄尚灵等学者整理发表了《四川方言音系》。第四是 20 世纪 80 年代，学界开展了对四川方言的源流的探讨和对四川省西南官话以外的汉语方言的调查和研究。下面笔者重点介绍一下后两个时期方言调查的情况。

1941 年由中研院历史语言研究所牵头，参加调查的主要是杨时逢、丁声树、董同龢、周法高和刘念和几位先生，此次调查于 1941 年秋和 1946 年春夏对于四川省内各县方言进行了实地调查，除渠县外，一共搜集了 134 县方言，其中有 37 县方言系统可以合并在别的县里，所以分地报告有 97 个县。调查程序主要分为四步：第一选择调查点。调查点一共有 182 处，大约就是一县一点。第二是选择发音人。每县找两名发音人，方便对话和语音选择，如果两人语音差异很大，就把两人的语音都记录下来，发音人的选择主要询问幼年时期的语言环境。第三是笔记。笔记是问方言调查字表中的八百多个字，还有声韵母分类跟辨区特字表、词汇等，大约有一千二、三百字。然后把单字用严式音标记音。第四是音档。每处记音都有音档，录音只有 88 张，所录的大多都是"单调""连调""狐假虎威故事""单字"等，但是因为音档大多用铝片制成，年久生锈，基本不能使用了。调查报告把四川地区大致分为四个区，第一个区有 57 个点，第二区有 51 个点，第三区有 10 个点，第四区有 16 个点。1941 年杨时逢编写，由中研院历史语言研究所在台湾出版了专著《四川方言调查报告》②。该调查报告调查了成都平原的成都、华阳、新都、温江、双流、郫县（今郫都区）、简阳、灌县（今都江堰）、金堂、彭山、新津等方言点。

1956—1960 年由四川大学、西南师范学院（今西南大学）、四川师范学院（今四川师范大学）三所高校联合进行的调查研究，其基本方法是先处理每一个调查点的资料，确定每一个调查点有多少声母韵母声调，列出各点的声韵调表，然后综合起来得出 150 个调查点的声韵调的音类总数，并根据各点的实际

---

① 崔荣昌. 四川方言研究述评 [J]. 中国语文，1994（6）：419-429.
② 杨时逢. 四川方言调查报告（上、下）[M]. 台北：中研院历史语言研究所，1984.

读音，对每一个音类进行综合概括的音值描写。由于是分别列出的声韵调的总表，人们看了便能知道四川 150 个点的语音轮廓，但是并不能在表中查找到每个方言点中的全部例字。为了让读者看出哪些音类是各个地点共有的，哪些是部分地点有的，哪些是个别地点有的，著者都分别加注了符号，出版了《四川方言音系》。该书调查了成都平原的成都、温江、华阳、郫县（今郫都区）、新都、双流、简阳、灌县（今都江堰）、金堂、彭山、新津等方言点。

2019 年出版的《岷江流域方音字汇》是四川师范大学周及徐及其研究团队完成的，该书一共调查了 40 个方言点，每个方言点收录常用字词 3058 个，字目根据中国社会科学院语言研究所编《方言调查字表》（修订本）而有所调整，按普通话音序排列，标注对应的中古音反切和构拟音，汉语方言音用国际音标记写，书前有音系归纳和说明，记录了当代岷江流域汉语方言语音的详细情况。该书是周及徐及其方言研究团队近十几年成果的一个总结，具有两大特点：第一，用一致的系统完整地记录岷江流域方音；第二，用迄今最大量的数据如实地记录四川方言，同时画出《声学元音图》和《声调曲线图》。该书调查了成都平原的成都、新津、彭山、都江堰河东、都江堰河西等方言点。

以上三次调查只是对四川方言语音的记录和描写，都没有对四川方言进行历史比较分析。

2. 前人对成都平原方言的研究成果

关于成都平原方言的研究主要集中在成都市区方言的研究，由于成都是四川的省会，成都话是西南官话的代表，因此研究论著也最多。对于成都话语音的研究主要有：

甄尚灵在《成都语音的初步研究》[①] 一文中选取了两位 20 多岁的大学生作为发音合作人，记录了 20 世纪 60 年代的成都语音，从声、韵、调三方面对成都语音进行了记录和分析，并列出了同音字表。

肖娅曼在《关于成都话舌尖后音声母的调查》[②] 一文中指出世居成都的老年人"语音分辨舌尖前后"。舌尖后音声母还残存在部分六七十岁以上老年成都人的口音中。对声母的保存与否影响较大的几项社会控制因素依次为：年龄、民族、性别、居住区域。

周及徐在《20 世纪成都话音变研究——成都话在普通话影响下的语音变

---

① 甄尚灵. 成都语音的初步研究 [J]. 四川大学学报（社会科学版），1958（1）：1 - 30.
② 肖娅曼. 关于成都话舌尖后音声母的调查 [J]. 四川大学学报（社会科学版），1999（6）：102 - 106.

化及规律》① 一文中指出，20 世纪成都话经历了老中青三代人的语音变化。归纳、分析成都话的音变现象，可以看到成都话在普通话影响下的音变趋势、规律和特点。

黄尚军在《成都话音系》② 一文中记录了四川成都官话的音系，归纳了音韵特点，整理出了声韵调配合规律，并与普通话的声韵调进行了简要比较。

何婉在《四川成都话音系词汇调查研究》③ 一书中描写了 2006 年成都话语音系统，并将该语音系统和《切韵》《中原音韵》进行了比较。从调查描写来看，成都老年人的语音基本没有改变，而成都年轻人的语音则有了变化，书中 3000 多字的成都话同音字表是对当代成都话语音的详细记录。

这些成都话语音研究成果主要都是针对市区范围进行的调查研究，有的是对整个成都话音系的描写，有的是对一些成都话中特别的语音现象的描写，有的是针对成都话和普通话的比较研究。

对于成都话词汇方面的研究主要有：

1998 年李荣主编的《成都方言词典》④，该书分为三部分，主体是词典正文，前有引论，后有义类索引与条目首字笔画索引。引论分为本地的沿革、地理与人口；方言内部的地理差别与年龄差别；方言的声韵调，声韵调的连续变化；单字音表；本方言在语音、语法各方面的特点；凡例；词典例句中常用字注释和音节表八个部分。

2006 年黄尚军在《成都方言词汇》⑤ 一书中对成都方言词汇进行了全面而系统的记录、整理和研究。该书附有"成都话音系（表）"，根据作者归纳的语音特征，其语音系统是成都市区的湖广话音系。

除了研究成都市区方言，成都平原其他地区的方言也有一些研究成果，对都江堰方言的研究有：孙越川在《都江堰方言语音研究》⑥ 中较为全面地描写了都江堰方言（以河东片为代表）的语音系统及其特点，并对该方言中的卷舌声母入声字、边界音位、流摄鼻音韵尾字等进行了比较深入的分析研究。易杰在《川西大邑等七县市方言音系调查研究》⑦ 中主要列出都江堰音系，并将其与川西其他县市方言以及北京话进行比较。

① 周及徐. 20 世纪成都话音变研究——成都话在普通话影响下的语音变化及规律 [J]. 四川师范大学学报（社会科学版），2001（4）：49-59.
② 黄尚军. 成都话音系 [J]. 西华大学学报（哲学社会科学版），2006（1）：31-39.
③ 何婉，饶冬梅. 四川成都话音系词汇调查研究 [M]. 成都：四川大学出版社，2014.
④ 李荣. 成都方言词典 [M]. 南京：江苏教育出版社，1998.
⑤ 黄尚军. 成都方言词汇 [M]. 成都：巴蜀书社，2006.
⑥ 孙越川. 都江堰方言语音研究 [D]. 浙江大学，2008.
⑦ 易杰. 川西大邑等七县市方言音系调查研究 [D]. 四川师范大学，2010.

对于新津方言的研究有：王晓先在《四川新津话音系调查研究》① 中主要列出了新津方言音系以及与《切韵》音系的比较，《川西广汉等五县市方言音系比较研究》② 和《四川西南彭州等八区市县方言音系研究》③ 这两篇硕士学位论文在新津音系的基础上将新津方言与川西其他地区方言进行比较。

对于彭山方言的研究有《四川彭山方言音系调查研究》④《四川盐亭等六县市方言音系调查研究》⑤，这两篇硕士学位论文对彭山方言音系进行了描写及横向比较。

《四川青衣江下游地区方言语音特征及其历史形成》⑥ 描写了四川省南部青衣江下游的彭山、眉山、丹棱、洪雅、夹江等地区方言，这些地区方言在语音上与广泛分布于川西南的四川南路话不同，这说明青衣江下游地区方言与南路话之间的语音差异是近代音变形成的。青衣江下游方言是南路话在川南地区的地域分支。《四川方言调查报告》和《四川方言音系》中列出了金堂点，对于该点的语音有基本的记录和描写。

从上面的研究成果来看，现在已经有了一些关于成都平原其他地区方言的调查，但是关于整个成都平原方言的关系和历史形成的文章还比较少。

二、问题的提出

（一）成都平原方言研究存在的不足

1. 研究区域不平衡

四川方言的研究也是从普查开始的，20 世纪三四十年代开始方言研究，第一次是 1941 年由中研院历史语言研究所牵头的调查，一共搜集了 134 个县的方言，这是对四川地区方言第一次详细的记录。但是由于当时条件的限制，方言点的选取比较粗略，虽然有录音资料，但是录音资料都未能保存。第二次是 1956—1960 年由四川大学、西南师范学院（今西南大学）、四川师范学院（今四川师范大学）三所高校联合进行的调查研究，调查了四川境内 150 个方言点，记录了这些方言点的声、韵、调，出版了《四川方言音系》。随着研究的深入和研究资料的丰富，成都方言的研究也逐渐从"普查"研究转向了更

① 王晓先. 四川新津话音系调查研究［D］. 四川师范大学，2009.
② 吴红英. 川西广汉等五县市方言音系比较研究［D］. 四川师范大学，2010.
③ 毕圆. 四川西南彭州等八区市县方言音系研究［D］. 四川师范大学，2012.
④ 周艳波. 四川彭山方言音系调查研究［D］. 四川师范大学，2009.
⑤ 张强. 四川盐亭等六县市方言音系调查研究［D］. 四川师范大学，2012.
⑥ 周及徐. 四川青衣江下游地区方言语音特征及其历史形成［J］. 语言历史论丛，2015：111 - 139.

深入的分析研究。有了"普查"作为基础，越来越多的分类研究成果不断呈现。但在此之后的几十年时间里都没有再对四川方言的全面调查。2006年以来，四川师范大学周及徐教授及其研究团队，分别重新调查了四川境内各地方言，对这些地区方言进行分析研究。由于享有地理位置上的便利，所以此次调查取点更细密、更准确，对于成都周边也有新的调查，比如苏坡桥、柏合、白家等方言点，为成都方言的研究提供了新的第一手的资料。如今已出版了《岷江流域方音字汇》。

但是现有的研究仍然存在一些不足，主要是研究区域的不平衡。研究成果以各行政区为研究对象，但是方言的划分和现在的行政区划并不完全一致。所以一些行政区划的边缘地区属于调查研究的空白之处，还有待学者进一步研究和调查。

2. 成都方言性质地位研究不足

已有的方言研究成果主要是学者针对某一地的方言进行调查研究，对其语音词汇等进行描写研究。近20年来，研究成果主要集中在方言和普通话的对比，或者几种相似方言之间的比较上。但是随着研究的深入，我们发现，各种方言都有着自己的来源和发展轨迹，现今方言点的形成可能经历了不同程度的迁移和重叠。所以，我们有必要进行历史研究，通过现在所调查的方言特征来追溯方言的来源和发展轨迹，从而更准确地探索方言语音的历史发展。

成都是四川的省会，关于成都方言的语音、词汇、语法系统都有人专门做过研究。成都历史上的几次重要移民对今天我们所说的成都方言都有一定的影响，特别是元明清以来的外省移民，对于整个四川地区都产生了深远的影响。考察现在的方言情况，可以一定程度上追溯方言的源头。

我们常常笼统地把成都方言归为"湖广话"的典型代表，通过调查可以发现，成都市区实际上处于"南路话"的范围中，我们有必要深入研究整个成都平原方言的语音特征和历史形成。

（二）问题的提出和预期的目标

根据已有的研究，我们可以明确这样一个观点：四川地区主要存在两种历史层次的方言，即明清移民带来的"湖广话"和此前四川本地人所讲的"南路话"。我们试图用现代语言学的方法，调查现在的成都方言音系，进行语言的分析和历史比较，从而来观察成都方言形成的历史过程。而我们追溯方言史的两大材料是现代方言调查得来的语言材料和有关移民的历史文献。现存四川各地方言之间的差别，没有超出北方方言的范围。这两个材料，特别是前者，可以帮助我们追溯到三四百年前的方言情况。根据历史的材料和移民的情况，我们大概可以追溯到近 400 年的时间里成都方言的情况。《中国语言地图集》（1987 年版）将西南官话主要分为成渝片、滇西片、黔北片、昆贵片、灌赤片、鄂北片、武天片、岑江片、黔南片、湘南片、桂柳片、常鹤片 12 个片。《中国语言地图集》（2012 年版）又将西南官话分为渝黔、西蜀、川西、云南、桂柳、湖广 6 片。其中，渝黔片分为渝蓉、陕南、黔中 3 小片；西蜀片分为岷赤、雅甘、江贡 3 小片；川西片分为康藏、凉山 2 小片。云南片分为滇中、滇西、滇南 3 小片；桂柳片分为湘南、黔南、桂北、桂南 4 小片；湖广片分为鄂北、鄂中、湘西、湘北、怀玉、黔东、黎靖 7 小片，也就是新版西南官话分为了 6 片 22 小片。① 成都是北方方言中西南官话的典型代表。传统上均将成都话归于旧版的成渝片或者新版中的渝黔片中的渝蓉小片。

　　四川境内的"湖广话"区和"南路话"区大概以岷江为界，当初移民由东至西进入四川，带入移民方言，即现在人们通常意义的成都话（"湖广话"），成都以西约 20 千米便进入温江，此地已经是"南路话"的地区（见图 1–1)②。

　　成都地区③正好处于"湖广话"和"南路话"的交界处。成都地区方言一般都被笼统地描写为"入声消失，派入阳平"，这种观点被学界普遍接受。那么成都地区是否全部讲"湖广话"？内部是否也有差异？四周是否散落其他方言？这些问题在以前的研究中并没有得到重视。因此对于成都地区方言的研究尚有不足，值得我们进一步调查研究。

　　成都平原方言的形成和成都地区的历史密切相关，如今的成都平原方言是古代成都方言发展演变而来的还是明清移民带来的，这一问题还有待我们进一步讨论研究。

　　成都地区的东面是移民迁入的方向，西面岷江以西就是"南路话"区。我们通过对成都市区四周 20 千米以内的地区进行取点调查，结合最新的调查结果，对成都市区话和郊区话进行详细的描写。我们可以做这样一种假设：如果当时整个四川地区都讲的是土著方言，当移民方言替代土著方言时一定会留下底层痕迹，这种痕迹我们应该能在成都地区方言中找到。明确了成都地区的方言面貌，我们再把范围扩大到整个成都平原，以期能够全面地看到成都平原的语音历史层次。

---

① 中国社会科学院语言研究所. 中国语言地图集 ［M］. 北京：商务印书馆，2012.
② 参见周岷、周及徐：《百年前成都话音系释疑》，待发表。
③ 成都地区是指包括成都市区和以天府广场为中心 20 千米以内的区域。

三、研究的意义

成都一直是四川经济、政治、文化中心，历史上多次成为四川的省会。明清时期移民入川，很多移民把成都作为自己迁徙的终点，成都地区吸引了大量湖广地区的移民。

现在关于成都平原方言的调查相对比较零散，暂时没有对整个成都平原方言的调查和研究。这次我们调查的范围是指狭义的成都平原，也就是以金堂、都江堰、彭山为终点的一个三角形区域。我们在这个区域一共选择了 11 个点，其中成都、都江堰、金堂、彭山、新津 5 个点引用《岷江流域方音字汇》的调查成果，三河、石羊、九江、雍渡、茶店、永宁 6 个点为笔者重新调查，再加上前人调查的龙泉区柏合乡、双流区白家镇和成都市苏坡桥乡。

这样调查的意义主要有以下五个方面：

（一）填补成都市郊区县汉语方言调查研究的空白

成都作为四川的省会，成都话被视为西南官话的代表，一直都受到学者们的关注。以往学者对成都话的调查主要集中在市区，而对于整个成都平原（包括成都郊区）的语音并没有做过细致详尽的调查。本地人都有这样的感觉，离成都市区不远的成都郊区方言听起来不同于成都市区方言。我们有必要对成都市区及郊区语音进行深入调查，及时地记录成都郊区的语言状况，从而看出成都平原方言的基本格局和结构。这样对历史语言学、汉语方言学等都能提供鲜活的语言材料。不仅对成都方言，对整个西南官话的研究也会更加全面深入。

（二）从地理格局看成都平原汉语方言的分布

李荣曾指出方言分布格局与山川形势、交通条件、通话情况、人口流动、行政区划之间的重要关系，其中前两者属于自然地理，后三种情况属于人文地理。从成都平原内部结构来看，成都地处四川西部；从行政区划来看，成都一直是四川省的省会；从人口流动来看，成都历史上经历了"湖广填四川"这样大型的人口迁徙。我们希望结合成都平原内 13 个方言点（具体分布见图 1-2①）语音特征的地理分布，尝试对语言面貌进行语言地理学分析。同时和成都市区话以及重庆市

---

① 三角形所示区域即是狭义的成都平原所在地，13 个黑点是此次分析的方言点，其中龙泉驿区茶店镇在三角形之外。由于龙泉是一个客家话方言岛，选点必须避开客家话方言岛。

中区话进行比较分析，结合历史语言学的相关知识解释说明。

（三）深入认识成都平原汉语方言的源流

关于四川方言的形成，学者们有着不尽相同的观点，崔荣昌认为"到清朝前期，以湖广地区（特别是湖北）为主的大批移民入川，从而形成了今天的四川话和西南官话的体系"。也就说如今的四川话是在以前的湖广话的基础上形成的。李蓝认为西南官话是以四川为中心辐射影响其他地区的。周及徐认为明代以前的四川话并非今天的湖广话，在岷江以西以南地区仍保留的南路话才是四川本来的方言。南路话与湖广话最大的不同就是入声独立。此前一般认为：在成都平原内成都地区的方言就是湖广话。但是成都本地人的感受是成都周围地区的语音与市区不同。我们调查后发现，离成都市区不远就有不同于成都市区话的方言。为了弄清这种现象形成的原因，我们增加了成都郊区方言点，将这些语音和成都市区语音进行比较，找出其语音特征的异同，再将这些语音和南路话音系进行比较，从而揭示方言底层特征。通过比较可以更加清楚地看到整个成都平原方言的历史源流。

（四）观察"南路话"在变动中的历史状态

四川西南地区的"南路话"也不是一成不变的。它一直与湖广话保持着互动的关系，此消彼长。通过调查，也许能够更加清楚地看到"南路话"的历史状态，以及"湖广话"进入四川的轨迹，通过对成都市区所讲"湖广话"及内部的差异的研究，以及与重庆市中区所讲"湖广话"的比较，可以更加清楚地看到四川地区方言在明代以来形成和演变的过程，有利于对方言进行分区研究以及绘制方言地图。

（五）为"湖广填四川"提供语言学佐证

"湖广填四川"一直是一个备受争议的历史事件。田光炜对"湖广填四川"的移民过程有较为详细的描述①，郑维宽通过《衡阳邓氏族谱》详细论述了清前期四川移民的情况②。另一些学者认为："'湖广填四川'是一个被民间无限放大，又在文人学者们的虚构和想象中形成的传言。从湖北麻城大规模移

---

① 田光炜. "湖广填四川"的移民过程［J］. 四川师范学院学报，1981（2）：79－82.
② 郑维宽. 清前期"湖广填四川"的生动例证——衡阳邓氏家族的移民史［J］. 寻根，2010（5）：132－138.

民填充四川既无可能，也无必要！清初从'麻城孝感'移民填川当属子虚乌有。"① 从元代至今 740 多年的历史里，朝代更替，由于战乱以及其他一些原因，很多史料已经再难找到，以至于我们很难从历史的角度来辨别"湖广填四川"这一事件的真伪。但是我们可以寻找方言分布的证据。四川方言中有"南路话"和"湖广话"。"湖广话"因其与湖北三峡地区方言的密切关系，是一种外来方言②，"南路话"才是四川土著方言。这种情况只能在大批移民后产生，只有相当数量的移民集中来到某地，当地人口空虚，移民才能在当地保留自己的方言，不被当地人的方言同化。因为当地战乱之后形成方言空洞，无所同化。从而我们可以为"湖广填四川"提供一个语言学的实证。

四、主要研究理论和方法

（一）主要研究理论

1. 历史比较语言学

历史比较语言学（historical comparative linguistics）是语言学中一个重要部分，它以历史比较法为基础，研究语言的亲属关系。它为现代语言学的建立奠定了坚实的基础，是语言学走上独立发展道路的标志。历史比较语言学起源于 18 和 19 世纪的欧洲，研究重点是印欧语系诸语言的语音系统。

"历史比较法的基本内容是：通过两种或几种方言或亲属语言的差别的比较，找出相互间的语音对应关系，确定语言间的亲属关系和这种亲属关系的亲疏远近，然后拟测或重建它们的共同源头——原始形式。这是研究语言发展规律的一种有效方法，梅耶甚至说这是研究语言史的唯一方法。"③ 运用历史比较法研究语言的发展，至少需要以下几个步骤：第一，收集、鉴别材料，剔除那些于历史比较无用的偶然同音现象、借用现象。第二，在方言或亲属语言的有差异的形式中找出语音对应关系，并据此确定同源成分。第三，确定那些有差异的形式的先后年代顺序，以便弄清楚语言发展的时间层次。第四，拟测原始形式，并利用各种可能的办法来检测拟测的可靠性。在我们的方言调查中同样会使用到这些基本的方法，主要会使用到第一、第二两个步骤，首先我们对需要调查的方言点进行调查，剔除一些由于发音人的原因而产生的偶然的例外

① 邓经武. 六百年迷雾何时清——"湖广填四川"揭秘 [M]. 成都：四川大学出版社，2010：2.
② 周及徐. 从语音特征看四川重庆"湖广话"的来源——成渝方言与湖北官话带标点音系特点比较 [J]. 四川师范大学学报（社会科学版），2012a（3）：94–101.
③ 徐通锵. 历史语言学 [M]. 北京：商务印书馆，1991：71–72.

读音，然后再根据方言的差异形式比较这些方言之间的亲疏关系，从而厘清成都方言的历史层次。

但是，历史比较法自身有缺陷，如果没有文献佐证，要确定其音变方向及其原始形式非常困难。历史层次分析能帮助我们解决这一难题。汉语方言中叠置着不同的历史层次。潘悟云提倡在方言研究中采用历史层次分析的方法，认为方言音韵结构可能积压不同时间层次上的成分或要素，我们需要挖掘现代方言音韵共时结构中所遗留下来的历史层次。①

2. 社会语言学

社会语言学的领军者是 20 世纪 60 年代的美国社会语言学家菲什曼（Joshua A. Fishman）、海姆斯（Dell Hymes）和拉波夫（William Labov）。什么是社会语言学？赫德森（Hudson）认为，我们可以将社会语言学定义为研究语言和社会的关系。雷姆斯（Holmes）也强调指出，社会语言学旨在研究语言与社会的关系，其研究对象主要有以下三个方面：研究语言的变异；研究社会中的语言问题；研究如何在实际的语境中使用语言进行交际，不同的社会阶层以及不同的社区使用语言的差别。用社会语言学的相关理论可以解释方言里的很多现象。②

19 世纪初施莱赫尔的学生史密特提出了"波浪理论"（wave theory）和"同言线"（isogfoss）③，该理论建立在这样的假定上：语言的变化是从影响的不同中心向周围地区扩散的，其势如同向池中投一石子，波浪从石子落水处向外扩散。

同言线（isogfoss）是指，方言地图上竞争性（competing）语言特征或形式分布区域的分界线，它是在表示语言特征或形式的点状分布图的基础上绘制的。

曹志耘将语音变化的方式归为冲刷、感染、扩散和碰撞四种类型。感染是指一个地区的方言在发展变化的过程中，受到临近方言的影响，从而朝着临近方言的特征变化。本书尝试用语言接触理论分析历史移民对成都市区以及郊区方言的影响，并结合行政区划的改变等因素来分析外在因素对当地语言产生的一系列的影响。

---

① 韦茂繁，潘悟云. 语言：解答人类未来重大问题的钥匙——人类学学者访谈录之六十七 [J]. 广西民族大学学报（哲学社会科学版），2013（6）：41-43.
② 赫德森. 社会语言学 [M]. 北京：中国社会科学出版社，1990：5-7.
③ 陈保亚. 论语言接触与语言联盟：汉越（侗台）语源关系的解释 [M]. 北京：语文出版社，1996.

3. 地理语言学

地理语言学（Geographical Linguistics），也叫语言地理学（Linguistic Geography），该学科以众多地点的语言事实调查为基础，利用语言地图的方式描述语言现象的地理分布状况，结合社会文化因素解释这些分布的原因，探索语言现象历时变化的过程①。我们将地理语言学理论和社会语言学的方法结合起来，通过调查成都平原的语言事实，绘制语言地图，从而直观地观察方言的地理分布特征，并通过同言线的绘制观察方言的分区。

4. 实验语音学

20世纪70年代后，以奥哈拉（John J. Ohala）为首的一批实验语音学家提倡以语音为基础来研究音变（phonetic basis of sound change）。以语音为基础研究音变是音变本体研究。在解释音变的机制方面，这一学派认为音变的激发除语音学本体以外没有其他任何特定目标（teleology），而更多地从语音的发音（articulation）、声学（acoustics）、感知（perception）等方面来考虑和解释音变的原因。同时，实验语音学是使用仪器和电子设备进行语音实验研究的科学，实验语音学家运用各种科学仪器，提出在实验室里重现和研究音变（studying sound change in the laboratory），从而将过去主观的"口耳之学"纳入客观的可再现的科学范畴。

本书在分析每个方言点的韵母和声调时就运用到了实验语音学的方法，我们通过测试每个元音的F1和F2，再用Excel表画出整体的声学元音舌位图。通过测算每个声调的频率值，然后画出声调曲线图。这样可以使调查结果一目了然，并且更科学。

（二）主要研究方法

1. 田野调查法

语言田野调查是收集现代汉语方言资料的最基本的方法。本书所选方言点，均由笔者深入当地村镇，进行实地调查。笔者在调查过程中以笔记本电脑录音，使用德国拜尔动力 TG H55c 话筒、AVID MBOXMINI 声卡，录音参数为：采样率32000Hz、16位、单声道、最大录音长度5秒、波形显示长度5秒。录音分析软件使用上海师范大学语言研究所研发的"斐风—语言田野调查及分析系统2.1.2"版本。录音字表以中国社会科学院语言研究所的《方言

---

① 曹志耘. 老枝新芽：中国地理语言学研究展望［J］. 语言教学与研究，2002（3）：1-6.

调查字表》① 为基础，再根据成都方言词汇系统的自身特点加以筛选，最终调查字数为 3961（实际录音字数略有变动）。严格挑选发音人：发音合作人是土生土长的本地人，没有长时间离开过本地，年龄在 60 岁以上的男性。学历在小学以上，能达到常用字识字水平，思维清晰，说话吐字清楚，其平时交际对象多为本地人，不会普通话。

2. 语音分析软件

本书用实验语音学的方法对所采集到的语音文本进行分析，主要使用到的语音处理软件是 praat 软件和"斐风_语言田野调查及分析系统 2.1.2"，使用国际音标记音，并使用这些软件对调查语音进行分析，归纳音位，从声、韵、调三方面进行比较分析，客观地记录每个调查点的语音情况，建立 9 个方言点的语音数据库，在此基础上进行分析研究。

3. 方言地图绘制

为了更加清楚地展示各地方言的特征，同时更加清晰地看到方言变化的过程，本书将按照特征绘制方言地图，地图均运用美国 ESRI（环境系统研究所）开发的地理信息系统软件 Arcview GIS 3.3 绘制。Arcview GIS 又称个人桌面 GIS，是一款普及型的 GIS 软件。书中方言地图所涉及的表格数据使用 Visual FoxPro 制作和关联。

4. 比较法、语音相似度统计法

通过比较的方法观察成都平原方言的特征及其和成都市区方言的关系。在语音相似度比较中，引进语音权重指标。语音权重指标是指该指标在整个语音体系评价中的相对重要程度。笔者对声、韵、调进行比较研究，但是根据汉语的特征，声、韵、调所占的权重是不同的。在计算方言之间语音特征的相似度时将权重值计算法作为方法之一。本书根据同一语音特征在不同方言中的对比，计算其占据的比重值，并与总体特征权重值相比，得出数据的百分比，以观察两者相似程度。

（三）本书使用的部分符号及术语

第一，本书语音采用国际音标记音，使用潘悟云等人开发的"灵风多语输入法"输入，音标字体文件格式为 IpaPanNew。

第二，音节调值不采用右上角标的形式，直接用五度标记法标记在国际音

---

① 中国社会科学院语言研究所. 方言调查字表［Z］. 北京：商务印书馆，1981.

标后，如：爸〔pa21〕。

第三，例字中古音韵地位以中古"声母+韵目+调类"表示，如"哥，见歌平"，其中韵目举平以赅上、去。

第四，对于有新老两派读音不同的字，在音标后加注"新""老"以示区别。对于存在文白异读情况的例字，加注"文""白"以示区别。

第二章　成都平原历史移民概况

文化传播学派的先驱 F. 拉策尔认为：　"一切的民族连同自然民族（naturvolker）都有其历史性，有必要研究他们的遭遇，这些遭遇大部分是迁徙的结果。民族及文化在迁徙时，互相接触互相影响，其相互影响程度，往往出乎我们的意料之外。"① 吴安其认为："方言的地理分布和行政辖区、社会的变迁有着密切的联系。解释古代行政辖区、人群迁徙和现代方言关系也就成为现代方言学的一部分。"② 周振鹤和游汝杰③认为："不同类型的文化从相互隔离进入渗透和交融状态，其最主要的原因之一就是人口的迁徙，亦即移民。……人口的迁徙在促使文化发展的同时，也使语言发生很大的变化。方言是语言逐渐分化的结果，而语言的分化往往是从移民开始的。"由此可见，人口的迁移和流动是影响语言变异的重要因素之一。

第一节　成都平原的历史移民

周振鹤、游汝杰认为，方言是语言逐渐分化的结果，而语言的分化往往是从移民开始的。四川历史上就经历了六次大的移民。④

第一次是在秦灭蜀国、巴国之后，秦移民万家入蜀（以一户四、五丁口计），约四五万人。

第二次是从西晋末年开始，全国性的北方人口南迁，在这个时期，邻近四川的陕西、甘肃移民大量从秦岭进入四川。

第三次是在南宋初年，全国性的北民南迁，在这个时期，陕甘移民大量入川。

---

① 转引自黄淑娉，龚佩华. 文化人类学理论方法研究 [M]. 广州：广东高等教育出版社，1996：60.
② 吴安其. 历史语言学 [M]. 上海：上海教育出版社，2006：9.
③ 周振鹤，游汝杰. 方言与中国文化 [M]. 上海：上海人民出版社，1986：15.
④ 孙晓芬. 清代前期的移民填四川 [M]. 成都：四川大学出版社，1997：4.

前面三次移民由于距今时间久远，笔者可以查到的资料太少，宋代以后一直到清初的移民，由于距今时间相对较短，我们能找到的文字记载也更丰富，可以看到在此阶段，移民的数量相当巨大，甚至超过当时四川土著的数量。

第四次在元末明初，南方移民进入四川，这就是以湖北省为主的南方移民入蜀，虽然仍有北方移民，但已为数不多。这次以湖北居民为主的移民入川，标志着移民来源首次以南方人居多的变化。元末明初四川接受移民高达 120 万人。① 此次移民主要是元末明玉珍的移民，移民的数量大概在 40 万人以上。

第五次是清代前期十余个省的移民入川，因为以湖北、湖南（当时行政区叫"湖广行省"，辖湖北和广西一部分）的移民最多，俗称为"湖广填四川"，移民人口有 100 多万人。明末以来，四川饱受战乱蹂躏，清初合计四川土著残存的比例不足 10%。清代初年四川人口约为 50 万② 乾隆四十一年（1776）四川总人口约 1000 万，其中移民占 60% ~ 70%，原住民占 30% ~ 40%。

第六次是抗日战争前期，江苏、浙江等省和京、津、沪、宁的学校、工厂、机关和居民疏散入蜀。据统计，在战火中有 700 多万人从北方和沿海进入四川。抗日战争胜利后，虽有相当一部分机关、学校和部分工厂复员返回，但有不少人定居四川，至今已繁衍至第三、四代。民国二十八年（1939）3 月四川省民政厅统计，全省有 7536840 户，46384087 人，成都市有 496128 人。从移民的人数来看，虽然 700 多万人的数量并不少，但是由于土著人口的数量远远超过移民人数，加之移民的到来是零散的，所以除了第一代移民保留自己的方言外，第二、三代移民已学讲当地方言，此次移民对今天的四川方言并没有产生太大的影响。

"到了汉朝，蜀地终于成了汉语的一个方言区。……这条材料说明蜀地受秦的影响在语言上的变化，变得同中土的语言一致了。这就是秦晋陇冀梁益在汉代可以看作一个方言区的原因。"③ 崔荣昌将这一时期的四川方言称为"巴蜀方言"。而这一时期的巴蜀方言是在秦汉时期，由于华夏族大批移民落户巴蜀之后，才逐渐孕育形成的。但是巴蜀方言究竟是什么方言，现有研究并没有给我们提供详细的论证。从秦到宋末，每一次的移民都会对四川的人口和语言产生影响，但是历史上给四川人口和语言带来巨大影响和改变的是第四次和第

① 葛剑雄，曹树基. 中国移民史（第五卷）［M］. 福州：福建人民出版社，1997b：159.
② 葛剑雄，曹树基. 中国移民史（第六卷）［M］. 福州：福建人民出版社，1997c：77.
③ 赵振铎，黄峰.《方言》里的秦晋陇冀梁益方言［J］. 四川大学学报，1998（3）：53.

五次移民，这两次移民在带来大量人口的同时，也大大地改变了四川地区的语言，使其偏离本来的发展方向。成都自古便是四川的经济政治中心，移民对其的影响不言而喻。下面笔者重点介绍对四川和成都有深远影响的两次移民。

一、元末明玉珍移民

两宋时期，四川经济繁荣，人口稳步增长，南宋嘉定十六年（1223）四川人口数约 600 万人。经历宋元、宋金战争之后，四川地区人口锐减。到公元1282 年，即元军平定四川后的第三年，"十月，以四川民仅十二万户，所设官府二百五十余，令四川省议减之"。与嘉定十六年（1223）相比，此时四川人口仅留存 1/5。按每户 5 人计算，也才 60 万人。此后四川人口缓慢恢复，又遇元末战争损失，"四川的土著就只有 30~40 万人了"[1]。

明玉珍的军事移民是四川移民的序曲。"明玉珍湖北随州人，其士卒及家属多湖北（西部地区）人，随军入蜀，明玉珍自称'区区二十万人马'（《明太祖实录》卷六十八），合家属计，应不少于 40 万人，夏亡降明，都留在了四川，以重庆（夏之都城）周围地区为多，其来源多是湖北西北及明玉珍驻扎过的江汉平原地区的人。40 万人虽不算多，却是与元末四川土著人口相当的数字。"[2] 这是当时重庆的移民情况，是四川湖广话形成的重要阶段。

二、明初洪武移民

从洪武二年（1369）始，直到洪武二十四年（1391），官府组织的大规模移民前后持续了 22 年。洪武五年（1372）至洪武十四年（1381）10 年间为移民高峰，四川总人口增长了 155.83%，达到 146.45 万口。苏东来根据清嘉庆《四川通志·舆地志·陵墓》所收集到 24 例元明时期的四川墓志，通过对墓志内容的分析，发现其中 22 例中的家族均自元末明初来川，其中因避乱来川的最多，从迁川的祖籍来源看，湖广麻城迁来的最多，其次是江西。移民家族在迁川时间（多在元末明初）、祖籍地（多集中于发达的江淮流域）、迁川原因（多由于避兵乱、战乱迁川）这一现象几乎是同时期移民家族共有的迁川背景。[3] "四川自宋元战争始，终元一代及至洪武初年，人口一直呈大幅下降趋势。元末农民起义首先爆发于富饶的江淮流域，围绕这一地区。红巾军与元

① 葛剑雄，曹树基. 中国移民史（第五卷）［M］. 福州：福建人民出版社，1997b：152.
② 周及徐. 从移民史和方言分布看四川方言的历史——兼论"南路话"与"湖广话"的区别［J］. 语言研究，2013（1）：53.
③ 黄友良. 四川移民史论［J］. 四川大学学报，1995（3）：75.

军之间及红巾军各部在此地不断进行反复争夺，使该地区人口大量逃亡。而此时的四川在明夏政权的庇护下相对稳定，从而吸纳了大量的江淮移民。"①

三、明末清初的移民

明末清初的移民是四川地区整个明清时期移民的高峰和重点，造成这种现象的原因主要有以下三个：

（一）明末清初四川遭受了严重的破坏

从明崇祯初年到清康熙二十年，持续数十年的战乱及天灾造成整个四川地区人口锐减。清初合计四川土著残存的比例不足 10%，清代初年残存人口约为 50 万。成都和周边地区也都遭受了战争的重创，人口锐减。

《蜀乱》记载顺治四年（1647）"成都残民多逃雅州，采野菜而食，亦有流入土司者，死亡满路。尸才出，臀股之肉少顷已为人割去，虽斩之不可止"。"成都空，残民无主，强者为盗，聚众掠男女，屠为脯。继以大疫，人又死。是后虎出为害，渡水登楼，州县皆虎，凡五六年乃定。"清兵退出成都"成都守者亦驱残民千余北去，至绵州，复尽杀之。成都之人，竟无遗种"。

顺治六年（1649）十一月，张献忠剿洗成都。随军的依利、安二教士曾目击之，"一六四五年冬十一月二月二日，献忠怒甚，忽发疯狂，决意剿杀全城居民。……剿洗成都后，旋即传令，谕各乡镇村民入住城内，填实京师。残杀之后，成都空虚。除少数官员及文士外，别无居民"（嘉庆《成都县志》卷一）。②

"康熙二年（1662），由广元入蜀赴任的四川巡抚张德地'沿途瞻望，举目荆榛，一、二孑遗，鹑衣菜色'，'在川省境内行数十里，绝无烟爨；迨至郡邑，城鲜完郭，居民多者不过数十户……及抵村镇，止茅屋数间，穷赤数人而已'。他由顺庆、重庆达泸州，'舟行数日，寂无人声，仅存空山远麓……'而成都'举城尽为瓦砾，蕃司公署久已鞠为茂草矣。'当时成都已无法驻守清廷官员，只好移驻保宁（今川北阆中市）。"③

从这些记载可以看到，经历战争的破坏和张献忠屠城，成都地区确实满目疮痍，残破不堪。从记载来看，成都平原其他地区亦是如此。

---

① 苏东来.《四川通志》所反映的元明清移民历史记忆［J］. 巴蜀史志. 2010（3）：41.
② 成都县志［M］. 刻本. 1816（清嘉庆二十一年）.
③ 孙晓芬. 清代前期的移民填四川［M］. 成都：四川大学出版社，1997：11.

孙祺《蜀破镜》卷五记载："成都所属州、县，人烟断绝千里，内冢白骨亦无一存。人类既尽，孑遗无可为食，地中掘枯骨而糜之以糊口。"

"明天启《新修成都府志·赋役志》记载，天顺五年（1461），成都、华阳两县有人丁 13219 丁。约 66000 多人，据《升庵合集》之《药市赋》记载推测，明嘉靖时成都有 84000 户人口大约 42 万人。明末清初，从崇祯七年到康熙前期的 40 余年间，四川地区遭受严重战乱，人口极少，有 5、6 年竟然断了人烟，康熙二十四年（1685），平定吴三桂后，四川省在册人口约 9 万余人，而成都人口数则无记载。"①

由于张献忠的屠杀，嘉庆《温江县志》卷六②记载："成都府之温江、康熙六年仅存三百五十一户。"民国《温江县志》记载："人类几灭，劫灰之余，仅存者范氏、陈氏、卫氏、蒋氏、鄢氏、胡氏数姓而已。顺治十六年清查户口，尚仅三十二户，男三十一丁，女二十三口，榛榛莽莽，如天地初辟。"③

民国《简阳县志》④ 卷十九《食货篇》记载："简州赋役……明末兵荒为厉，概成旷野，仅存土著十四户。"

民国《双流县志》⑤ 卷四云："人民存者十之一。"

民国《郫县志》⑥ 卷六云："占籍者几十之九。"

清《金堂县志》⑦ 卷二《风俗篇》记载："宋时金水县十三乡六镇，金堂县十五乡四镇，共二十八乡十镇，元明无考，自明末兵燹蹂躏荒废失传，遗佚尽矣。国朝平定之初土著无几。"

道光《新津县志》："土著仅余数姓，然皆逃外县，匿迹洪雅。"

乾隆《灌县志》⑧ 云："灌邑昔称富庶。自明末伤痍之后，村落空虚，居人鲜少。"

从上面各县的县志记载可以看到，当时成都及周围县市人口损失严重，土著人口非常少。

天灾瘟疫也造成了四川人口的大量死亡，这同样可以从文献资料中找到证据。

明末清初，四川天灾频繁，瘟疫席卷了许多的城市乡村："瘟疫流行，有

---

① 成都市地方志编纂委员会. 成都市志·总志 [M]. 成都：成都时代出版社，2009：106.
② 温江县志 [M]. 刻本. 1815（清嘉庆二十年）.
③ 温江县志 [M]. 刻本. 1920（民国九年）.
④ 简阳县志 [M]. 铅印本. 1927（民国十六年）.
⑤ 双流县志 [M]. 铅印本. 1937（民国二十六年）.
⑥ 郫县志 [M]. 铅印本. 1948（民国三十七年）.
⑦ 金堂县志 [M]. 刻本. 1811（清嘉庆十六年）.
⑧ 灌县志 [M]. 刻本. 1786（清乾隆五十一年）.

大头瘟，头发肿赤，大几如斗；有马眼睛，双目黄大，森然挺露；有马蹄瘟，自膝至胫，青肿如一，状似马蹄，三病中者不救。""瘟疫大作，人皆徙散，数百里无烟。"顺治四年（1647）"饥馑频仍，苍溪似洪荒之世"，次年连遭"大旱大饥大疫，人自相食，存者万分之一"。顺治四年至六年全蜀大旱，川西平原"饥民大逃荒百里无烟，都江堰淤废"，崇庆等县"……赤地千里，人相食"；川南眉州、峨眉等地"大荒，饿死者日无计数"。康熙十五年（1676），吴三桂部何德驻雅安，"征调烦苛"，"酿成瘟疫，上南之人，死亡严重"。与此同时，四川虎患成灾。川南泸州，岸上有数十虎鱼贯而行。富顺县境内，"数年断绝人烟。虎豹生殖转盛，昼夜群游城郭村圩之内……"在荣昌，张懋尝主仆八人至荣昌上任，城中四处无人，天尚未黑，群虎窜出，八人之中有五人葬身虎口。川东綦江一带"群虎白日出游，下城楼窥破残人户"；川北的南充县（今南充市）"群虎自山中出……县治、学宫俱为虎窟"。刘石溪在《蜀龟鉴》记载："川南……死于瘟疫虎者十二三；……川北……死于瘟虎者十一二；川东……死于瘟虎者十二三；……川西……死于瘟虎者十一二。"①

（二）鼓励各省人民入川开垦，大批移民入川

为了迅速恢复四川地区的生产，清政府制定了各种政策，比如招还流遗，顺治十七年（1660），四川巡按张所志看到四川地广人稀，道路榛莽，"招辑流移，各令复业"。② 以及劝垦为考成，顺治十四年（1657）四月批准"督垦荒地，应定劝惩则例"③。入蜀之人准其入籍、官给牛种口粮、新垦田地分年起科、鼓励老农入蜀教垦。康熙七年（1668），四川巡抚张德地请求朝廷扩大招垦范围，鼓励湖广等外省农民进川垦荒。康熙十年（1671），川湖总督蔡毓荣提出放宽招民授官的标准，并延长垦荒起科的年限，大大鼓励了移民的积极性，大规模的移民填川由此展开。下面具体来看看成都平原各地的情况。

民国《温江县志》："渐次招来，人迹所致，烟户顿增，城镇田庐，载筑载兴，鸡鸣狗吠声闻四野，休养生息，侵及百年，至乾隆之世，增至三万余户。男女十四万丁口，可谓盛矣。"民国时期的《温江县志》记录了明末清初温江人口锐减，以及后来"渐次招来"，该地人口逐渐恢复的情况。

清朝初年郫县人口有4772丁，战乱平息，移民迁入以后，人口逐渐恢复。

---

① 孙晓芬. 清代前期的移民填四川［M］. 成都：四川大学出版社，1997：10-11.
② 穆彰阿. 大清一统志［M］. 《四部丛刊续编》景旧抄本.
③ 南部县志［M］. 刻本. 1849（清道光二十九年）.

乾隆《郫县志书》① 卷二："乾隆十年　　五万五千九百九十八名口。"

双流县位于成都市区西南面,民国《双流县志》记载:"明季张献忠之乱,村市为墟,清初招徕,大抵楚黄之人为多,次则粤东,次则由闽由赣由陕,服贾于此,以长子孙,今皆土著矣,风俗亦无差殊焉。"由此可见战乱对该地影响也很大,城市基本成为废墟。清初大批移民以湖北人为主,从描述来看,"今皆土著矣",移民的到来并没有改变当地的风俗,外来移民被当地土著同化,融为一体。

我们从清代双流县人口的增长数量也可以看出当时各方迁来人口情况和增长情况:

清雍正七年到十三年　　　　4964 户　　　　　　10648 口

乾隆六十年　　　　　　　　30518 户　　　　　　94385 口

嘉庆十七年　　　　　　　　31730 户　　　　　　97254 口

民国三年　　　　　　　　　24206 户　　　　　　107007 口

我们从清代人口增长的数量可以看到移民对简阳的影响,明末由于战乱人口骤减,土著很少,清初的移民招徕政策,使人口逐渐恢复。

原额人丁　　　　　　　8495 丁

明末　　　　　　　　　仅存土著 140 户

清初　　　　　　　　　陆续招徕

乾隆年间　　　　　　　18809 户

嘉庆年间　　　　　　　73921 户

民国三年　　　　　　　97239 户

从上面的记载可以看到,经过康熙、雍正之后,乾隆时期人数大量增加,嘉庆年间人数增加最为明显。本书选点调查的龙泉茶店镇以前就属简阳管辖,我们可通过民国《简阳县志》中关于氏族来源的记录进一步了解移民来源的情况。

表 2-1　简阳地区氏族来源记录表

氏族	入川前籍贯	迁入时间	迁入地点	至清末子嗣情况
冯氏	湖广麻城县孝感乡姬公岭	不详	简州杨柳	传十二世
钟氏	福建武平	康熙庚子	资阳,后迁简阳十里	传八世
江氏	广东长桀县	不详	简州	传五世

① 郫县志书 [M]. 刻本. 1751 (清乾隆十六年).

续表 2-1

氏族	入川前籍贯	迁入时间	迁入地点	至清末子嗣情况
施氏	湖广麻城县孝感乡	明初	简州	传十五世
司氏	湖广麻城县孝感乡	康熙中	简州石板	传五世
余氏	广东大埔	康熙初	简州八角井	传七世
徐氏	湖广麻城县孝感乡	洪武年间	简西镇金桥	传十世
巫氏	广东长乐县	雍正年间	简州镇子场	传六世
朱氏	湖广麻城县孝感乡	洪武辛亥	简州	传十二世
符氏	湖广麻城县孝感乡	洪武己酉	简西镇	传十九世
胡氏	湖广麻城县孝感乡	明初	简州正教乡	传十六世
吴氏	湖广麻城县孝感乡	清初	简西石板凳	传十四世
苏氏	湖广	洪武己酉	简西玉成桥	传十七世
都氏	湖广麻城县	洪武年间	简西	传二十二世
雷氏	湖广麻城县孝感乡马桑坡	顺治初	雷出铺	传十二世
申氏	陕西泾阳县	康熙辛丑	石桥井	传八世
陈氏	福建龙溪县龙堰管	康熙乙丑	简西	传八世
殷氏	湖南武岗州	乾隆年间	简西贾家场	传七世
孙氏	江西清江茂有邢盛平里	乾隆乙巳	简西草池堰	传六世
袁氏	江西龙南县新兴保	康熙年间	简北镇字高家	传九世
潘氏	湖广麻城县孝感乡	明初	潘家沟	传十七世
田氏	湖南五图州	清	简北龙泉驿	传七世
萧氏	湖广麻城县孝感乡	清	南北石板铺	传九世
刁氏	广东	乾隆戊午	简东踏水桥	传七世
饶氏	广东	乾隆庚申	简西毛家场	传八世
陶氏	湖广麻城县孝感乡	洪武己酉	简西陶家沟	传十一世
毛氏	湖广麻城县孝感乡	洪武己酉	简西柳塘沟	传十八世
罗氏	江西棘和	嘉庆十年	简州城内	传六世
何氏	福建	乾隆年间	简城	传六世
华氏	福建上杭县竹坑里	康熙辛辰	简石井苦竹林	传十世
扬氏	湖广麻城县孝感乡	洪武己酉	简东普照寺	传十七世

续表 2-1

氏族	入川前籍贯	迁入时间	迁入地点	至清末子嗣情况
章氏	江西南昌县	乾隆年间	简城	传六世
张氏	广东长乐县澄江湖	康熙辛卯	简粗家街	传七世
王氏	江西秦和县	乾隆年间	简城中街	传八世
方氏	河南光州	明	简西草池堰方家口	传二十世
黄氏	广东永安县	雍正乙巳	简东	传八世
姜氏	湖广麻城县孝感乡	洪武己酉	简姜家场	传十世
汤氏	湖广麻城县	明中	简龙云寺	传十四世
汪氏	湖广麻城县孝感乡蒿枝坝	洪武辛亥	简西乾封镇	传二十世
彭氏	湖广麻城县	明末	不详	传十二世
卿氏	湖南零陵兴不乡咸阳里	康熙壬午	简北三是场双岔满	传十世

从上表可以看到，简阳外来移民迁入时间主要在明末清初至嘉庆年间。从来源来看，来自湖广地区的移民最多，迁自湖广的有 20 个，迁自广东的有 7 个，迁自福建、江西的各有 4 个，迁自湖南的有 3 个，迁自河南、陕西的各 1 个。

新都县在清朝初年人数很少，只有 630 丁，随着移民的迁入，人口逐渐恢复，嘉庆以后人口逐渐稳定，具体情况如下：

清初		630 丁
雍正六年	1955 户	11799 丁
乾隆六十年	4571 户	54250 丁
嘉庆十七年	21378 户	83685 丁
嘉庆二十五年	21842 户	84350 丁
道光五年	22051 户	84791 丁
道光二十四年	22226 户	85385 丁

新津人口在明代时"编户七里，有人丁三千六百五十八"。清王朝建立后，在"民无不遗"的情况下，实行移民垦荒政策，规定入籍减赋，以资鼓励。康熙三年（1664）新津知县常九经在任时，"男妇出耕，送幼子于署，官为视养之，至夜引回"。经 140 余年的休养生息，到嘉庆十六年（1811）新津人口达 165734 人。

灌县即今天的都江堰，明代天启元年（1621）《成都府志》载："灌县原额人丁肆仟肆拾玖丁。"但当时官府只记录上粮户数和男子中的丁壮者，没有算非上粮户和不能当丁的妇女、儿童和老人。按丁壮人口占总人口的30%计，当时灌县人口有13497人。康熙六年（1667）奉文清查灌县丁粮数字，当时原载人丁1262丁，其后，以康熙五十年（1711）人口为基数，诏令"盛世滋生人丁，永不加赋"。到雍正七年（1729）增加到17445丁。乾隆五年（1786）灌县有35535户，总人口127233人（见乾隆《灌县志》）。嘉庆元年（1796）灌县有108571户，人口251266人（见嘉庆《四川通志》）。光绪三十二年（1906）灌县有69387户，413076人（见光绪《灌县志》）。

彭山人口从清代乾隆六十年（1795）到嘉庆十六年（1811）的16年间，由湖北等省移入较多，人口由乾隆六十年的43194人，猛增至嘉庆十六年的154391人，增加了111197人，增长了257.43%（见《彭山县志》）。

最后来看看成都的情况。清朝时期的《竹枝词》记录了当时的移民情况。《竹枝词》原是唐代流行于长江中游地区的民歌曲调，后来演变为一种诗体。《竹枝词》"志土风而详习尚"，其主要特点是吟咏风土，所以和地域文化关系密切。很多《竹枝词》的作者是当地文人，他们熟谙乡邦掌故及当地的风俗民情，而另一些作者则是外来的观察者，这些人对于异地的风俗更是充满了好奇。不管作者是谁，《竹枝词》常常是描写世态民情，洋溢着浓厚的乡土气息，有助于我们了解当地文化。

清吴好山的《成都竹枝词》[①] 写道："湖北荆州拨火烟，成都旗众胜于前。康熙六十升平日，自楚移来在是年。"这里讲的就是清初"湖广填四川"官府招募（奉旨）的大移民。

清吴好山《成都竹枝词》又记载有："'满城'城在府头西，特为旗人发帑修。仿佛营规何日起？康熙五十七年秋。"又有："不将散处失深谋，蒙古兵丁杂满洲。四里五分城筑就，胡同巷里息貔貅。"

清嘉庆六对山人《锦城竹枝词》："大姨嫁陕二姨苏，大嫂江西二嫂湖。戚友初逢问原籍，现无十世老成都。"

从上面的《竹枝词》可以看到清朝时期通过军事移民、政府招募移民等，大量移民来到成都，成都出现各地人们聚居的情况。

嘉庆《四川通志》记载，清嘉庆二十一年（1816），成都、华阳两县户口有15万余户，70余万人，而清初整个四川地区才9万人。

从上述资料我们可以看到在明末清初这段时间里，四川地区由于战乱等原

---

① 林孔翼. 成都竹枝词［M］. 成都：四川人民出版社，1986：76.

因，各地人口骤减，为了恢复生产，大量移民入川。

（三）移民来源多样，以湖广地区的移民为主

明末清初的移民来源各不相同，但是以湖广地区的移民数量最多，从文献中我们可以找到相关的依据。

同治《重修成都县志》① 卷二《风俗·成都府》记载，成都"多粤东、湖广两省人"。

光绪《铜梁县志》② 卷一《风俗·重庆府》记载，铜梁县，"土著者百之一，楚、黔两省人最多，亦有自闽、粤、江右来者"。

民国《郫县志》卷六《风俗》记载："当清始垦殖，如两广，如两湖，如陕西，如江西，如福建，占籍几十之九。"

民国《双流县志》卷三十六记载："大抵楚黄之人为多，次则粤东，次则由闽由赣由陕。"

康熙时陆箕永《绵州竹枝词》："村墟零落旧遗民，课雨占晴半楚人。几处青林茅作屋，相离一坝即比邻。"③

嘉庆时陶澍《蜀游日记》卷十七："（川东北）献贼屠而后，土著几尽，今则楚人半……"

清《金堂县志》④ 卷二《风俗篇》："招徒夹居者皆湖广江西广东福建之民，间有流亡而返者。"

道光《新津县志》⑤ 记载，历康熙、雍正两朝，到新津插业之移民，以湖广籍最多，广东籍的次之，分布金华、太平、文井一带。以后，江西籍的也有，以商人居多，在新津县城、花桥、张场、太平均建有会馆。乾隆中叶仍有闽、粤、湘、鄂、云、贵、晋、陕商人经商留居新津者。

《清圣祖实录》载："顺治十七年四川巡抚奏请据两湖、两广、闽、黔之民，以实东西川。"⑥

从古书的记载中可以看到，移民来源多样，但是以湖广地区为主。张敏⑦等通过对四川移民地名的研究，得出以下结论，见表2-2：

① 重修成都县志［M］. 刻本. 1873（清同治十二年）.
② 铜梁县志［M］. 刻本. 1875（清光绪元年）.
③ 林孔翼，沙铭璞. 四川竹枝词［M］. 成都：四川人民出版社，1989：86.
④ 金堂县志［M］. 刻本. 1811（清嘉庆十六年）.
⑤ 新津县志［M］. 增刻本. 1839（清道光十九年）.
⑥ 清圣祖实录［M］. 北京：中华书局，1985.
⑦ 张敏，柯立，孙上茜. 明末清初"湖广填四川"人口迁徙及其影响［J］. 常熟理工学院学报，2008（5）：81.

表2-2 入川移民的总体定居偏好以及各省移民在入川后的空间分布表

地区	籍贯												
	湖广	江西	广东	陕西	贵州	云南	福建	浙江	西蕃	河南	山西	江南	总计
内江市	231	5	8	2	3	0	3	0	0	0	1	0	257
南充市	124	3	7	1	0	0	0	0	0	0	0	0	135
重庆市	103	7	0	1	5	0	1	1	0	1	0	0	126
德阳市	71	5	3	5	0	1	0	0	0	0	0	0	85
自贡市	70	0	1	1	0	0	0	0	0	0	0	0	72
万州区	67	3	3	1	0	0	0	1	0	0	0	0	75
绵阳市	38	1	7	5	0	0	0	0	0	0	0	0	51
宜宾市	36	0	2	0	0	1	0	0	0	0	0	0	39
达县市	31	0	1	0	0	0	0	0	0	0	0	0	36
涪陵区	26	4	0	0	0	0	0	0	0	0	0	0	32
成都市	12	8	3	5	0	1	0	0	1	3	1	2	38
乐山市	12	3	5	0	0	0	1	0	0	0	0	0	21
泸州市	9	1	1	0	3	0	0	1	0	0	0	0	16
凉山州	2	7	0	0	5	8	1	2	4	0	0	3	40
攀枝花市	0	2	1	0	0	1	0	0	0	0	0	0	4
雅安市	0	2	1	1	0	0	0	0	0	0	0	0	3
阿坝州	0	0	6	1	0	0	0	0	2	0	0	0	4
甘孜州	0	0	0	0	0	0	0	0	0	0	0	0	2
总计	832	51	53	23	16	12	6	5	7	4	2	5	1035

从上表我们可以看到，入川移民地理分布呈递减规律。如川西平原和德阳、绵阳地区移民中，来自湖广的有121个，占69.54%，川中湖广籍占91.49%，川东北90.64%，川东85.22%，宜宾、泸州、乐山地区为75%，川西高原不足4%。这一现象可以大致体现出距离递减规律：距移民原籍地（湖广）越远，移民聚居点相对越少。张敏等总结出移民入川都选择交通便利且自然条件优越的平原和平坝丘陵地区，长江及其川中支流为移民点集中地区。

（四）川西原住民战乱后的回迁

成都以西以南地区虽受战乱蹂躏，但经历战乱的时间相对较短，且土地肥沃，战乱平息之后，原住民回迁数量较多，人口恢复较快，出现川南人民向川西南雅安地区移民的情形："清初沈荀蔚《蜀难叙略》记述当时的情形：'（顺治十年，1653）自逆贼尽屠川西而北也，各州县野无民，城无令，千里无烟者已七八年。至是西南接壤之所，始有开垦者，然田皆膏腴，芜久益肥沃。用力少而成功多，且无赋税，力之所及，即为永业。由是川南之民皆健羡之，非安土重迁者，往往相率去。'其中'西南接壤之所'指洪雅、雅安、庐山一带。雅安地区人口恢复，当地原住民的繁衍增长，包括附近地区人民的移入填补，占了重要成分。外省移民迁入，因为道路近便，应主要集中在雅安、庐山等面向成都平原的东北部地区。"①

第二节　成都平原移民和当地语言情况

明清以后的移民逐渐来到四川，其来源不一，在移民的初期通常会出现各种方言并存的状态。我们在《竹枝词》中可以找到很多例证。清人王正谊《达县竹枝词》："广东'湖广'与江西，客籍人多未易稽。吾处土音听不得，一乡风俗最难齐。"清人杨国栋《峨边竹枝词》："楚语吴歌相遇处，五方人各异乡音。"嘉庆时六对山人《锦城竹枝词》："摇唇故作齿音扬，轻薄成都有别腔。"分别描述了川东北，川西以及成都市区语言的差异。又如道光时陈谦《三台县竹枝词》："五方杂处密如罗，开先楚人来更多。闽人栽蔗住平地，粤人种芋住山坡。"

但是方言并存只是一个暂时的状态，外来移民和当地居民长期生活交流，最终会形成一种新的方言，如民国《双流县志》卷一《风俗》中记载："民季张献忠之乱，村市为墟，清初招徕，大抵楚黄之人为多，次则粤东，次则由闽由赣由陕，服贾于此，以长子孙，今皆土著矣，风俗亦无差殊焉。"可见，外来移民虽来源不同，但是经过几代人之后，与当地人融为一体，风俗等也没有什么差异。所以如今的成都平原虽然移民的来源、人数、先后均不相同，但是

---

① 周及徐. 四川雅安地区方言的历史形成及其与地理和移民的关系 [J]. 四川师范大学学报（社会科学版）. 2014（6）：93-94.

成都及周边地区交流并没有什么障碍。

　　周及徐认为："在移民方言的形成中，中央政府组织的、时间短、来源地集中、在迁入地集中居住的移民，是最能保持其原有方言特征的人群。这是因为他们能够在短时间内形成一定规模的方言社会群体。这种方言也最容易保留下来。在明初以后的50年时间内，中央政府组织湖北江汉平原及相邻地区大规模移民，迅速填补了宋元战乱和萧条在四川留下的巨大的人口空间，在重庆和四川中东部的人口中第一次形成了'湖广话'方言社会，在重庆和四川中东部方言形成中，起到了决定的作用，成为明代成渝片方言的主流。反之，自发的、时间上先后不一、来源地分散、在迁入地与当地人杂居的移民，形成方言能力相对弱。由于不能形成自己的一定规模的方言社会，只能与讲当地话的人群交流，会很快融入移居地的方言社会。"① 四川地区在明清时迁入大量各地移民，除了湖北移民还有客家移民和湖南等地的移民，但是由于客家话、湘方言等和当地所讲方言差异巨大，他们形成了自身的方言岛，岛内居民学说当地话，和当地人交流均讲当地话，在岛内才讲自己的方言，如此一来，第二代、第三代之后岛内方言便逐渐消失。如今还能看到这样的方言岛，客家话主要集中在龙泉、新都等地，湘方言存在于金堂竹篙以及德阳部分地区。但是这些方言都或多或少受到了湖广话的影响。

　　从现今成都平原的语音特点中均能找到很多和湖广话语音对应的部分，周及徐从方言语音特征的相似度考证了成都话与湖广话的联系，结果显示现今成都话、重庆话与麻城话相似度很小，今成渝地区的"湖广话"主要来自三峡东部地区和相邻的江汉平原地区，如恩施、宜昌等地区。成都平原内很多方言点都有这样的特点，后文将对语音部分进行详细讲解和描述。

---

① 周及徐. 从移民史和方言分布看四川方言的历史——兼论"南路话"与"湖广话"的区别［J］. 语言研究，2013（1）.

第三章　成都市区、郊区方言语音

第一节　成都市[①]

一、成都市的地理、人口概况

我们首先对成都市区的基本情况做一个简单的介绍。成都市位于成都平原中部，地处北纬30°05′至31°26′，东经102°54′至104°54′。全市南北最宽距离约192千米，东西最长约166千米。成都市东接内江市的简阳，南依乐山市的仁寿、彭山、眉山、丹棱，西连雅安地区的名山、芦山和阿坝州的汶川、茂县，北靠德阳市的什邡、广汉和中江，与四川5个地、市、州的12个县毗邻。

成都市居于四川省中部，东西距四川边境最远的直线距离分别为577千米与622千米，南北抵四川边境最远直线距离各为195千米与405千米。在四川的所有省辖市中，成都居于中枢地位，是西南地区的政治、经济、文化中心。

成都市历史上人口变动较大，有四次人口增长高峰时期。第一次开始于汉代。西汉平帝元始二年（2），有记载的成都户口仅7.6万户，35万余人，约占全川人口的10%，到东汉顺帝时，成都户口有9.4万户，40多万人。西晋时，成都人口略有减少。第二次人口增长高峰是隋唐，当时成都人口已有70~80万人，而成都城内人口多达58万人。宋元明时，成都人口有所下降，两宋时期成都户口仍在10万户左右。不过每户平均人口仅3口左右，合32万余人。明嘉靖时成都城内人口仅30万人左右。元朝初年，因遭受严重战乱，人口死亡、流失、逃逸严重，成都人口数量大减。元世祖至元七年至二十七年（1270—1290）20年间，整个成都路20个县仅有3万多户，21万余人。每县平均仅1500多户，1万多人。据明天启《成都府志·赋役志》记载，天顺五

---

① 这里所讲的成都市是一环路以内的区域，不同于现在的行政区划。

年（1461），成都、华阳两县有认定 13219 丁。若以一丁五口计算，只有66000 多人。第三次高峰是清代，康熙七年（1668）成都全城只剩下 7 万余人。以后虽迁来部分外地人，但也不过 12 万人。明末清初，从崇祯七年（1634）到康熙前期（1662—1680）的 40 余年间，四川地区连续遭受严重战乱，成都全城毁于战火，官民流离失所。清顺治初年，成都城竟然有五六年断了人烟，城区有老虎出没。到嘉庆二十年至二十一年（1815—1816）时，成都地区人口开始回升，成都、华阳两县又增加到 59 万人左右，从此成都的人口进入迅速增长发展时期。到清嘉庆年间，大体形成了现代成都人口布局的雏形。宣统三年（1911），成都和华阳两县的人口有 85 万之多。[①] 第四次人口迅速增长是中华人民共和国成立之后，1960 年仅城区人口已突破 100 万人。

从成都人口的几次增长来看，明末清初是成都历史上人口减少最严重的一次，这次巨大的人口改变对成都地区的方言也产生了深远的影响。通过现有的方言调查和分析，希望能够更加清楚地看到现在成都方言的形成过程。

二、成都市的建制沿革

战国晚期，秦惠王二十二年（前 316）司马错灭蜀，始设蜀郡，领蜀国旧地，置成都县，治在成都城。两汉时期成都为益州刺史所治，统八郡，治在大城；蜀郡领县十五，治在少城。成都仍为县治。三国蜀汉时期，成都县统辖十二乡和五部尉，此为成都有乡里行政建制记载之始。唐代的西蜀，行政建制累有变易，贞观十七年（643）分成都县东偏置县［乾元元年（758）后改名华阳县］，从此一城两县治延续千多年。唐五代时期，成都"二江珥其市"的城市格局变为"二江抱城"的城市格局。元代设四川行中书省，成都为四川行省、成都路、成都府和成都、华阳二县治所。至两宋时，设成都府路，为宋代川峡四路之一，"四川"一名即渊源于此。明代设四川布政使司，下设成都府。明天启元年（1621），下辖成都县为 1540 户，华阳县为 1210 户。清代四川省承宣布政使司、川西道、成都府及成都和华阳两县四级治所，均设成都。[②]

城市政区的建设，公元前 316 年秦灭蜀后，以古蜀国地置成都县。《华阳国志·蜀志》[③] 载："成都县本治赤里街，（张）若徙置少城内城。"从此少城与大城并立。西城区域为成都县城西半部及近郊，此后 2300 多年相沿无改。

---

① 成都市地方志编纂委员会. 成都市志·地理志 [M]. 成都：成都出版社，1993：19-20.
② 成都市地方志编纂委员会. 成都市志·总志 [M]. 成都：成都时代出版社，2009：420-421.
③ 常璩. 华阳国志 [M].《四部丛刊》景明钞本.

《成都市志·总志》记载："清代成都府领三州（简州、崇庆州、汉州）、十三县（成都、华阳、双流、新津、温江、郫县、崇宁、灌县、新都、新繁、金堂、彭县、什邡）。1928 年（民国十七年）9 月 1 日，改成都市政公所为成都市府，正式建立成都市，属省辖市。1949 年废除成都县，1960 年废除华阳县，城市建设和管理逐步走向现代化。1983 年温江地区（除广汉、什邡外）并入成都市，后经改易，现变为十九区县市的管理格局。"①

三、成都市区概况及发音人基本情况

这里所说的成都市区是指现成都市一环路以内的区域，也就是图中斜线部分。具体见图 3 - 1：

成都市区语音调查一共选择了 6 位发音人（4 名老年男性、1 名老年女性、1 名青年女性），最后实际记音以王某为标准，同时参考其他发音人的发音。王某，62 岁②，初中文化，退休工人，一直居住在成都市陕西街，从未离开过成都，父母、妻子都是成都人，生活和工作语言均为成都话。

四、成都市区话音系③

（一）成都市区话声母（21）

p 巴步白	ph 普婆仆	m 米明目	f 飞伐户	v 无误乌屋
t 多稻毒	th 他同突	n 奴路连		
ts 子张装芝昨	tsh 千痴锄称		s 思虱书舌熟	z 日挠锐
tç 酒就旧局	tçh 凄齐丘期	ȵ 女牛	ç 心囚虚行	
k 锅敢共	kh 课库葵	ŋ 我安	x 火旱活	
Ø 味儿艺衣域易				

（二）成都市区话韵母（36）

ɿ 制之执日职赤	i 齐里粒笔极逆	u 猪母突绿	y 女雨虽绿
ɚ 儿二而			
A 那爸塔伐	iA 家涯夹瞎	uA 瓜画挖刮	

---

① 成都市地方志编纂委员会. 成都市志·总志［M］. 成都：成都时代出版社，2009：422.
② 发音人年龄均指调查记音时年龄。后文同。
③ 成都市区话音系及说明引自周及徐等《岷江流域方音字汇——20 世纪四川方音大系之一》四川大学出版社，2019 年版，其中文读和新读下加双线"="，白读和旧读下加单线"—"。

e 蛇折<u>得</u>客   ie 爷结<u>特</u>逆   ue 括郭国获   ye 靴决削

o 多鸽<u>出落</u>   io 屈掠学欲

ai 街解蟹岩   iai 介解延   uai 怪喘帅

ei 悲梅肥沸   uei 絮堆奎吹

ɑu 刀<u>敲校</u>照   iɑu <u>敲校</u>标挑

əu 偷州<u>肉</u>   iəu 流久六

an 男站旦班   ian 甜颜建   uan 团关软<u>院</u>   yan 权园<u>院</u>犬

ən 审奔寸等生   in 禁民冰名   uən 滚春闻孕   yn 旬军倾永

aŋ 党房<u>虹项</u>   iaŋ 向阳讲<u>项</u>   uaŋ 光<u>框窗</u>

oŋ <u>茂</u>鹏空农捧   ioŋ <u>永</u>穷勇

（三）成都市区话声调（4）

阴平	1	35	巴当师关衣
阳平	2	31	田年国夺立
上声	3	52	点显辅两敏
去声	4	212	父杜派旧利

（四）成都市区话音系说明

（1）声母 ts－、tsh－、s－发音部位偏后，舌尖抵上齿龈，介于北京话的舌尖前音和舌尖后音之间。声母 z－摩擦明显，同标准 z。

（2）声母 n－有 l－或 l̃－的变体，很多时候为 l－，统一记作 n－。声母 ȵ－后带有同部位浊擦音，实为 ȵʑ－。

（3）声母 ŋ－只出现在开口呼前，软腭阻塞明显，鼻音气流弱。

（4）齐齿呼零声母音节开头带有摩擦音 j－，韵母为 i 时最明显，记音未标出。零声母的 u 韵母音节开头带有明显的唇齿浊擦音 v－，与其他合口呼零声母韵的音节有明显的不同，记音标出。其中有的音节没有除阻，成为自成音节的 v̩。撮口呼零声母音节以 y 开头，无摩擦。

（5）成都话单元音位置，见图 3－2《成都话声学元音图》。

（6）－io、－ioŋ 在音系配合上当为撮口呼 －yo、－yoŋ，实际发音已失去圆唇势，成为齐齿韵。

（7）元音 a 作单韵母时偏央为 ʌ，在 －an 中偏高为 æ，在 －ian、－yan、－iai 中偏高记为 －iɛn、－yɛn、－iɛi，在 －au 和 －aŋ 前偏后为 ɑ。

（8）元音 e 作单韵母，在 - ue 中时舌位较低近 ε，在 - ie、- ye、- en、- ei 中舌位较高为 e，在 - uen 中舌位偏央记为 - uən。

（9）元音 o 较标准元音低而开，在 - ou、- iou 中，元音展唇而偏央，记为 - əu、- iɐu。

（10） - an、- iɛn、- uan、- yɛn 的鼻音韵尾弱而短，舌尖未抵上齿龈，实际为 - aⁿ、- iɛⁿ、- uaᵐ、- yɛⁿ。

（11） - en、- in、- uən、- yn 的鼻音韵尾完整、稳固。

（12） - aŋ、- iaŋ、- uaŋ 的鼻音韵尾完整。

（13） - ai、- iai、- uai 的韵尾实际为 - e，例如：街 kai1 = kae1。- au、- əu 的韵尾实际为 - ɤ，例如：高 kau1 = kaɤ1；楼 ləu2 = ləɤ2。

（14）成都话声调调型及调值的详细情况，见图 3 - 3《成都话声调曲线图》。去声 324 在语流中，往往失去下凹，成为 32 或 24 调。

（15）成都城区话在人群中存在一些差异。年轻女性将 - an 发作 - ɛⁿ，元音高而韵尾弱，例如：饭 fɛⁿ4，而老年男性则是：饭 fan4，元音低而韵尾完整。一些青少年将入声字按普通话声调发音，如"赤宿"读作去声，"蜀曲"作上声，而老年人则将古入声字都读作阳平。一些青少年将成都话的 ŋ - 声母字按普通话发作零声母，例如：欧 əu1、恶 o2、岸 an4。

本次调查的调值通过实验语音学的方法计算而来，具体计算方法参考朱晓农《语音学》[①]中关于声调的计算和描写。选择例字的韵母以单元音 a、i、u 为佳，声母以清不送气 p、t 为宜。语音样本包括每个调类的各 9 个例字，我们利用对数 z-score（LZ）方法分别对每位发音人的语音样本进行声学分析，分为五个步骤：（1）测量点选取的方法是提取音高曲线各百分时刻的基频值，将 0%、10%、20%、30%、40%、50%、60%、70%、80%、90%、100% 这 11 个时刻点基频值分别记录下来。（2）将它们化为对数。（3）求对数值的均值和标准差。（4）进行 z-score 归一化。（5）将每个发音人的归一化结果加以平均并求其标准差。使用科学计算软件 Matlab7.0 来完成计算作图工作。以下各点声调计算皆如此法，不再说明。

---

① 朱晓农. 语音学［M］. 北京：商务印书馆，2010：281 - 288.

（五）成都市区话声韵配合表

表 3－1 成都市区话声韵配合表

韵母	声母												
	p	ph	m	f	v	t	th	l	ȵ	ts	tsh	s	z
A	巴	爬	妈	法		打	他	拉		炸	查	杀	
ai	摆	排	卖			带	台	来		在	才	晒	
an	班	盘	慢	饭		丹	谈	蓝		站	产	三	然
ɑŋ	帮	旁	忙	放		当	糖	狼		长	场	桑	让
au	宝	抛	毛			到	套	闹		找	抄	扫	绕
e	白	拍	麦			得	特	劣		责	拆	色	惹
ɚ													
ei	杯	配	梅	飞									
en	本	盆	门	分		灯	疼	冷		尊	陈	森	人
əu						斗	头	楼		走	丑	搜	肉
iA													
i	必	皮	米			底	题	厉	艺				
iai													
ian	变	片	面			点	填	脸	年				
iɑŋ								亮	娘				
iau	标	票	妙			掉	条	聊	鸟				
ie	毕	撇	灭			敌	贴	立	捏				
iəu			谬			丢		刘					
in	宾	拼	民			定	听	林					
io								略					
ioŋ													
o	薄	破	抹	福		朵	妥	罗		左	错	说	入
oŋ	碰		梦	丰		东	通	农		总	葱	松	绒
ɿ										之	词	四	日
uA													

续表 3－1

韵母	声母												
	p	ph	m	f	v	t	th	l	ȵ	ts	tsh	s	z
u	补	普	母	福	五	度	图	路		租	粗	书	如
uai										拽	揣	摔	
uan						短	团	乱		专	穿	栓	软
uɑŋ										庄	创	双	
ue													
uei						对	退	雷		最	催	水	瑞
uən						蹲	屯	论		准	春	顺	孕
y								旅	女				
yan													
ye													
yn													

韵母	声母							
	tɕ	tɕh	ɕ	k	kh	x	ŋ	∅
A				尬		哈	轧	
ai				改	开	还	爱	
an				赶	看	汉	按	
ɑŋ				刚	扛	杭	昂	
ɑu				高	考	好	熬	凹
e				革	客	黑	额	
ɚ								二
ei								
en				跟	肯	很	硬	
əu				勾	口	厚	藕	
iA	加	掐	下					鸭
i	祭	妻	些					
iai	皆		谐					延
ian	见	前	先					眼
iɑŋ	将	枪	乡					阳

续表 3-1

韵母	声母							
	tɕ	tɕh	ɕ	k	kh	x	ŋ	ø
iɑu	叫	桥	小					要
ie	接	七	写					一
iəu	九	秋	修					有
in	今	亲	新					迎
io	角	族	宿					乐
ioŋ		穷	熊					永
o				哥	可	火	恶	俄
oŋ				共	空	红		翁
ɿ								
uA				瓜	夸	花		娃
u					苦			
uai				乖	快	怀		外
uan				官	宽	换		万
uɑŋ				光	狂	慌		王
ue				国	括	获		喂
uei				贵	亏	灰		为
uən				棍	昆	混		文
y	句	取	徐					鱼
yan	卷	全	鲜					元
ye	决	缺	血					月
yn	军	群	寻					晕

第二节 龙泉驿区

一、龙泉驿区地理、人口概况及建制沿革

龙泉驿区，地处成都平原东部。位于东经 104°08′28″至 104°27′12″，北纬 30°28′57″至 30°46′46″，系四川省省会成都市所辖七区之一。东与简阳市交界，西邻成华、锦江两区，北与青白江区和新都区接壤，南连双流区。东西长

29.8 千米，南北宽 28.75 千米，辖区面积为 558.7402 平方千米。①

　　龙泉驿区在明末清初历经连年战乱，境内人口锐减，几成荒野。清顺治末年，"湖广填四川"的大规模移民活动开始。董氏族谱载："康熙五十三年，董明学、董明祥、董明右三兄弟，由湖广省宝庆府邵阳隆回七都迁至龙泉驿鹿溪河宝狮口老屋后地上住居。"同时迁移入境的还有谢、张、李、万等姓氏。民国《简阳县志》载，民国三年（1914）茶店子 290 户、1200 人。

　　龙泉驿区历史悠久，西汉武帝元朔二年（前 127）置广都县，元鼎二年（前 115）置成都县。唐久视元年（700）置东阳县，天宝元年（742）改为灵池县，宋天圣四年（1026）易名灵泉县。明洪武六年（1373）撤销灵泉县，并入简县。前后单独置县 627 年。其后今区境分别隶属于简阳、华阳两县。1959 年 10 月划归成都市，筹建成都市辖县级区。1960 年 2 月 18 日，建立成都市龙泉驿区至今。

二、龙泉驿区茶店镇地理概况行政区划及方言基本情况

（一）龙泉驿区茶店镇地理概况及行政区划

　　茶店镇②是 1994 年由原天鹅乡与茶店乡两乡合并而成，隶属四川省成都市龙泉驿区。茶店镇因古驿道上的茶铺而得名，位于龙泉驿区东南部、龙泉山脉中段东坡，东南与简阳市石盘镇接壤，西与龙泉驿区山泉镇毗邻，北与同安镇、万兴乡相接连。镇政府驻地距成都市区 31 千米，距龙泉驿城区 15 千米。全镇面积 63.5 平方千米，耕地面积 1.52 万亩，辖 8 个行政村、1 个场镇社区、113 个村民小组，5252 户，农业人口 1.6 万人，非农业人口近 2000 人。茶店镇盛产水蜜桃、枇杷等水果。乡村公路共 76.58 千米，村村通了水泥、沥青路，交通便利，距离天府广场的直线距离为 32.1 千米。

　　茶店镇面积 63.5 平方千米，耕地面积 15198 亩。辖 113 个村民小组，1 个社区居委会，总人口 18054 人，总户数 5802 户。

　　清初，简州分为 10 乡，乡名无记载。后以沱江为界，东部为仁善乡，西部为义和乡。原简阳现第三区区境属义和乡。区划为：安茶保（茶店子）、大兴场等。宣统元年（1909）八月，茶店子属四团区、大兴场属八团区。民国二十六年（1937）茶店乡辖 5 保 56 甲，属第四区。民国二十九年（1940）茶店乡辖 6 保 58 甲，仍属第四区。民国三十二年至三十五年（1943—1946）茶

---

① 　龙泉驿区地方志编纂委员会. 成都市龙泉驿区志［M］. 成都：成都出版社，1995：1.
② 　茶店镇地理概况常住人口等数据来自四川百科信息网：http://sc.zwbk.org/.

店乡（乙）、隶属属第七指导区。1960 年茶店公社辖 5 个管区：长丰、三元、古井、红旗、胜利。1976 年茶店公社辖 8 个大队，74 个生产队。如今，茶店镇辖白果村、长丰村、胜利村等 9 个社区，这次笔者调查的发音人就是长丰村人。

长丰村位于茶店镇东南面，与简阳的石盘、周家交界，半环绕龙泉湖，面积 5.68 平方千米，森林覆盖面积广，生态环境优美，空气清新。村辖 11 个组，耕地面积 2710 亩，442 户，人口 1513 人。由于地处偏远，交通不便，村委会无集体经济来源，无力改善基础设施条件，这制约了村域经济的发展，但也使其语言受到外界的影响较小。

（二）龙泉驿区茶店镇方言及发音人基本情况

龙泉地区以客家话为主，以洛带为中心形成了一个巨大的客家话方言岛，龙泉客家人基本都会说客家话和湖广话。茶店镇位于龙泉驿的东南面，和山泉镇相邻，当地人都称这两个场镇为"山上"，山泉茶店人去龙泉或成都也称自己到山下去。由于这种特殊的地理位置，当地的方言没有受到客家话的影响，当地人称自己说的不是客家话，也不同于湖广话。

龙泉驿区茶店镇发音人张某，64 岁，初中文化，出生在龙泉驿区茶店镇，除成年后外出打工两年，一直没有离开过茶店镇，且父母均是茶店人，从 30 岁左右开始一直在文化站工作。妻子也是本地人，生活和工作语言均为茶店话。

三、龙泉驿区茶店话音系

（一）龙泉驿区茶店话声母（21）

p 把步帛	ph 泡爬	m 磨麦	f 肤罚胡	v 武五污
t 躲胆夺	th 拖甜突	l 怒箩鹿		
ts 紫转庄只竹	tsh 此从愁处		s 四生世舌十	z 柔入
tɕ 蕉尽巨杰	tɕh 妻秦起权	ȵ 念宜	ɕ 性徐香效	
k 该共	kh 裤狂	ŋ 岸矮	x 汉黑获	
ø 文二瓦饮越阳				

（二）龙泉驿区茶店话韵母（36）

ɿ 世子汁日直尺	i 些闭比体匿僻	u 布母术目	y 女虽玉
ɚ 儿二而			

A 大爸达答八　　　　iA 家佳甲　　　　uA 瓜画滑

e 者涉舌瑟北白　　　ie 姐叶习别七力踢　ue 括扩国获　　ye 靴雪橘削

o 波墓不合末佛膜桌木　io 宿屈脚学足

ə 十石

ai 派岩　　　　　　　iai 介延　　　　　uai 乖帅

ei 贝悲　　　　　　　　　　　　　　　uei 对锥

ɑu 包泡少　　　　　　iɑu 表苗尿

əu 斗肉　　　　　　　iəu 流六

an 凡半　　　　　　　ian 点变　　　　　uan 赚万横　　yan 潜全

en 沉本灯冷　　　　　in 品贫冰并　　　　uen 文孕横　　yn 俊永

ɑŋ 帮胖忙　　　　　　iɑŋ 娘江　　　　　uɑŋ 妆双庄

oŋ 某朋猛风　　　　　ioŋ 兄穷

（三）龙泉驿区茶店话声调（4）

阴平	1	25	批当灾勾衣
阳平	2	31	爬麻笔白墨
上声	3	52	把写乃咬雨
去声	4	113	再大骂部父

（四）龙泉驿区茶店话音系说明

（1）声母 ts‐、tsh‐、s‐发音部位偏后，舌尖抵上齿龈，比北京话的舌尖前音位置偏前。

（2）声母 l‐有 n‐的变体，读 n‐的也不少，没有音位的对立，统一记作 l‐。声母 ŋ‐与后面的高元音 i/y 之间，带有同部位浊擦音，实际上为ŋʑ‐。

（3）声母 f 摩擦程度较重，从听感上比普通话摩擦持续时间相对略长。

（4）声母 ŋ‐舌面后阻塞明显，鼻气流比较弱。

（5）合口呼零声母 u 韵母的音节，有唇齿浊擦音声母 v‐，记音标出。

（6）龙泉茶店话单元音位置，见图3‐4《茶店话声学元音图》。

（7）韵母‐i 的舌位较低，根据实际发音记为‐ɪ 更合适。

（8）韵母‐u 单独做音节时发音擦化现象很明显，前面带上唇齿浊音声母v‐，如：午 vu，五 vu。‐u‐作介音时，没有标准‐u 那么圆。

（9）元音－a，受到韵尾的影响，在 ian，yan 中，近于－æ－，在 iai 中近于－ɛ，其他的近于－ᴀ。茶店话的央－ᴀ－比普通话的发音偏高偏前一点。

（10）韵母－ə，主要出现止曾梗臻深摄开口三等知系字，如：十 sə31，吃 tshə31。

（11）声调调型及调值的详细情况，见图 3－5《茶店话声调曲线图》。阴平有 45 的变体。去声调在语流中多读为 11 调或 13 调。

（12）茶店话在成都话和普通话的影响下，在老年人和青年人中有差异，青年人的读音更接近成都话。城区话中臻摄入声字读为－i，例如："七" tɕie2（乡下）＞tɕi2（城区）。又青年人受普通话影响改变一些字的读音，深梗摄入声读为－i，例如："石" sə2（旧）＞si2（新）。

（五）龙泉茶店话声韵配合表

表3－2　龙泉驿区茶店话声韵配合表

韵母	声母												
	z	p	ph	m	f	v	t	th	l	ŋ̥	ts	tsh	s
ᴀ	巴	爬	妈	法		打	他	拉		炸	查	杀	
ai	摆	排	卖			带	台	来		在	才	晒	
an	班	盘	慢	饭		丹	谈	蓝		站	产	三	然
ɑŋ	帮	旁	忙	放		当	糖	狼		长	场	桑	让
ɑu	宝	抛	毛			到	套	闹		找	抄	扫	绕
ə							词	十					
e	白	拍	麦			得	特	劣		责	拆	色	惹
ɚ													
ei	杯	配	梅	飞									
en	本	盆	门	分		灯	疼	冷		尊	陈	森	人
əu						斗	头	楼		走	丑	搜	肉
iᴀ													
i	必	皮	米			底	题	厉	艺				
iai													
ian	变	片	面			点	填	脸	年				

续表 3-2

韵母	声母												
	p	ph	m	f	v	t	th	l	ȵ	ts	tsh	s	z
iaŋ								亮	娘				
iɑu	标	票	妙			掉	条	聊	鸟				
ie	毕	撇	灭			敌	贴	立	捏				
iəu			谬			丢		刘					
in	宾	拼	民			定	听	林					
io								略					
ioŋ													
o	薄	破	抹	福		朵	妥	罗		左	错	说	入
oŋ		碰	梦	丰		东	通	农		总	葱	松	绒
ʅ										之	词	四	日
uA													
u	补	普	母	福	五	度	图	路		租	粗	书	如
uai										拽	揣	摔	
uan						短	团	乱		专	穿	栓	软
uaŋ										庄	创	双	
ue													
uei						对	退	雷		最	催	水	瑞
uən						蹲	屯	论		准	春	顺	孕
y								旅	女				
yan													
ye													
yn													

韵母	声母							
	tɕ	tɕh	ɕ	k	kh	x	ŋ	ø
A				尬		哈	轧	
ai				改	开	还	爱	
an				赶	看	汉	按	
ɑŋ				刚	扛	杭	昂	

续表 3－2

韵母	声母							
	tɕ	tɕh	ɕ	k	kh	x	ŋ	ø
ɑu				高	考	好	熬	凹
e				革	客	黑	额	
ɚ								二
ei								
en				跟	肯	很	硬	
əu				勾	口	厚	藕	
iA	加	掐	下					鸭
i	祭	妻	些					
iai	皆		谐					延
ian	见	前	先					眼
iɑŋ	将	枪	乡					阳
iɑu	叫	桥	小					要
ie	接	七	写					一
iəu	九	秋	修					有
in	今	亲	新					迎
io	角	族	宿					乐
ioŋ		穷	熊					永
o				哥	可	火	恶	俄
oŋ				共	空	红		翁
ɿ								
uA				瓜	夸	花		娃
u					苦			
uai				乖	快	怀		外
uan				官	宽	换		万
uɑŋ				光	狂	慌		王
ue				国	括	获		喂
uei				贵	亏	灰		为

续表 3－2

韵母	声母							
	tɕ	tɕh	ɕ	k	kh	x	ŋ	ø
uən				棍	昆	混		文
y	句	取	徐					鱼
yan	卷	全	鲜					元
ye	决	缺	血					月
yn	军	群	寻					晕

第三节　新都区

一、新都区地理、人口概况及建制沿革

新都区隶属于四川省成都市北郊，东邻成都市青白江区，西与成都市郫都区接壤，南与成都市金牛区、成华区、龙泉驿区相连。区境跨东经 103°54′02″至 104°16′54″、北纬 30°40′40″至 30°57′58″，新都区面积 482 平方千米，距四川省会成都市 16 千米，是成都市的都市新区（城北）副中心，区域北与成都市彭州、德阳市广汉市毗邻，面积为 482 平方千米。

同样，根据清代张治新的《新都县乡土志》① 记载："本境于汉户口外，只有回种，顺治康熙年间自甘肃省来，相习已久，其风俗犹是耕读贸易，尊卑长幼及一切人伦事故皆大同而小异，现在住居弥牟镇，场内场外，乡间及东门外，迎春街，新店子场上。"

明天启年间《成都府志》记载当时新都编户 6 里，明末清初，由于连年战争，新都仅存 603 丁，雍正六年（1728），承粮花户计 1955 户，人丁 11799 丁。乾隆六年（1741），承粮花户计 4571 户，人丁 54251 丁。嘉庆十七年，承粮花户计 21370 户，人丁 83685 丁。嘉庆二十五年（1820），承粮花户 21742 户，人丁 84350 丁。道光十年，承粮花户 22051 户，人丁 84791 丁。道光二十四年（1844），承粮花户 22226 户，人丁 85385 丁。②

---

① 四川大学图书馆馆藏珍稀四川地方志丛刊（第一册）[Z]. 新都县乡土志, 2009.
② 新都县志编纂委员会. 新都县志 [M]. 成都：四川人民出版社. 1994：119.

从方志的记载来看，清朝初年新都县人口很少，这应该是受到战乱的影响。雍正年间人口便有了明显的增长，后来基本逐年稳定增长。

西汉高祖六年（前201），分割巴、蜀地，设置广汉郡，新都县划归广汉郡。隋文帝开皇十八年（598），改新都县名为兴乐县，始将县治所从军屯迁至今新都镇。唐武德二年（619），恢复兴乐县，随即复名新都县，隶属益州。自唐迄清，新都隶属多有更迭，新都名称未变，相沿至民国。1960年2月，撤销新都县合并于新繁县。1962年10月，恢复新都县。1965年7月，撤销新繁县并入新都县。1983年3月，温江行署合并于成都市，实行市管县体制，新都归成都市管辖。

二、新都区三河镇地理概况行政区划及方言基本情况

（一）新都区三河镇地理概况及行政区划

2003年三河镇创建市级卫生集镇并被成都市批准为街道办事处。三河镇地处"天府之国"的成都平原腹地，位于成都北大门9千米处，北距新都6千米，东与成都市成华区相接，西与成都市金牛区紧邻，成绵高速公路、绕城高速公路、宝成铁路线、蜀龙大道、大件路、川陕公路纵贯全镇。境内有风光旖旎的泥巴沱、物种丰富的成都市植物园、供观赏和繁育为一体的成都市熊猫基地、风景独特的白包寺与区内的升庵桂湖、宝光寺等，是古今往来由陕入川必经的交通要道。三河镇面积22.6平方千米，辖区14个社区，总人口3.3万人。与天府广场的直线距离为15.3千米。

1939年前，三河乡名为铜兴场。1939—1952年铜兴场更名为铁溪河场。1952年土改结束后，铁溪河场更名为三河乡人民委员会，正式确立为乡。2001年2月，经省政府批准，原清溪区公所撤销，三河乡由县政府直管。此机构格局一直沿袭至今。

（二）新都区三河镇方言及发音人基本情况

三河镇位于成都的北面，紧邻成都的天回镇。由于天回镇离成都很近，这里除了一部分客家人讲客家话，其他人都讲湖广话。但是三河镇人便说着和天回镇人不同的方言。本地人介绍，三河镇的人说"吃 tʂʅ33，十 ʂʅ33"。

新都区三河镇发音人杨某，63岁，小学文化，出生在新都区三河镇，父母均是三河人，从未外出打工，一直在三河本地务农，居住在新都三河镇。妻子也是本地人，生活和工作语言均为三河话。

三、新都区三河话音系

（一）新都区三河话声母（25）

p 爸部白	ph 品婆	m 马目	f 斧帆湖	v 雾吾乌
t 剁淡独	th 椭田特	l 奴罗力		
ts 姿猪壮脂杂	tsh 次财愁吹		s 司瘦书舌熟	z 惹肉
tʂ 置质	tʂh 赤尺		ʂ 孙耍顺石	ʐ 如日
tɕ 酒净技局	tɕh 娶钱器求	ɲ 年牛	ɕ 想寻靴效	
k 贵跪	kh 考葵	ŋ 我爱	x 海黄鹤	
Ø 晚儿眼蛙曰阅				

（二）新都区三河话韵母（37）

ɿ 世子汁式	i 吕闭比体	u 布母卜	y 娶虽
ʅ 置十失直石			
ɚ 尔二而			
A 大巴达答八打	iA 架价甲瞎	uA 瓜画滑	
e 射涉舌北百	ie 且鼻贴立灭七逼碧	ue 阔扩国获	ye 靴决橘
o 玻不喝夺突落桌木	io 屈学疫菊		
ai 排岩	iai 界延	uai 外帅	
ei 杯美		uei 对类	
ɑu 宝包找	iɑu 飘鸟悄		
əu 斗肉	iəu 幼囚		
an 探半	ian 店变	uan 赚万	yan 选卷玄
ən 针本灯冷	in 临拼应并	uən 问孕横	yn 讯倾
ɑŋ 旁港	iɑŋ 凉降	uɑŋ 网双矿	
oŋ 皱朋轰讽	ioŋ 荣熊		

（三）新都区三河话声调（5）

阴平	1	45	巴多苏甘医
阳平	2	31	爬池茶麻男
上声	3	51	把组览雨马
去声	4	223	坝步骂部父

| 入声 | 5 | 44 | 叔各白读灭 |

（四）新都区三河话音系说明

（1）声母 ts－、tsh－、s－发音部位偏后，舌尖抵上齿龈，比北京话的舌尖前音位置偏前。

（2）tʂ－、tʂh－、ʂ－发音部位偏后，舌尖抵硬腭，比北京话稍后，tʂ－、tʂh－只与卷舌音韵母配合，见于入声韵，ʂ－除了保留在入声韵中，还存在于少数－u－开头的韵母前面。ʐ－卷舌浊擦音，存在于入声字中，也存在于少数－u－开头的韵母前面。

（3）声母 l－有 n－的变体，读 n－的也不少，没有音位的对立，统一记作 l－。声母 ȵ－与后面的高元音 i/y 之间，带有同部位浊擦音，实际上为 ȵʑ－。

（4）声母 ŋ－舌面后阻塞明显，鼻气流比较弱。

（5）合口呼零声母 u 韵母的音节，有唇齿浊擦音声母 v－，记音标出。

（6）新都三河话单元音位置，见图 3－6《三河话声学元音图》。

（7）ɿ－比普通话中的－ɿ 略低些，－ʅ 全部存在于入声字中，比普通话中的－ʅ 靠后略低一点。

（8）韵母－i 的舌位较低，根据实际发音记为－ɪ 更合适。

（9）韵母－u 单独作音节时发音擦化现象很明显，前面带上唇齿浊音声母 v－，如：午 vu，五 vu。－u－作介音时，没有标准－u 那么圆。

（10）－y 单独作韵母时和标准元音中的－y 一致。作为介音时，舌位比标准元音－y 偏低，实际读音记为－ʏ。

（11）元音－a，受到韵尾的影响，在 ian，yan 中，近于－æ，在 iai 中近于－ɛ，其他的近于－ɑ。

（12）－e 单独作韵母时记为－ɛ 更为合适，在－ie、－ye、－ue 中，舌位相对要低一些。记为－ɛ 更合适一些。

（13）韵母－an、－iɛn、－uan、－yɛn，其鼻韵尾比较弱，实际为－a^n、iɛ^n、－ua^n、－yɛ^n。

（14）声调调型及调值的详细情况，见图 3－7《三河话声调曲线图》。阴平有 35 的变体。去声调在语流中多读为 22 调或 23 调。

（15）三河话在成都话和普通话的影响下，在老年人和青年人中有差异，青年人的读音更接近成都话。城区话有部分古入声字读为阳平调，郊区较完整地保存了入声调，例如："八"pa5（乡下）＞pa2（城区）。青年人受到普通话影响改变了一些字的读音，例如："菊"tɕio5（旧）＞tɕy5（新）。

（五）新都区三河话声韵配合表

表3－3　新都区三河话声韵配合表

韵母	声母												
	p	ph	m	f	v	t	th	l	ȵ	ts	tsh	s	z
A	巴	爬	妈	发		打	他	拉		炸	查	沙	
ai	摆	排	卖			带	台	来		在	才	晒	
an	班	盘	慢	饭		丹	谈	蓝		站	产	三	然
ɑŋ	帮	旁	忙	放		当	糖	狼		长	场	桑	让
ɑu	宝	抛	毛			到	套	闹		找	抄	扫	绕
e	白	拍	麦			得				责	拆	色	惹
ɿ													
ɚ													
ei	杯	配	梅	飞									
ən	本	盆	门	分		灯	疼	冷		尊	陈	森	人
əu						斗	头	楼		走	丑	搜	肉
iA													
i	闭	皮	米			底	题	厉	艺				
iai													
ian	变	片	面			点	填	脸	年				
iɑŋ							亮	娘					
iɑu	标	票	妙			掉	条	聊	鸟				
ie	毕	撇	灭			敌	贴	立	捏				
iəu						丢		刘	牛				
in	宾	拼	民			定	听	林					
io								略					
ioŋ													

续表3-3

韵母	声母												
	p	ph	m	f	v	t	th	l	ȵ	ts	tsh	s	z
o	薄	破	抹	福		朵	妥	罗		左	错	说	入
oŋ	绷	碰	梦	丰		东	通	农		总	葱	松	绒
ɿ										之	词	四	
uA													
u	补	普	母	福	五	度	图	路		租	粗		
uai											揣		
uan						短	团	乱		专	穿		软
uaŋ										庄	创		
ue								率					
uei						对	退	雷		最	催		瑞
uən						豚				准	春		孕
y						旅		女					
yan													
ye													
yn													

韵母	声母											
	tɕ	tɕh	ɕ	k	kh	x	ŋ	ø	tʂ	tʂh	ʂ	ʐ
A				尬		蛤		阿				
ai				改	开	还		爱				
an				赶	看	汉		按				
aŋ				刚	扛	杭		昂				
au				高	考	好		熬				
e				革	客	黑		额				
ʅ									侄	尺	食	日
ɚ								二				
ei												
ən				跟	肯	很		硬				
əu				勾	口	厚		藕				

韵母	声母											
	tɕ	tɕh	ɕ	k	kh	x	ŋ	ø	tʂ	tʂh	ʂ	ʐ
iA	加	掐	下					鸭				
i	祭	妻	些									
iai	解		懈					延				
ian	见	前	先					眼				
iɑŋ	将	枪	乡					阳				
iɑu	叫	桥	小					要				
ie	接	七	写					一				
iəu	九	秋	修					有				
in	今	亲	新					迎				
io	角	族	宿					乐				
ioŋ	迥	穷	熊					永				
o				哥	可	火	恶	俄				
oŋ				共	空	红		翁				
ɭ												
uA				瓜		花		娃				
u					苦						苏	如
uai				乖	快	怀		外			帅	
uan				官	宽	换		万			酸	软
uɑŋ				光	狂	慌		王			爽	
ue				国	扩	获						
uei				贵	亏	灰		为			岁	瑞
uən				棍	昆	混		文			顺	孕
y	句	取	徐					鱼				
yan	卷	全	鲜					元				
ye	决	缺	血					月				
yn	军	群	寻					晕				

第四节　华阳镇

一、华阳镇地理、人口概况及建制沿革

华阳镇位于成都市南部，成都市区南郊，双流区东部，地处东经104°03′，北纬30°30′，面积68.55平方千米，北与成都高新区、中和镇接壤，南与兴隆镇、正兴镇交界，东与新兴镇、万安镇毗邻，西与白家镇、公兴镇相连。

华阳县初名蜀县，唐贞观十七年（643），分成都县东偏置，为蜀郡郡治成都府的附郭县，故以"蜀县"命名。乾元元年（758），更名"华阳"。《元和郡县志》云："华阳本蜀国之号，因以得名。"《舆地广记》云："昔人论蜀之繁富曰'地称天府，原号华阳'。县之得名实本诸此。"县名沿用不变，直至撤销县建制。①

唐肃宗乾元元年改蜀县名华阳，从此，成都市区便分裂成成都、华阳两县。清康熙九年（1670），曾裁华阳并归成都，雍正五年（1727），又恢复华阳县，属成都府。成都向来是省会所在地，成都府即四川省的"首府"，成都、华阳两县都叫"首县"。两县共治省城，其界线由南校场，经包家巷、君平街、三桥南街、西丁字街、青石桥，再北上经南、中、北暑袜街，迄北门喇嘛寺为止，以街心分界，东南属华阳县，西北属成都县。老成都常以"跨一步，县过县"来形容暑袜街。②

根据民国《华阳县志》，清嘉庆时华阳镇的人口数量为48883户，95380丁口。石羊场有8907户，32895丁口。可以看到华阳镇在清嘉庆时期人口数量已经比较多了。③

1928年，华阳县城区部分划入成都市管辖。1965年撤销华阳县之后，将华阳乡乡区并入双流县，华阳县政府所在地中兴场镇改名为华阳镇，也被划入了双流县。

① 双流县志编纂委员会. 双流县志 ［M］. 成都：四川人民出版社，1992：65.
② 参见百度百科：http://baike.baidu.com
③ 华阳县志 ［M］. 刻本. 1934（民国二十三年）.

二、华阳镇石羊场地理概况行政区划及方言基本情况

（一）华阳镇石羊场地理概况及行政区划

石羊场地处成都市南郊，距市区 7 千米。据史籍记载，清朝末年，石羊场时称石羊大保镇，为华阳县府所在之地。1937 年易名石羊乡，1982 年更名石羊场乡。石羊场乡仅有 22 平方千米，领属管辖有丰收、庆云、三元、双河、花荫、石桥、清和、裕民、灯塔、仁和等十余个村庄。如今石羊场位于国家级成都高新技术产业开发区的腹心地带，面积 21.8 平方千米，辖 14 个行政村，2 个社区居民委员会，总人口 4.046 万人。2014 年 2 月 25 日，石羊场正式名称为石羊街道办事处。从人民南路出发一直向南，出了三环路便是石羊场乡，距离天府广场的直线距离只有 7.3 千米。

石羊场现属武侯区，武侯区古为蜀国地域，秦时属蜀郡，三国时属汉益州蜀郡成都县，唐时属益州华阳县和双流县。宋、元、明、清、民国时属成都府、华阳县和双流县。20 世纪 50 年代属成都市东城区、西城区和郊区部分及双流县、华阳县。20 世纪 60 年代以后，属成都市东城区、西城区、金牛区和双流县。1990 年，国务院批准，成都市区划调整设立 5 个城区。武侯区辖小天竺、致民路、望江路、浆洗街、跳伞塔、玉林 6 个街道办事处和桂溪、永丰、石羊场、簇桥 4 个乡。1996 年 5 月，石羊场乡街道办事处划归成都高新区管辖。[①] 1997 年，石羊场面积 18.6 平方千米，人口 3.6 万，成新高级公路、机场路、武侯大道、成昆铁路、成都铁路西环线过境。

（二）华阳镇石羊场方言及发音人基本情况

石羊场本是农村地区，人们以农业生产为主，和外界交往不多，但是由于石羊场与成都市区距离很近，最近几十年，随着社会、经济和交通的发展，特别是在"城市化进程"的作用下，石羊场迅速发展，和成都市区交流频繁，语音也发生了较大的改变。现在石羊场的年轻人口音和成都市区口音无异，但是一些土生土长的石羊场老年人（60 岁以上）便说着和成都市区话不同的方言，一些老年人常常会说："我们说的话和成都话不一样，我们分得清四 sʅ212 和十 səʔ33，成都人就分不清楚。"

华阳镇石羊场发音人刘某，61 岁，大学文化，出生在石羊场大源村，父

---

① 成都市武侯区地方志编纂委员会. 成都市武侯区志（1990～2005）［M］. 北京：方志出版社，2011 年：57-58.

母均是石羊场人，20 岁左右去沈阳读大学，然后回到成都市区工作，妻子为成都市区人，发音人每周都会回石羊场家中，与家人均用石羊场方言交流。

三、华阳镇石羊话音系

（一）华阳镇石羊话声母（21）

p 菠败勃	ph 片排	m 骂木	f 废凡壶	v 务午污
t 斗痘读	th 吐同突	l 那萝蜡		
ts 咨蛛妆纸直	tsh 草材产齿		s 丝纱受舌蜀	z 仍热
tɕ 际就旧杰	tɕh 寝全劝棋	ȵ 泥义	ɕ 心叙献行	
k 跟共	kh 苦葵	ŋ 偶鹦	x 欢旱盒	
∅ 忘耳芽腰曰野				

（二）华阳镇石羊话韵母（37）

ɿ 世紫式赤	i 些迷皮亿	u 普妇突鹿	y 吕遂剧玉
ɚ 儿二耳			
A 那怕达塔罚腊	iA 驾价押瞎	uA 瓜话爪刷	
e 舍摄热核则摘	ie 斜鼻碟灭七力滴	ue 括扩国	ye 瘸缺橘削局
o 玻措毒末律托壳复	io 屈却学疫肃		
ə 置合十割实事吃			
ai 买岩	iai 界延	uai 快衰喘率	
ei 批秘		uei 队嘴	
ɑu 报炮少	iɑu 苗钓舀		
əu 楼走肉	iəu 留六		
an 探般	ian 甜边	uan 赚短	yan 选卷玄
en 本门顿盾陈	in 病井醒影今	uen 问昏困孙孕	yn 寻均荣永云
ɑŋ 旁港	iɑŋ 两腔	uɑŋ 网撞庄	
oŋ 茂崩孟讽	ioŋ 兄雄		

（三）华阳镇石羊话声调（5）

阴平	1	45	波刀粘丰鸭
阳平	2	31	长球人而螺
上声	3	52	宠产咬雨已

| 去声 | 4 | 234 | 记具艺道柿 |
| 入声 | 5 | 33 | 切尺极直药 |

（四）华阳镇石羊话音系说明

（1）声母 ts－、tsh－、s－发音部位偏后，舌尖抵上齿龈，比北京话的舌尖前音位置偏前。

（2）声母 l－有 n－的变体，读 n－的也不少，没有音位的对立，统一记作 l－。声母 ȵ－与后面的高元音 i/y 之间，带有同部位浊擦音，实际上为 ȵʑ－。

（3）声母 ŋ－舌面后阻塞明显，鼻气流比较弱。

（4）合口呼零声母 u 韵母的音节，有唇齿浊擦音声母 v－，记音标出。

（5）华阳石羊话单元音位置，见图 3－8《石羊话声学元音图》。

（6）韵母 －ʅ 比普通话中的 －ʅ 略低些。

（7）做韵尾时 －i 的舌位较低，根据实际发音记为 －ɪ 更合适。

（8）韵母 －u 作介音时，没有标准 －u 那么圆。作主元音时，唇形较扁。与唇齿擦音声母构成音节时，受到前面辅音的影响而唇齿化，在 －au、－iau、－ou、－iou 中，－u 发音时舌位更低，唇形不圆，仅仅表示主元音向韵尾 －u－滑动的一个趋势。

（9）韵母 －y 作为介音时，舌位比标准元音 －y 偏低，实际读音记为 －ʏ。

（10）元音 a 在 ian，yan 中，近于 －æ，在 iai 中近于 －ɛ，其他近于 －ʌ。

（11）韵母 －o 比标准 －o 略高一些，发音时肌肉较紧，听感上较普通话干脆短促。

（12）韵母 －e 单独作韵母时记为 －ɛ－更为合适，在 －ie－、－ye－、－ue 中，舌位相对要低一些。记为 －ɛ 更合适一些。

（13）韵母 －ə 古入声字韵母，主要是止、曾、梗、臻、深摄开口三等知系字。

（14）韵母 －an、－iɛn、－uan、－yɛn，其鼻韵尾比较弱，实际为 －aⁿ、iɛⁿ、－uaⁿ、－yɛⁿ。

（15）声调调型及调值的详细情况，见图 3－9《石羊话声调曲线图》。阴平有 35 的变体。去声调在语流中多失去下凹。

（16）石羊话在成都话和普通话的影响下，在老年人和青年人中有差异，青年人的读音更接近成都。城区话深臻曾梗摄入声字除了少数保留 －ə 韵外，大都读为－i，例如："十" sə5（乡下）＞si5（城区）。又青年人受到普通话的影响改变一些字的读音，－iai 韵读为了－ian，例如"延"iai2（旧）＞ian2（新）。

（五）华阳镇石羊话声韵配合表

表 3－4　华阳镇石羊话声韵配合表

韵母	声母												
	p	ph	m	f	v	t	th	l	ŋ	ts	tsh	s	z
A	巴	爬	妈	法		打	他	拉		炸	查	杀	
ai	摆	排	卖			带	台	来		在	才	晒	
an	班	盘	慢	饭		丹	谈	蓝		站	产	三	然
aŋ	帮	旁	忙	放		当	糖	狼		长	场	桑	让
au	宝	抛	毛			到	套	闹		找	抄	扫	绕
ə										侳	吃	识	
e	白	拍	麦			得	特	劣		责	拆	色	惹
ɚ													
ei	杯	配	海	飞									
en	本	盆	门	分		灯	疼	冷		尊	陈	森	人
əu						斗	头	楼		走	丑	搜	肉
iA													
i	必	皮	米			底	题	厉	艺				
iai													
ian	变	片	面			点	填	脸	年				
iaŋ								亮	娘				
iau	标	票	妙			掉	条	聊	鸟				
ie	毕	撇	灭			敌	贴	立	捏				
iəu			谬			丢		刘					
in	宾	拼	民			定	听	林					
io								略					

续表 3−4

韵母	声母												
	p	ph	m	f	v	t	th	l	ȵ	ts	tsh	s	z
ioŋ													
o	薄	破	抹	福		朵	妥	罗		左	错	说	入
oŋ		碰	梦	丰		东	通	农		总	葱	松	绒
ɿ										之	词	四	日
uA													
u	补	普	母	福	五	度	图	路		租	粗	书	如
uai										拽	揣	摔	
uan						短	团	乱		专	穿	栓	软
uɑŋ										庄	创	双	
ue													
uei						对	退	雷		最	催	水	瑞
uen						蹲	屯	论		准	春	顺	孕
y							旅	女					
yan													
ye													
yn													

韵母	声母							
	tɕ	tɕh	ɕ	k	kh	x	ŋ	ø
A				尬		哈	轧	
ai				改	开	还	爱	
an				赶	看	汉	按	
ɑŋ				刚	扛	杭	昂	
au				高	考	好	熬	凹
ə				割	渴	合	粤	
e				革	客	黑	额	
ɚ								二
ei								
en				跟	肯	很	硬	

续表 3-4

韵母	声母							
	tɕ	tɕh	ɕ	k	kh	x	ŋ	ø
əu				勾	口	厚	藕	
iA	加	掐	下					鸭
i	祭	妻	些					
iai	皆		谐					延
ian	见	前	先					眼
iɑŋ	将	枪	乡					阳
iau	叫	桥	小					要
ie	接	七	写					一
iəu	九	秋	修					有
in	今	亲	新					迎
io	角	族	宿					乐
ioŋ		穷	熊					永
o				哥	可	火	恶	俄
oŋ				共	空	红		翁
ɿ								
uA				瓜	夸	花		娃
u					苦			
uai				乖	快	怀		外
uan				官	宽	换		万
uɑŋ				光	狂	慌		王
ue				国	括	获		喂
uei				贵	亏	灰		为
uen				棍	昆	混		文
y	句	取	徐					鱼
yan	卷	全	鲜					元
ye	决	缺	血					月
yn	军	群	寻					晕

第五节　双流区

一、双流区地理、人口概况及建制沿革

双流区位于四川省成都市西南郊。地跨东经 103°47′51″至 104°15′33″，北纬 30°13′32″至 30°40′12″。境域东连成都市属龙泉驿区及简阳市，南接新津县、崇州市，北靠温江区及成都市金牛区。治所城关镇位于川藏公路线上 13～16 千米处，是成都市辖县中距市区最近的一个县城。

清雍正七年至十三年（1729—1735），双流县人口约 10648 人。乾隆年间，双流县人口增长较快。乾隆六十年（1795），双流县人口为 94385 人。

双流县原名广都县，建置历史已有两千多年，为四川省的古县之一。广都之名始见于《山海经·海内西经》："后稷之葬，山水环之，在氐国西。"秦灭蜀，广都地属蜀郡。西汉到东晋隶属关系不变。隋仁寿元年（601），改广都县名为双流县，属蜀郡。唐龙朔三年（663），析双流县复置广都县，同属剑南道成都府。五代前后到北宋时期，双流县、广都县属成都府路成都府。元代废广都县入双流县，隶四川等处行中书省。清康熙六年（1667），双流县并入新津县。雍正八年（1730），复置双流县，属四川省成都府。民国三年（1914），双流县直属四川省辖。中华人民共和国成立初，双流县属川西区行署温江分区行政督察专员公署。1965 年，撤销华阳县建制并入双流县。1976年，双流县划入成都市管辖。

二、双流区九江镇地理概况行政区划及方言基本情况

（一）双流区九江镇地理概况及行政区划

四川双流区九江镇地处成都平原的腹心地带，美丽的江安河、白河蜿蜒曲折，由北而南夹道而下。九江镇位于成都市西南，东邻武侯区，北接青羊区和温江区，西连双流区彭镇，距成都市区 6 千米，离双流国际机场 6 千米。全镇面积 36.9 平方千米，辖 13 个社区，98 个居民小组，3 个场镇，总人口 4.25 万人。九江镇交通便利，成都市绕城高速公路、双温（双流温江）公路、成新蒲快速通道（成大路）、新川藏路纵横穿越全境。九江镇距离天府广场的直线距离为 13.5 千米。

据《双流县志》，九江乡属于城关片，位于泉水凼，距离县城北 6 公里，清朝时属于石陇乡，1983 年为九江乡，古名甘泉里，江流自灌口至福田寺，适九十九曲，因此得名。1992 年撤销九江乡、龙池乡建制，设置九江镇。

（二）双流区九江镇方言及发音人基本情况

九江镇属于农村地区，人们以务农为生，和外界接触并不多，当地生活的人们都讲南路话，一些年轻人外出打工，学说湖广话，40 岁以上的人基本都说当地话。最近几年城市化进程加快，特别是光华大道建好以后，九江镇和成都市区联系更加紧密，经济发展加快。笔者调查的九江镇石井村紧邻的几个村子都已经占地规划城市建设了，石井村也正在讨论如何变耕地为城市，当地人也以外出打工为主，耕地为辅，所以人们的口音正在发生着较大的改变，年轻人几乎不会讲本地话，老年人也有意无意地学说湖广话。

双流区九江镇发音人李某，50 岁，高中文化，出生在双流九江镇石井村，一直在本地做焊工，没有离开过九江镇，父母均是九江人，发音人父亲 80 岁，土生土长的九江人，由于不方便录音，所以在儿子读方言字表时，一直在一旁听音比较或纠正发音。发音人妻子也是本地人，在生活和工作中均使用九江话。

三、双流区九江话音系

（一）双流区九江话声母（21）

p 布币脖	ph 漂皮	m 明墨	f 非繁户	v 鹉伍乌
t 肚电笛	th 土停特	l 怒路落		
ts 子智争芝哲	tsh 惨才锄川		s 三蔬叔舌十	z 仁肉
tɕ 煎渐强极	tɕh 抢晴丘琴	ȵ 泥严	ɕ 新序虚效	
k 哥柜	kh 课狂	ŋ 我案	x 挥韩滑	
∅ 味二银约越由				

（二）双流区九江话韵母（40）

ɿ 势赐	i 茄借例奇憋亿役	u 布妇术辱	y 靴滤虽
ɚ 尔二而			
A 那爬	iA 架涯	uA 花画抓	
æ 遍札核北陌	iæ 甲瞎	uæ 滑廓国获	

e 给嗝　　　　　　ie 也鼻页立揭七力席　　　　　　　　ye 橘菊

o 罗慕毒脱骨托浊秃　　io 续月屈约学曲

ə 哥喝十渴忽鳄直尺服　　　　　　　　uə 物握屋

ai 台岩　　　　　　iai 界延　　　　　uai 怪帅率

ei 社背被　　　　　　　　　　　uei 雷炊

ɑu 刀吵绍　　　　　iɑu 教瓢吊

əu 偷仇　　　　　　iəu 留幽

an 探旦　　　　　　ian 欠闲　　　　uan 赚暖　　　yan 全原渊

en 枕很邓省　　　　in 侵信应萍　　　uen 昆孕横　　yn 尹迥

ɑŋ 芒胖盲　　　　　iɑŋ 凉腔　　　　uɑŋ 霜双

oŋ 否崩萌冻　　　　ioŋ 荣匈

（三）双流区九江话声调（5）

阴平	1	34	杯多师风丫
阳平	2	31	长球人而云
上声	3	52	抢写咬雨乃
去声	4	213	烫具骂罢丈
入声	5	32	得读极灭日

（四）双流区九江话音系说明

（1）声母 ts‑、tsh‑、s‑ 发音部位偏后，舌尖抵上齿龈，比北京话的舌尖前音位置偏前。

（2）声母 l‑有 n‑ 的变体，读 n‑ 的也不少，没有音位的对立，统一记作 l‑。声母 ȵ‑ 与后面的高元音 i/y 之间，带有同部位浊擦音，实际上为 ȵʑ‑。

（3）声母 ŋ‑ 舌面后阻塞明显，鼻气流比较弱。

（4）合口呼零声母 u 韵母的音节，有唇齿浊擦音声母 v‑，记音标出。

（5）双流九江话单元音位置，见图 3‑10《九江话声学元音图》。

（6）韵母‑ɿ 比普通话中的‑ɿ 靠低靠前。

（7）韵母‑i 在做韵尾时，舌位较低，根据实际发音记为‑I 更合适。

（8）‑u‑作介音时，没有标准‑u‑那么圆，作主元音时，唇形较扁。‑u‑发音时舌位更低，唇形不圆，仅仅表示主元音向韵尾 u 滑动的一个趋势。

（9）韵母 -y 单独作韵母时和标准元音中的 -y- 一致，作为介音时，舌位比标准元音 -y- 偏后，实际读音记为 -ʏ。

（10）元音 a 在 ian、yan 中，近于 -æ，在 iai 中近于 -ɛ，其他近于 -ʌ。九江话的央 -ʌ 比普通话的发音偏前偏高一点。

（11）韵母 -o 发音部位比标准 -o 略高一些，发音时肌肉较紧，听感上较普通话干脆短促。

（12）韵母 -e 单独作韵母时记为 -ɛ- 更为合适，在 -ie、-ye、-ue 中，舌位相对要低一些，记为 -ɛ 更合适一些。

（13）韵母 -ə 央元音，古入声字韵母，主要是止、曾、梗、臻、深摄开口三等知系字。

（14）韵母 -æ、-uæ 为入声韵。韵母 -iæ 在一些人已经混同 -iʌ，老年人中仍然保持入声韵 -iæ。

（15）韵母 -an、-iɛn、-uan、-yɛn，其鼻韵尾比较弱，实际为 -a^n、i$ɛ^n$、-ua^n、-y$ɛ^n$。

（16）声调调型及调值的详细情况，见图 3-11《九江话声调曲线图》。阴平有 45 的变体。去声调在语流中多失去下凹。

（17）九江话在成都话和普通话的影响下，在老年人和青年人中有差异，青年人的读音更接近成都话。城区话部分古入声字读为阳平调，韵母也变为与成都话相同，例如："鸭" -iæ5（旧）> ia5 > ia2（新）。新读音与成都话相同，多出现于青年人中。

（五）双流区九江话声韵配合表

表 3-5　双流区九江话声韵配合表

韵母	声母												
	p	ph	m	f	v	t	th	l	ŋ̥	ts	tsh	s	z
ʌ	巴	爬	妈			打	他	拉		炸	查	沙	
æ	北	拍	墨	发		答	踏	辣		杂	侧	设	热
ai	摆	排	卖			带	台	来		在	才	晒	
an	班	盘	慢	饭		丹	谈	蓝		站	产	三	然
ɑŋ	帮	旁	忙	放		当	糖	狼		长	场	桑	让
ɑu	宝	抛	毛			到	套	闹		找	抄	扫	绕

韵母	声母												
	p	ph	m	f	v	t	th	l	ȵ	ts	tsh	s	z
e	白	拍	麦			得	特	劣		责	拆	色	惹
ə										侄	吃	识	
ɚ													
ei	杯	配	梅	飞									
en	本	盆	门	分		灯	疼	冷		尊	陈	森	人
əu						斗	头	楼		走	丑	搜	肉
iA													
i	必	皮	米			底	题	厉	艺				
iæ													
iai													
ian	变	片	面			点	填	脸	年				
iɑŋ							亮		娘				
iɑu	标	票	妙			掉	条	聊	鸟				
ie	毕	撇	灭			敌	贴	立	捏				
iəu			谬			丢		刘					
in	宾	拼	民			定	听	林					
io								略					
ioŋ													
o	薄	破	抹	福		朵	妥	罗		左	错	说	入
oŋ		碰	梦	丰		东	通	农		总	葱	松	绒
ɿ										之	词	四	日
uA													
u	补	普	母	福	五	度	图	路		租	粗	书	如
uæ												刷	
uai										拽	揣	摔	
uan						短	团	乱		专	穿	栓	软
uɑŋ										庄	创	双	

续表 3-5

韵母	声母												
	p	ph	m	f	v	t	th	l	ȵ	ts	tsh	s	z
uə													
uei						对	退	雷		最	催	水	瑞
uen						蹲	屯	论		准	春	顺	孕
y								旅	女				
yan													
ye													
yn													

韵母	声母							
	tɕ	tɕh	ɕ	k	kh	x	ŋ	ø
A				尬	揩	蛤		
æ				革	客	核	额	
ai				改	开	还	爱	
an				赶	看	汉	按	
ɑŋ				刚	扛	杭	昂	
ɑu				高	考	好	熬	凹
e				革	客	黑	额	
ə				割	渴	合	粤	
ɚ								二
ei								
en				跟	肯	很	硬	
əu				勾	口	厚	藕	
iA	加	掐	下					鸭
i	祭	妻	些					
iæ	甲	洽	匣					鸭
iai	皆		谐					延
ian	见	前	先					眼
iɑŋ	将	枪	乡					阳

韵母	声母							
	tɕ	tɕh	ɕ	k	kh	x	ŋ	∅
iɑu	叫	桥	小					要
ie	接	七	写					一
iəu	九	秋	修					有
in	今	亲	新					迎
io	角	族	宿					乐
ioŋ		穷	熊					永
o				哥	可	火	恶	俄
oŋ				共	空	红		翁
ʅ								
uA				瓜	夸	花		娃
u					苦			
uæ				国	扩	或		袜
uai				乖	快	怀		外
uan				官	宽	换		万
uɑŋ				光	狂	慌		王
uə								物
uei				贵	亏	灰		为
uen				棍	昆	混		文
y	句	取	徐					鱼
yan	卷	全	鲜					元
ye	决	缺	血					月
yn	军	群	寻					晕

第六节　郫都区

一、郫都区地理、人口概况及建制沿革

郫都区位于四川省成都市西北近郊，地处成都平原中部。地跨东经103°42′至104°2′、北纬30°43′至30°52′。东南和成都市郊金牛区接壤，西部和西南隔江安河、走马河与温江区相望，西北和都江堰市紧邻，北部与彭州市以蒲阳河、栢条河为界，东北与新都区毗连。

乾隆《郫县志》载："国初现编入丁四千七百七十二丁。清乾隆十年清查牌甲土著流寓共七千一百七十四，男妇大小共五万九千九百九十八名口。"可以看到清朝初年郫县仅有四千多人，到乾隆时人口已经有了五万多。明末清初因战乱影响，郫崇二县人口较前大大减少。《郫县乡土志》记载："土著之民，靡有孑遗。如孙村、范村、刘村等，皆因其姓而名之，而户口则甚寥寥。"《崇宁县乡土志》亦记载："人民皆自各省迁来，并无土著。"此话虽有些夸张，但是由此可见，战乱对郫、崇两地的人口影响巨大。

根据《郫县志》，郫县古称"郫"，传说为古蜀国的都邑。秦惠文王更元十一年（前314），秦在巴蜀同时实行分封制与郡县制。此后即以郫邑作为蜀郡的属县，称郫县，此为郫县建置之始。至今约2300年的历史。唐封九陇、导江、郫三县地置唐昌县，后改称永昌崇宁县。清朝崇宁入郫县。民国时期，县域基本无变动。

郫县在宋太平兴国年间（976—984）为36乡，元丰年间（1078—1085）为14乡及犀浦、马街、雍店三镇，明代编为七里。民国时期，沿袭清末区划建置，设一区、一镇、三乡，下属48保。

中华人民共和国成立后，有两次较大变动，一次是1952年，撤销成都县时，将其所属的安靖、仁义、清溪、金泉、万福5个乡并入郫县。1956年，除安靖、仁义两个乡全部和清溪、万福乡部分外，其余转化给成都市金牛区。另一次是1958年，撤销崇宁县，将其所有区域并入郫县。

二、郫都区安靖镇雍渡村地理概况行政区划及方言基本情况

（一）郫都区安靖镇雍渡村地理概况及行政区划

安靖镇地处成都平原腹心地带，位于郫都区东南，属成都市西北片区，北

68

邻新都区大丰镇，南接郫都区犀浦镇，东南与成都金牛区金牛乡、洞子口乡接壤。距成都火车北站仅 5 千米。

雍渡村地处安靖镇的东南方，离三环路成彭立交仅 2 千米，成都铁路西环线、成藏铁路、成灌快铁穿越雍渡村，成灌快铁首站安靖站位于雍渡村 7 组，3.5 环（金芙蓉大道）经过雍渡村，地理位置优越、交通便利，是典型的城郊结合带，毗邻金牛区沙河源踏水社区。全村面积 2 平方千米。安靖镇雍渡村距离天府广场的直线距离为 10.3 千米。

安靖原属成都县，1952 年成都县撤销时划归郫县。中华人民共和国前因地处三县（成都、新都、郫县）交界处，社会治安不好，当地居民盼望生活安宁，故取名为"安靖"。雍渡村为安靖镇下属的一个村，现更名为雍渡社区。

（二）郫都区安靖镇雍渡村方言及发音人基本情况

由于雍渡村交通十分便利，当地人所讲方言听上去和成都湖广话基本相同，笔者在调查的过程中先后找了 15 位 60 岁以上的男性发音人，其中只有5 位保留了本地方言，其他 10 位的发音都或多或少地发生了改变。由于离成都距离很近，加之农村人大多有向城市人学习的心理，很多本地人都希望自己能说成都话。本地人认为他们虽然行政编制属于郫都区，但是他们和郫都区完全不同，他们更接近成都。雍渡村是笔者调查的 6 个点中语音正在发生巨大变化的点，不仅年轻人，当地老年人（60 岁以上）的语音也在发生巨大变化。

郫都区安靖镇发音人徐某，65 岁，初中文化，出生在雍渡村，父母均为雍渡村人，一直未离开过雍渡村，在当地务农，做过一段时间的江湖医生。妻子也是本地人，在生活和工作中均使用安靖话。

三、雍渡话音系

（一）雍渡话声母（25）

p 闭步白	ph 判旁	m 米灭	f 飞范互	v 侮误污
t 赌动读	th 兔童突	l 努炉列		
ts 滋著装制浊	tsh 脆惭柴臭		s 伞衫书舌蜀	z 如肉
tʂ 直织	tʂh 秩赤吃		ʂ 实室十	ʐ 日
tɕ 蕉净拒杰	tɕh 凄钱劝桥	ȵ 念牛	ɕ 心寻牺杏	

k 轨共　　　　　　　kh 苦葵　　　　ŋ 岸安　　　x 欢魂或

Ø 尾而顽饮粤羊

（二）雍渡话韵母（37）

ʅ 逝咨　　　　　　i 爹米脾　　　　　　u 肚负术　　　　y 居虽

ɚ 尔二而

A 他怕达答八　　　iA 加价压　　　　　uA 瓜话袜

e 射舌得陌　　　　ie 写帖习敌七熄碧　　ue 括扩或获　　ye 靴血

o 菠不盒脱突作浊　io 宿屈却学续

ə 置十室植吃

ai 买岩　　　　　　iai 械延　　　　　　uai 筷摔

ei 胚霉　　　　　　　　　　　　　　uei 对泪

ɑu 宝毛赵　　　　iɑu 表跳舀

əu 斗丑购　　　　iəu 丢留

an 探般　　　　　　ian 甜遍　　　　　uan 赚团　　　yan 喧劝弦

en 娉分等生　　　　in 侵贫兴兵　　　uen 闻孕横　　yn 寻泳

ɑŋ 荡港　　　　　　iɑŋ 梁降　　　　　uɑŋ 望窗

oŋ 皱朋风　　　　　ioŋ 凶拥

（三）雍渡话声调（5）

阴平	1	45	包端妆加鸦
阳平	2	31	爬长球麻男
上声	3	51	写宠览咬雨
去声	4	223	记步认部父
入声	5	33	叔各白读越

（四）雍渡话音系说明

（1）声母 ts-、tsh-、s- 发音部位偏后，舌尖抵上齿龈，比北京话的舌尖前音位置偏前。

（2）tʂ-、tʂh-、ʂ- 发音部位偏后，舌尖抵硬腭，比北京话稍后，tʂ-、tʂh- 只与卷舌韵母配合，见于入声韵，ʂ- 除了保留在入声韵中，还存在于少数 -u- 开头的韵母前面。ʐ- 卷舌浊擦音，存在于入声字中，也存在于少数 -u- 开头的韵母前面。

（3）声母 l - 有 n - 的变体，读 n - 的也不少，没有音位的对立，统一记作 l - 。声母 ŋ - 与后面的高元音 i/y 之间，带有同部位浊擦音，实际上为 ŋʑ - 。

（4）声母 ŋ - 舌面后阻塞明显，鼻气流比较弱。

（5）合口呼零声母 u 韵母的音节，有唇齿浊擦音声母 v - ，记音标出。

（6）雍渡话单元音位置，见图 3 - 12《雍渡话声学元音图》。

（7）韵母 - ʅ 比普通话中的 - ʅ 靠低靠前。

（8）韵母 - i 在作韵尾时，舌位较低，根据实际发音记为 - ɪ 更合适。

（9） - u - 作介音时，没有标准 - u - 那么圆，作主元音时，唇形较扁。 - u - 发音时舌位更低，唇形不圆，仅仅表示主元音向韵尾 u 滑动的一个趋势。

（10）韵母 - y 单独作韵母时和标准元音中的 - y - 一致，作为介音时，舌位比标准元音 - y - 偏后，实际读音记为 - ʏ。

（11）元音 a 在 ian，yan 中，近于 - æ，在 iai 中近于 - ɛ，其他近于 - ʌ。

（12）韵母 - o 发音部位比标准 - o 略高一些，发音时肌肉较紧，听感上较普通话干脆短促。

（13）韵母 - e 单独作韵母时记为 - ɛ - 更为合适，在 - ie、 - ye、 - ue 中，舌位相对要低一些，记为 - ɛ 更合适一些。

（14）韵母 - ə 央元音，古入声字韵母，主要是止、曾、梗、臻、深摄开口三等知系字。

（15）韵母 - æ、 - uæ 为入声韵。韵母 - iæ 在一些人已经混同 - iʌ，老年人中仍然保持入声韵 - iæ。

（16）韵母 - an、 - iɛn、 - uan、 - yɛn，其鼻韵尾比较弱，实际为 - aⁿ、 iɛⁿ、 - uaⁿ、 - yɛⁿ。

（17）声调调型及调值的详细情况，见图 3 - 13《雍渡话声调曲线图》。阴平有 35 的变体。去声调在语流中多失去下凹。

（18）雍渡话在成都话和普通话的影响下，在老年人和青年人中有差异，老年人保留入声韵入声调，而城区人和青年人的读音接近成都话，臻曾摄入声字读为 - ʅ，例如："直侄" tsə5（旧）> tsʅ5（新）。

（五）雍渡话声韵配合表

表3-6　雍渡话声韵配合表

韵母	声母												
	p	ph	m	f	v	t	th	l	ŋ̍	ts	tsh	s	z
A	巴	爬	妈	发		打	他	拉		炸	查	沙	
ai	摆	排	卖			带	台	来		在	才	晒	
an	班	盘	慢	饭		丹	谈	蓝		站	产	三	然
ɑŋ	帮	旁	忙	放		当	糖	狼		长	场	桑	让
ɑu	宝	抛	毛			到	套	闹		找	抄	扫	绕
e	白	拍	麦			得				责	拆	色	惹
ə													
ɚ													
ei	杯	配	梅	飞									
en	本	盆	门	分		灯	疼	冷		尊	陈	森	人
əu						斗	头	楼		走	丑	搜	肉
iA													
i	闭	皮	米			底	题	厉	艺				
iai													
ian	变	片	面			点	填	脸	年				
iɑŋ								亮	娘				
iɑu	标	票	妙			掉	条	聊	鸟				
ie	毕	撇	灭			敌	贴	立	捏				
iəu			谬			丢		刘	牛				
in	宾	拼	民			定	听	林					
io								略			族		
ioŋ													
o	薄	破	抹	福		朵	妥	罗		左	错	说	入
oŋ	绷	碰	梦	丰		东	通	农		总	葱	松	绒
ɿ										之	词	四	

续表 3-6

韵母	声母												
	p	ph	m	f	v	t	th	l	ȵ	ts	tsh	s	z
uA													
u	补	普	母	福	五	度	图	路		租	粗	书	如
uai										拽	揣	摔	
uan						短	团	乱		专	穿	栓	软
uɑŋ										庄	创	双	
uei						对	退	雷		最	催	水	瑞
uen						蹲	豚			准	春	顺	孕
y								旅	女				
yan													
ye													
yn													

韵母	声母											
	tɕ	tɕh	ɕ	k	kh	x	ŋ	∅	tʂ	tʂh	ʂ	ʐ
A				尬		蛤						
ai				改	开	还	爱					
an				赶	看	汉	按					
ɑŋ				刚	扛	杭	昂					
au				高	考	好	熬	凹				
e				革	客	黑	额					
ə									侄	吃	识	日
ɚ								二				
ei												
en				跟	肯	很	硬					
əu				勾	口	厚	藕					
iA	加	掐	下					鸭				
i	祭	妻	些									

续表 3-6

韵母	声母												
	tɕ	tɕh	ɕ	k	kh	x	ŋ	∅	tʂ	tʂh	ʂ	ʐ
iai	解		延					延				
ian	见	前	先					眼				
iɑŋ	将	枪	乡					阳				
iɑu	叫	桥	小					要				
ie	接	七	写					一				
iəu	九	秋	修					有				
in	今	亲	新					迎				
io	角	族	宿					乐				
ioŋ		穷	熊					永				
o				哥	可	火	恶	俄				
oŋ				共	空	红		翁				
ʅ												
uA				瓜		花		娃				
u					苦							
uai				乖	快	怀		外				
uan				官	宽	换		万				
uɑŋ				光	狂	慌		王				
				国	扩	获		喂				
uei				贵	亏	灰		为				
uen				棍	昆	混		文				
y	句	取	徐					鱼				
yan	卷	全	鲜					元				
ye	决	缺	血					月				
yn	军	群	寻					晕				

第七节　温江区

一、温江区地理、人口概况及建制沿革

温江区地处成都平原腹心地带，东与成都市金牛区接壤，南与双流区连界，西与崇州市为邻，北与郫都区、都江堰市相连，面积 274.27 平方千米。温江区位于成都平原沉降中心，地跨北纬 30°36′至 30°52′，东经 103°41′至 103°55′，距成都市区 21 千米。

明末清初，由于战乱、天灾，温江县人口锐减。清嘉庆二十年《温江县志·人口》记载，顺治十六年（1659）全县仅有 32 户，男 31 丁，女 23 口，共 54 人。康熙二十九年（1690）以后，湖南、湖北、陕西、甘肃、广东、广西、福建等地大量移民入川，开荒定居。到雍正六年（1728），全县已有 4903 户，11957 人。[①] 可见战乱对温江人口也有着极大的影响。

温江县古为蜀国领域，县西北寿安乡境内的"八卦山""大墓山"相传为蜀国柏灌王墓和鱼凫王墓，县北万春乡境内的"鱼凫城"相传为古鱼凫王都。

西魏恭帝二年（555），始置温江县。唐初，分天下为十道，实行州县二级制。复置万春县，属益州。后改万春县名为温江县，属建南道益州。此后，县的建置未再变更，温江县名亦相沿至今。明初，仍置四川等处行中书省，温江县属四川布政使司成都府。清初，置四川等处承布政使司，温江县属四川省川西道成都府。民国二年（1913），划全川为七道，次年改全川为五道，温江县属四川省西川道。1983 年，国务院决定撤销温江地区，行政区划归成都市。同年 7 月，温江县正式隶属成都市。

据《温江县志》1984 年，各人民公社均改为乡，名称和区划不变。全县计有永宁、公平、万春、涌泉、柳林、金马、天府、永胜、踏水、柳江、镇子、寿安、通平、玉石共 14 个乡和柳城、和盛 2 个镇，下辖 182 个村，8 个居民委员会。

---

① 四川省温江县县志编纂委员会. 温江县志［M］. 成都：四川人民出版社，1990：356.

二、温江区永宁镇地理概况行政区划及方言基本情况

（一）温江区永宁镇地理概况及行政区划

温江区永宁镇位于成都市西郊，地处青羊区、郫都区、温江区交界处，东与青羊区文家乡接壤，距成都中心城区 10 千米，成都绕城高速公路穿境而过。永宁镇既是温江融入成都发展的第一门户，又是成都向西扩张的第一站。永宁镇亦是闻名全川的"大蒜之乡""小家禽之乡""奶牛之乡"，辖 11 个村，105 个社，面积 23.5 平方千米，人口 2.1 万。最近几年，芙蓉大道建成以后，永宁镇和成都的接触逐渐增多。

（二）温江区永宁镇方言及发音人基本情况

温江永宁镇紧邻成都青羊区文家场，两地方言极为相似，不同于成都市区话。笔者对文家场和永宁镇分别踩点进行了调查，文家场方言保留了入声韵和入声调，但发音人年龄过大，有 82 岁，录音效果不是很理想。故选取永宁镇方言进行研究。

温江区永宁镇发音人刘某，67 岁，大专文化，出生在永宁镇永福村，出生后一直居住生活在永宁镇，从未离开，在当地的一所中学教书，退休后一直生活在本地。妻子也是本地人，在生活和工作中均使用永宁话。

三、温江区永宁镇音系

（一）温江区永宁话声母（21）

p 背部帛	ph 破爬	m 每没	f 夫帆护	v 舞午乌
t 带但碟	th 太疼特	l 奴芦立		
ts 姊追庄只作	tsh 菜层锄唱		s 孙使叔舌石	z 人肉
tɕ 尖就技局	tɕh 妻全起期	ȵ 年疑	ɕ 性叙显行	
k 贯共	kh 课狂	ŋ 偶欧	x 火还猾	
∅ 晚儿颜衣域移				

（二）温江区永宁话韵母（40）

ɿ 誓式	i 爹迷鄙	u 铺负术	y 句遂
ɚ 尔二而			

A 大怕　　　　　　　iA 加价压　　　　　uA 瓦画抓

æ 法罚墨拍　　　　　iæ 鸭瞎　　　　　　uæ 滑扩国

e 者射奢社　　　　　ie 姐鼻聂袭敌七力觅　ue 喂　　　　　　ye 靴缺橘

o 坡毒喝夺物托浊　　io 角欲学俗足

ə 置盒十室植尺

ai 派买岩　　　　　　iai 解涎　　　　　　uai 快衰

ei 杯眉　　　　　　　　　　　　　　　　uei 退锤

ɑu 堡刨赵　　　　　　iɑu 标挑狡

əu 豆筹　　　　　　　iəu 留幼

an 范搬　　　　　　　ian 垫千　　　　　　uan 赚算　　　　yan 全愿院

en 深恨层声　　　　　in 拼彬鹰平　　　　uen 问孕横　　　　yn 寻营

ɑŋ 芒窗港　　　　　　iɑŋ 梁讲　　　　　　uɑŋ 望双庄

oŋ 否朋烹讽　　　　　ioŋ 兄拥

（三）温江区永宁话声调（5）

阴平	1	34	标丢苏歌污
阳平	2	31	隋池球男而
上声	3	51	组抢写咬雨
去声	4	112	烫共认道柿
入声	5	42	得切极直灭

（四）温江区永宁话音系说明

（1）声母 ts－、tsh－、s－发音部位偏后，舌尖抵上齿龈，比北京话的舌尖前音位置偏前。

（2）声母 l－有 n－的变体，读 n－的也不少，没有音位的对立，统一记作 l－。声母 ȵ－与后面的高元音 i/y 之间，带有同部位浊擦音，实际上为 ȵʑ－。

（3）声母 ŋ－舌面后阻塞明显，鼻气流比较弱。

（4）合口呼零声母 u 韵母的音节，有唇齿浊擦音声母 v－，记音标出。

（5）温江永宁话单元音位置，见图 3－14《永宁话声学元音图》。

（6）韵母－ʅ 比普通话中的－ʅ 靠低靠前。

（7）韵母－i 在作韵尾时，舌位较低，根据实际发音记为－ɪ 更合适。

（8）－u－作介音时，没有标准－u－那么圆，作主元音时，唇形较扁。－u－发音时舌位更低，唇形不圆，仅仅表示主元音向韵尾 u 滑动的一个趋势。

（9）韵母－y 单独作韵母时和标准元音中的－y－一致，作为介音时，舌位比标准元音－y－偏后，实际读音记为－ʏ。

（10）元音 a 在 ian，yan 中，近于－æ，在 iai 中近于－ɛ，其他近于－ʌ。

（11）韵母－o 发音部位比标准－o 略高一些，发音时肌肉较紧，听感上较普通话干脆短促。

（12）韵母－e 单独作韵母时记为－ɛ－更为合适，在－ie、－ye、－ue 中，舌位相对要低一些，记为－ɛ 更合适一些。

（13）韵母－ə 央元音，古入声字韵母，主要是止、曾、梗、臻、深摄开口三等知系字。

（14）韵母－æ、－uæ 为入声韵。韵母－iæ 在一些人已经混同－iʌ，老年人中仍然保持入声韵－iæ。

（15）韵母－an、－iɛn、－uan、－yɛn，其鼻韵尾比较弱，实际为－aⁿ、iɛⁿ、－uaⁿ、－yɛⁿ。

（16）声调调型及调值的详细情况，见图 3－15《永宁话声调曲线图》。阴平有 45 的变体。去声调在语流中多失去下凹。

（17）永宁话在成都话和普通话的影响下，在老年人和青年人中有差异，青年人的读音更接近成都话。城区话中臻摄入声字读为－o，例如："骨" ko5（乡下）＞ku5（城区）。青年人受到成都话普通话影响入声读入阳平，例如："别" pie5（旧）＞pie2（新）。

（五）温江区永宁话声韵配合表

表 3－7　温江区永宁话声韵配合表

韵母	声母												
	p	ph	m	f	v	t	th	l	ŋ	ts	tsh	s	z
ʌ	巴	爬	妈			打	他	拉		炸	查	沙	
æ	北	拍	墨	发		答	踏	辣		杂	侧	设	热
ai	摆	排	卖			带	台	来		在	才	晒	
an	班	盘	慢	饭		丹	谈	蓝		站	产	三	然

韵母	声母												
	p	ph	m	f	v	t	th	l	ȵ	ts	tsh	s	z
ɑŋ	帮	旁	忙	放		当	糖	狼		长	场	桑	让
ɑu	宝	抛	毛			到	套	闹		找	抄	扫	绕
e										者	车	舍	惹
ə										直	吃	食	日
ɚ													
ei	杯	配	梅	飞									
en	本	盆	门	分		灯	疼	冷		尊	陈	森	人
əu						斗	头	楼		走	丑	搜	肉
iA													
i	比	皮	米			底	题	厉	艺				
iæ													
iai													
ian	变	片	面			点	填	脸	年				
iɑŋ								亮	娘				
iɑu	标	票	妙			掉	条	聊	鸟				
ie	毕	撇	灭			敌	贴	立	捏				
iəu						丢		刘	牛				
in	宾	拼	民			定	听	林					
io								略					
ioŋ													
o	薄	破	抹	福		朵	妥	罗		左	错	说	入
oŋ	进	碰	梦	丰		东	通	农		总	葱	松	绒
ɿ										之	词	四	
uA													
u	补	普	母	福	五	度	图	路		租	粗	书	如
uæ										啄		刷	
uai										揣	摔		

续表 3-7

韵母	声母												
	p	ph	m	f	v	t	th	l	ŋ̩	ts	tsh	s	z
uan						短	团	乱		专	穿	栓	软
uaŋ										庄	创	双	
ue													
uei						对	退	雷		最	催	水	瑞
uen										准	春	顺	孕
y								旅	女				
yan													
ye													
yn													

韵母	声母							
	tɕ	tɕh	ɕ	k	kh	x	ŋ	ø
A				尬		蛤		
æ				革	客	核	额	
ai				改	开	还	爱	
an				赶	看	汉	按	
aŋ				刚	扛	杭	昂	
au				高	考	好	熬	凹
e				革	客	黑	额	
ə				割	渴	合	粤	
ɚ								二
ei								
en		吟		跟	肯	很	硬	
əu				勾	口	厚	藕	
iA								丫
i	祭	妻	些					
iæ	甲	洽	匣					鸭
iai	皆		谐					延

韵母	声母							
	tɕ	tɕh	ɕ	k	kh	x	ŋ	∅
ian	见	前	先					眼
iaŋ	将	枪	乡					阳
iɑu	叫	桥	小					要
ie	接	七	写					一
iəu	九	秋	修					
in	今	亲	新					迎
io	角	族	宿					乐
ioŋ		穷	熊					永
o				哥	可	火	恶	俄
oŋ				共	空	红		翁
ʅ								
uA				瓜		花		娃
u				苦				
uæ				国	扩	或		袜
uai				乖	快	怀		外
uan				官	宽	换		万
uɑŋ				光	狂	慌		王
ue								喂
uei				贵	亏	灰		为
uen				棍	昆	混		文
y	句	取	徐					鱼
yan	卷	全	鲜					元
ye	决	缺	血					月
yn	军	群	寻					晕

第八节 都江堰市

一、都江堰市地理、人口概况及建制沿革

都江堰简称"灌"，由四川省直辖，成都市代管，位于成都平原西北边缘岷江出山口处，因水利工程都江堰而得名；市境东与彭州市、郫都区、温江区交界，西、北与汶川县相连，南邻崇州市；市境内地势西北高，东南低，属四川盆地中亚热带湿润季风气候区。全市总面积 1208 平方千米。

宋末元初，长期战乱，灌县人口锐减。元至元十三年（1276），一军两县（指永康军所属导江、青城两县）"只余八百余户"，其人口只有 5000 多。明天启元年（1621）《成都府志》载："灌县原额人丁肆仟肆拾玖丁。"但当时官府只记录上粮户数和男子中的丁壮者，没有算非上粮户和不能当丁的妇女、儿童和老人。按丁壮人口占总人口的 30% 计，当时灌县人口有 13497 人。康熙六年（1667）奉文清查灌县丁粮数字，当时原载人丁 1262 丁（承粮花户），到雍正七年（1729）增加到 17445 丁。[①]

灌县境内政区设置，始于秦。任乃强、张至皋《四川地名考释》："秦、汉叫湔氐道"，"汉升为县。蜀汉时，湔氐亦皆华化，故改称湔县"。唐武德元年（618）于汶山县旧址设镇静军，于都安旧址置盘龙县。明洪武九年（1376）降灌州为灌县。洪武十年（1377）撤崇宁县入灌县。洪武十三年（1380）复置崇宁县。清代、民国沿袭。中华人民共和国成立后置灌县，治今灌口镇，隶川西行署温江专区。1959 年 2 月，省令郫县与灌县合署办公，同年 8 月又分恢复原建置。1988 年 5 月，经国务院批准，灌县撤县设市并更名为都江堰市。

截至 2016 年 8 月，都江堰市下辖灌口、幸福、永丰、奎光塔、银杏 5 个街道，安龙镇、崇义镇、大观镇、聚源镇、柳街镇、龙池镇、蒲阳镇、青城山镇、石羊镇、天马镇、向峨乡、胥家镇、玉堂镇、中兴镇 14 个乡镇。[②]

---

① 《灌县志》编纂委员会. 灌县志［M］. 成都：四川人民出版社. 1991：119、120.
② 都江堰市人民政府官网：http://www.djy.gov.cn/

二、都江堰方言及发音人基本情况

都江堰以青城桥——岷江河为分界点，都江堰市、浦阳称为河东，青城山、石羊、柳街称为河西，本节以都江堰市为调查点，即都江堰河东话。都江堰市距成都天府广场 59 千米。

发音人系土生土长的都江堰天马镇人，从未长期离开过天马镇，小学文化，父母、妻子都是天马镇人，不会讲普通话。

三、都江堰河东话音系

（一）都江堰河东话声母（24）

p 边抱白　　　　　ph 坡平　　　　m 麻马木　　　f 分妇佛　　　v 雾午恶_{可恶}

t 单杜夺　　　　　th 拖态同　　　n 脑蓝联

ts 资字罩阻州逐　　tsh 层丑创肠　　　　　　　　s 斯寺沙式　　z 如挠

tʂ 汁质直　　　　　tʂh 尺吃　　　　　　　　　　ʂ 失十舌

tɕ 津京臼疾　　　　tɕh 千愁去其　　ɲ 拈腻艺　　ɕ 小序兴峡

k 古共　　　　　　kh 枯葵　　　　ŋ 我案　　　x 悔孩活

Ø 未儿牙弯雨与

（二）都江堰河东话韵母（37）

ɿ 世是资诗　　　　i 夜堤李机　　　　　ʊ 吴负述褥　　　　y 居区虽

ɚ 儿耳拾舌日职尺

ɐ 那马法发　　　　ia 家涯甲瞎　　　　ua 瓦话刷

æ 塔涉辣德客　　　　　　　　　　　　uæ 阔滑郭或

　　　　　　　　　　ie 爷接集结必疾积　　　　　　　ye 屑削

o 锅活突出捉木　　io 决略岳疫曲

ɤ 歌合渴各

ai 者代排解　　　　iɛi 皆解　　　　　uai 坏帅喘

ei 车杯卑飞　　　　　　　　　　　　uei 追类

au 陶吵招　　　　　iau 狡苗挑

əu 透守肉　　　　　iəu 酒幽

an 甘咸旦战　　　　iɛn 舰点篇天　　　uan 暖幻穿喘　　yɜn 宣玄远

en 森振村凳成　　　in 音新应兵　　　uən 昆顺文　　　yn 均云永

aŋ 旁方杠　　　　iaŋ 乡降　　　　　　uaŋ 汪亡双

oŋ 贸孟童统终　　ioŋ 兄雄容

（三）都江堰河东话声调（5）

阴平	1	35	班天梳安拉
阳平	2	31	平田兰红云
上声	3	52	板草敢晚涌
去声	4	213	饭兔弟利舅
入声	5	32	塔毒肋节狱

（四）都江堰河东话音系说明

（1）声母 ts－、tsh－、s－发音部位偏后，舌尖抵上齿龈，比北京话的舌尖前音位置偏前。

（2）tʂ－、tʂh－、ʂ－发音部位偏后，舌尖抵硬腭，比北京话稍后，只与卷舌韵母配合，见于入声韵。

（3）声母 n－有 l－的变体，读 l－的也不少，没有音位的对立，统一记作 n－。声母 ŋ－与后面的高元音 i/y 之间，带有同部位浊擦音，实际上为 ŋʑ－。

（4）声母 ŋ－舌面后阻塞明显，鼻气流比较弱。

（5）齐齿呼零声母音节开头带有摩擦音 j－，记音未标出。合口呼零声母 u 韵母的音节，带有唇齿浊擦音什么 v－，记音中标出，以区别于不带 v－的其他零声母音节。

（6）都江堰河东话单元音位置，见图 3－16《都江堰河东声学元音图》。

（7）韵母 –ɿ 和 –i，在发单字音或句末停顿时，常首位开放，成为 –ɿːe 或 –iːe，在连续的语流中为 ɿ 和 i。

（8）元音 a 偏央为 ʌ，韵母 –a、–ia、–ua 的主元音接近 –ʌ。

（9）韵母 –æ、–uæ 为入声韵。韵母 –iæ 在此位发音人已经混同 –ia，在一些老年人中仍然保持入声韵的 –iæ。

（10）韵母 –o 近于标准 o。

（11）韵母 –ɤ 位置近于 ʊ；在入声字中接近 ə。

（12）韵母 –an、–iɛn、–uan、–yɛn，其鼻韵尾比较弱，实际为 –aⁿ、–iɛⁿ、–uaⁿ、–yɛⁿ。

（13）韵母 - en 的主元音前而高，记为 - en。其合口韵为 - uən。

（14）所有的入声韵无塞音尾，声调略短促。

（15）都江堰市声调调型和调值的详细情况，见图 3 - 17《都江堰市声调曲线图》。阴平调有 45 的变体。去声调在语流中多读为 12 调或 11 调。

（16）都江堰市由于靠近成都，受成都话的影响比较大，一部分入声字在新读音中已读为阳平调，韵母也变为与成都话相同。这些字正在经历下述的读音变化，例如："峡侠匣"çiæ5（旧）＞çia5＞çia2（新），"袜刷刮"uæ5＞ua5＞ua2（新），新读音与成都话相同。这种情况多出现在青年人中。都江堰是不分古入声字（深臻曾梗三四等知系）读卷舌音韵母 - ʅ，在老年人中保持完整。

（五）都江堰河东话声韵配合表

表 3 - 8　都江堰河东话声韵配合表

韵母	声母												
	p	ph	m	f	v	t	th	n	ŋ	ts	tsh	s	z
ɐ	巴	怕	骂	发		大	他	拉		渣	茶	沙	
æ	北	拍	墨			得	踏	辣		杂	厕	色	热
ai	拜	排	买			带	胎	来		再	菜	晒	
an	扮	盘	满	饭		单	贪	兰		占	产	三	染
aŋ	帮	胖	忙	方		党	汤	浪		张	厂	上	让
au	宝	炮	毛			刀	桃	脑		早	草	烧	绕
ɤ													热
ʅ													日
ei	杯	配	媒	飞						折	车	蛇	惹
en	本	盆	门	分		灯	吞	冷		正	陈	生	认
əu						豆	头	楼		走	臭	手	肉
ia													
i	比	屁	眉			弟	剔	力	泥				
iɛi													
iɛn	变	片	面			店	田	莲	年				

成都平原 语音历史层次研究

续表 3-8

韵母	声母												
	p	ph	m	f	v	t	th	n	ȵ	ts	tsh	s	z
iaŋ			谬					两	娘				
iau	表	票	苗			钓	条	料	鸟				
ie	毕	僻	密			碟	帖	立	业				
iəu						丢		流	牛				
in	冰	平	命			定	听	邻	毅				
io													
ioŋ													
o	剥	破	磨	腹		多	脱	罗		左	错	说	弱
oŋ	崩	朋	梦	风		东	通	龙		中	虫	松	绒
ɿ										子	迟	四	日
ua													
ʋ	步	铺	母	富	五	读	土	绿		租	出	数	如
uæ													
uai										喘	衰		
uan						短	团	暖		砖	船	算	软
uaŋ										妆	床	双	
uei						对	退	雷		追	吹	水	瑞
uən										准	寸	孙	润
y						吕	女						
yɛn													
ye													
yn													

韵母	声母										
	tʂ	tʂh	ʂ	tɕ	tɕh	ɕ	k	kh	ŋ	x	∅
ə							尬			下	阿
æ							革	客	额	黑	
ai							改	快	爱	害	
an							敢	看	安	汉	

续表 3－8

韵母	声母										
	tʂ	tʂh	ʂ	tɕ	tɕh	ɕ	k	kh	ŋ	x	∅
aŋ							刚	抗	昂	项	
au							高	考	熬	好	
ɤ	.						哥	可	俄	喝	
ɚ	直	尺	实								二
ei											
en							跟	肯	恩	很	
əu							狗	扣	藕	后	
ia											牙
i				姐	七	习	给				
iɛi											
iɛn				尖	钱	先					盐
iaŋ				讲	抢	向					样
iau				叫	桥	小					腰
ie				节	切	写					爷
iəu				九	球	休			牛		右
in				进	庆	心					应
io				脚	曲	学					约
ioŋ				穷	兄						用
o							个	课	讹	和	物
oŋ							共	空		宏	翁
ɿ											
ua							瓜	夸		华	挖
ʊ									我		
uæ							国	括		滑	
uai							怪	快		坏	外
uan							关	宽		换	万
uaŋ							光	狂		黄	王
uei							规	葵		回	尾

续表 3 -8

韵母	声母										
	tʂ	tʂʰ	ʂ	tɕ	tɕʰ	ɕ	k	kh	ŋ	x	Ø
uən							滚	困		魂	问
y				句	取	徐					鱼
yɛn				决	缺	血					月
ye				卷	全	鲜					原
yn				军	裙	寻					云

第九节　金堂县

一、金堂县地理、人口概况及建制沿革

金堂古居蜀国近畿，今为成都市郊县。县城赵镇，西距成都市区 47 千米。地跨东经 104°20′37″至 104°52′26″与北纬 30°29′10″至 30°56′。县境东邻中江县，西傍成都市青白江区和龙泉驿区，南连简阳市，北接广汉市和中江县。地处四川盆地西部，跨盆中和盆西两大褶皱带，处于成都平原东延，川中丘陵西缘。1990 年，金堂面积 1154 平方千米。①

县内人口有记载始于宋太宗太平兴国年间（976—983），当时怀安军有 13559 户。宋神宗元丰三年（1083）增至 27325 户，但均无丁口数字。宋徽宗崇宁年间（1102—1106）又增至 29625 户、174985 人。宋末战事频繁，人口锐减。明代有所回升，至明末四川战乱，户口又大幅度下降，这段时间的户口因典籍失载，数目不详。清康熙年间，外省移民纷纷迁入四川。康熙三十年（1691），金堂县计有 1069 户；雍正八年（1730）增为 2266 户，其后人口继续增加。

金堂县的建制沿革大致如下：古为梁州境域，商、周及春秋战国为蜀国地。秦灭蜀国，入秦国蜀郡版图。汉、晋时，为广汉郡新都县东地、雒县东南地及犍为郡牛鞞县西地。东晋安帝义熙九年（413），朱龄石于东山立金渊戍，戍所在今县东南同兴乡州城村，以江水产金沙名。西魏废帝二年（553），于金渊戍所置金渊郡，割牛鞞县西部分地区建置金渊县，割新都县东部分地区置

---

① 金堂县地方志编纂委员会. 金堂县志 ［M］. 成都：四川人民出版社，1994：1.

白牟县，以金渊。白牟二县隶属金渊郡。北周（557—581）废金渊郡，并白牟县入金渊县。唐武德元年（618），为避高祖李渊讳改金渊县为金水县；咸亨二年（671），割雒县、新都、金水三县部分地建置金堂县。以界有金堂山而得名。初隶益州，后属汉州。至明洪武十三年（1379）后，金堂县建置再无变动。

截至 2018 年，金堂县下辖 1 个街道、18 个镇、2 个乡，即赵镇街道办事处、三星镇、清江镇、官仓镇、淮口镇、白果镇、五凤镇、高板镇、三溪镇、福兴镇、金龙镇、赵家镇、竹篙镇、广兴镇、隆盛镇、转龙镇、土桥镇、云合镇、又新镇、栖贤乡、平桥乡。①

二、金堂县方言及发音人基本情况

金堂县的方言比较复杂。据语言学者崔荣昌的调查，金堂县的方言有"金堂话""老湖广话""广东话""福建话"四类。

此次调查是四川师范大学王勇老师带队完成的，调查时间为 2018 年 8 月。发音人李某，1960 年生，大专文化，教师，出生在金堂赵家镇，一直没有离开过金堂，父母、配偶均为金堂人，讲金堂话。

三、金堂话音系

（一）金堂话声母（20）

p 疤败白	ph 帕盆	m 买木	f 飞凡狐
t 呆弟读	th 泰团突	n 那萝拉	
ts 嘴置壮醉昨	tsh 次存产称		s 三史受舌十　z 如热
tɕ 姐尽旧及	tɕh 抢齐器球	ȵ 泥牛	ɕ 新徐靴效
k 贵跪	kh 考葵	ŋ 偶暗	x 海黄惑
∅ 忘而五英曰盐			

（二）金堂话韵母（36）

ɿ 制紫十日直石	i 米比立七力笛	u 父母骨木	y 徐玉
ɚ 儿二耳			
a 那马杂八	ia 牙鸭瞎	ua 瓜画刷	

---

① 金堂县人民政府官网：http://jintang.gov.cn/

e 灭得白   ie 姐业节   ue 阔郭国   ye 靴月削

o 多鸽脱错壳   io 约学足

ai 败解蟹岩   iɛi 介蟹延   uai 帅外喘

ei 蛇车背飞折   uei 尾对

au 包抄敲校   iau 标小敲校

əu 头州肉   iəu 九久六

an 淡甘半单   ian 店严片间   uan 赚乱院   yan 鲜卷院园

en 深门等冷   in 心新蝇平   uən 滚春闻孕   yn 寻军永

aŋ 厂方胖项   iaŋ 两讲项   uaŋ 床双

oŋ 朋猛梦   ioŋ 兄凶

（三）金堂话声调（4）

阴平	1	34	班单渣钩依
阳平	2	41	达年角跌猎
上声	3	52	斗喊腐辆免
去声	4	325	妇舵沛忌利

（四）金堂话音系说明

（1）声母 ts－、tsh－、s－发音部位偏后，舌尖抵上齿龈，比北京话的舌尖前音位置偏前。

（2）声母 n－有 l－的变体，读 l－的也不少，没有音位的对立，统一记作 n－。声母 ȵ－与后面的高元音 i/y 之间，带有同部位浊擦音，实际上为 ȵʑ－。

（3）声母 ŋ 舌面后阻塞明显，鼻气流比较弱。

（4）齐齿呼零声母音节开头带有摩擦音 j－，记音未标出。合口呼零声母 u 韵母的音节，开头无明显的唇齿浊擦音 v－。撮口呼零声母音节略有摩擦，记音未标出。

（5）金堂话单元音位置，见图 3－18《金堂话声学元音图》。

（6）元音 a 作单韵母时偏央为 A，在－an、－uan 中实际音值 æ，在－ian、－yan、－iai 中实际音值为 ɛ，在－au、－aŋ、－iaŋ 中实际音值为 ɑ。

（7）元音 e 在－en 中主元音偏为 ɛ。韵母－en 在合口韵中，主元音 e 实际音值偏央记为－uən。

（8）元音 o 较标准元音低而开，在－ou、－iou 中，元音展唇而偏央，记为－əu、－iəu。

（9）－en、－in、－uən、－yn 的鼻音韵尾完整、稳固。

（10）－aŋ、－iaŋ、－uaŋ 的鼻音韵尾完整。

（11）金堂话声调调类及调型，见图 3－19《金堂话声调曲线图》。阴平读为 34 或者 35，去声调调值为 325，语流中常也读为 32 或 32。

（12）金堂话在城乡之间、青年人和老年人之间存在一些差别。城区人和青年人发音模仿普通话和成都话，农村人和老年人则保持旧的发音。山摄入声帮系字读为－e，青年人仿成都话改为－ie，例如（老年人/青年人）："别" pe＞pie。此外城乡之间也存在一些差异，一些见系二等字腭化，城市人在普通话的影响下不腭化，例如（农村人/城市人）："解" kai3＞tɕiɛi3。

（五）金堂话声韵配合表

表 3－9 金堂话声韵配合表

韵母	声母											
	p	ph	m	f	t	th	n	ŋ̠	ts	tsh	s	z
a	八	爬	马	发	大	踏	拉		杂	茶	沙	
ai	拜	排	买		带	胎	来		再	菜	晒	
an	扮	盘	满	饭	单	贪	兰		占	产	三	染
aŋ	帮	胖	忙	方	党	汤	浪		张	厂	上	让
au	宝	炮	毛		刀	桃	脑		早	草	烧	绕
e	贝	拍	灭		得	特	列		摘	测	色	热
ɚ												
ei	杯	配	媒	飞					折	车	蛇	
en	本	盆	门	分	灯	吞	冷		正	陈	生	认
əu				否	豆	头	楼		走	臭	手	肉
i	比	屁	眉		弟	剔	力	泥				
ia												
ian	变	片	面		店	田	莲	年				
iaŋ				谬			两	娘				
iau	表	票	苗		钓	条	料	鸟				
ie					碟	帖		业				

续表 3-9

韵母	声母											
	p	ph	m	f	t	th	n	ŋ̍	ts	tsh	s	z
iɛi												
iəu					丢		流	牛				
in	冰	平	命		定	听	邻					
io												
ioŋ												
o	剥	破	磨		多	脱	罗		左	错	说	弱
oŋ	崩	朋	梦	风	东	通	龙		中	虫	松	绒
ɿ									子	迟	四	日
u	步	铺	母	富	读	土	绿		租	出	数	如
ua									抓		刷	
uai											帅	
uan					短	团	暖		砖	船	算	软
uaŋ									妆	床	双	
ue												
uei					对	退	雷		追	吹	水	瑞
uən									准	寸	孙	润
y							吕	女				
yan												
ye												
yn												

韵母	声母							
	tɕ	tɕh	ɕ	k	kh	ŋ	x	Ø
a								
ai				改	快	爱		害
an				敢	看	安		汉
aŋ				刚	抗	昂		项
au				高	考	熬		好
e				格	客	额		黑

韵母	声母							
	tɕ	tɕh	ɕ	k	kh	ŋ	x	Ø
ɚ								二
ei								
en				跟	肯	恩	很	
əu				狗	扣	藕	后	
i	几	七	习					一
ia	甲	掐	夏					牙
ian	尖	钱	先					盐
iaŋ	讲	抢	向					样
iau	叫	桥	小					腰
ie	节	切	写					爷
iɛi	戒		蟹					延
iəu	九	球	休					右
in	进	庆	心					应
io	脚	曲	学					约
ioŋ		穷	兄					用
o				个	课	恶	和	物
oŋ				共	空		宏	翁
ɭ								
u				故	哭			五
ua				瓜	垮		华	挖
uai				怪	快		坏	外
uan				关	宽		换	万
uaŋ				光	狂		黄	王
ue				国	括		或	
uei				规	葵		回	尾
uən				滚	困		魂	问
y	句	取	徐					鱼
yan	卷	全	鲜					原
ye	决	缺	血					月
yn	军	裙	寻					云

第十节　彭山区

一、彭山区地理、人口概况及建制沿革

彭山区是四川省眉山市市辖区，古称武阳。彭山面积465.32平方千米，是中国长寿之乡。彭山区境东临仁寿县，南接东坡区，西与蒲江县、邛崃市交界，北与新津县、成都市双流区两相连，属成都经济区。

从清乾隆六十年（1795）到嘉庆十六年（1811）的16年间，人口从43194人猛增至154391人；嘉庆十六年到宣统三年（1911），人口由154391人下降为118982人；从乾隆六十年（1795）到宣统三年（1911），人口由43194人增加到153408人。① 可见在清朝实行休养生息政策以后，人口迅速恢复。

彭山因彭祖山而得名。建制沿革大致如下：在古蜀王蚕丛、杜宇、开明时期为蜀国之地。公元前316年秦灭蜀后，移民蜀地，设置郡县。战国时期，为蜀国之地。玄宗先天元年（712），改名彭山县，属眉州。清康熙元年（1662），彭山县并入眉州。1953年初，眉山专区撤销，彭山县划归乐山专区管辖。1959年4月，彭山县并入眉山县。1985年5月乐山地区改为乐山市（省辖市），彭山县的隶属关系未变。

2017年，彭山区下辖凤鸣街道、彭溪街道2个街道办事处，江口镇、观音镇、黄丰镇、青龙镇、公义镇、牧马镇、谢家镇、武阳镇8个镇和保胜乡、义和乡、锦江乡3乡。②

二、彭山区方言及发音人基本情况

彭山方言是四川方言的一种，与相邻的成都方言不同，其最明显的特征是保留了入声，彭山方言在中国方言分区中属于西南官话灌赤片中的岷江小片。

此次调查借用了前人的调查数据③，调查时间为2007年4月，发音人周某，男，1947年生，中专文化，小学语文教师，出生于四川省彭山区，没有

---

① 四川省彭山县志编纂委员会. 彭山县志［M］. 成都：巴蜀书社，1991：39.
② 眉山市彭山区人民政府官网：http://www.scps.gov.cn/
③ 周艳波. 四川彭山方言音系调查研究［D］. 成都：四川师范大学，2009.

长时间离开过彭山，说地道的当地话，父母、配偶均为彭山人，讲彭山话。

三、彭山话音系

（一）彭山话声母（20）

p 颂鼻白	ph 攀盆	m 弥幔末	f 奋妨妇虎壶
t 单地狄	th 摊塘	n 恼懒恋	
ts 鬃驻斋闸执	tsh 餐词驰馋齿		s 鳃驶鼠顺涉 z 软日
tɕ 际集惊竭	tɕh 鹊齐驱骑	ȵ 碾业	ɕ 须谢香贤
k 龟鸽汞	kh 靠阔葵	ŋ 额鞍	x 轰忽项
∅ 舞二银邀邮钥			

（二）彭山话韵母（36）

ɿ 誓知四止	i 蟹底遗	u 果悟牡述	y 据驹遂橘玉
ɚ 儿二而			
A 大茶蜡八	ia 架佳狭辖	ua 蛙话刷	
ə 拾室织石	ie 芥捷洁立栗极历		ye 薛屑决
o 若啄束	io 郁药旭		
ɤ 哥合渴搁覆			
ai 胎崖摄彻勒宅		uai 歪衰阔廓国	
ei 赊辈退悲泪		uei 碎炊	
au 抱稍绍	iau 郊窑箫		
əu 欧邹	iəu 硫谬		
an 陷泛罕扳段	iɛn 脸嵌艰练	uan 蒜惯万	yɛn 辕悬
ən 森忍顿曾耿	in 临悯冰婴	uən 坤蠢蚊	yn 循晕倾
aŋ 茫涨胖	iaŋ 桨讲	uaŋ 光汪桩	
əŋ 亩盟枫奉			
oŋ 贸朋篷丛	ioŋ 咏雄熔		

（三）彭山话声调（5）

阴平	1	45	疤丹尖粘依
阳平	2	31	爬集钳瓢盐
上声	3	42	耻止鲤忍已

去声	4	213	怕厌渐艳范
入声	5	24	碧摘获脉越

（四）彭山话音系说明

（1）声母 ts-、tsh-、s- 发音部位偏后，舌尖抵上齿龈。声母 z- 摩擦明显，同标准 z。

（2）声母 n- 有 l- 的变体，统一记作 n-。声母 ȵ- 后带有同部位浊擦音，实为 ȵʑ-。

（3）声母 ŋ- 只出现在开口呼前，软腭阻塞明显，鼻音气流弱。

（4）声母 x- 在单韵母 -u 前变读作 f-，如："狐" fu2，入声字除外，如："忽" xo5。

（5）齐齿呼零声母音节开头带有摩擦音 j-，记音未标出。合口呼零声母音节以 u 起头，无摩擦。撮口呼零声母音节以 y 开头，无摩擦。

（6）彭山话单元音位置，见图 3-20《彭山话声学元音图》。

（7）-io、-ioŋ 在音系配合上当为撮口呼 -yo、-yoŋ，实际发音已失去圆唇势，成为齐齿韵。

（8）卷舌音 ɚ 较卷舌程度不高。

（9）元音 i 作韵尾时，在 -ai、-uai 中较开，舌位偏低，实际音值为 e，例如："带" tai4 = tae4，"怪" kuai4 = kuae4；"在" -ei、-uei 中较标准元音 i 略低。

（10）元音 e 作单韵母或在 -ie、-ye 中为标准前元音 e；在 -ei、-uei 中舌位近似于央元音 ə，记为 e；在 -ən、-uən 中为 ə。

（11）元音 a 作单韵母或在 -ia、-ua 中时，舌位靠后，实际音值为央元音 ᴀ；在 -an、-uan 中舌位靠前，实际音值为 æ，记为 a；在 -iɛn、-yɛn 中舌位较高，近似于前元音 e，记为 ɛ；在 -au 和 -aŋ 前偏后为 ɑ，记为 a。

（12）元音 o 较标准元音低而开，作单韵母时有 -uə 的变体，如"勿" uə4；在 -ou、-iou 中，元音展唇而偏央为 ə，记为 -ə。

（13）元音 ɤ 为标准后元音。

（14）元音 u 作韵尾时较标准元音低，在 -au、-iau、-əu、-iəu 中实际音值为 ʊ，例如："高" kau1 = kaʊ1，"乔" tɕhiau2 = tɕhiaʊ2，"走" tsəu3 = tsəʊ3，"就" tɕiəu4 = tɕiəʊ4。

（15）－an、－iɛn、－uan、－yɛn 的鼻音韵尾不太完整、不稳固，鼻音韵尾弱而短，舌尖未抵上齿龈，实际为－a^n、－iɛ^n、－ua^n、－yɛ^n。

（16）－ən、－in、－uən、－yn 的鼻音韵尾完整、稳固。

（17）－aŋ、－iaŋ、－uaŋ、－əŋ、－oŋ、－ioŋ 的鼻音韵尾完整。

（18）彭山话声调调型及调值的详细情况，见图 3－21《彭山话声调曲线图》。213 在语流中，往往失去下凹，成为 13 调。

（19）彭山话在城乡、青年人和老年人之间存在一些差异，早些年主要是受成都话的影响，近年来受到普通话的影响比较多。城区话有部分入声字变为读阳平调，此种现象比郊区多，例如："匣" ɕia5 > ɕia2。又，青年一代受普通话影响而改变一些字的读音，如原读－ən 韵的字改读了－uən，例如："损" sən3 > suən3。又例如："绝" tɕio5（乡下）/tɕye5（城区），"缺" tɕhio5（乡下）/tɕhye5（城区）。

（五）彭山话声韵配合表

表 3－10 彭山话声韵配合表

韵母	声母											
	p	ph	m	f	t	th	n	ȵ	ts	tsh	s	z
A	爸	爬	马	发	大	踏	拉		杂	茶	沙	
ai	白	排	买		带	胎	来		者	菜	晒	热
an	扮	盘	满	饭	单	贪	兰		占	产	三	染
aŋ	帮	胖	忙	方	党	汤	浪		张	厂	上	让
au	宝	炮	毛		刀	桃	脑		早	草	烧	绕
ɚ												
ə									摘	测	色	
ei	杯	配	媒	飞	对	腿	内		折	车	蛇	惹
ən	本	盆	门	分	灯	吞	冷		正	陈	生	认
əŋ		捧	某	风								
əu					豆	头	楼		走	臭	手	柔
ɤ				服								日
i	比	屁	眉		弟	剔	里	泥				

续表 3－10

韵母	声母											
	p	ph	m	f	t	th	n	ȵ	ts	tsh	s	z
ia												
iaŋ							两	娘				
iau	表	票	苗		钓	条	料	鸟				
ie	必	劈	密		碟	帖	力	业				
iɛn	变	片	面		店	田	连	年				
iəu			谬		丢		流	牛				
in	冰	平	命		定	听	邻					
io								略				
ioŋ												
o	剥	破	磨	佛	多	脱	罗		左	错	说	弱
oŋ		朋			东	通	龙		中	虫	松	绒
ɿ									子	迟	四	
u	步	铺	母	夫	读	土	绿		租	出	数	如
ua									抓	刷		
uai										帅		
uan									砖	船	算	软
uaŋ									妆	床	双	
uei						颓			追	吹	水	蕊
uən									准	寸	孙	润
y							女					
ye												
yɛn												
yn												

韵母	声母							
	tɕ	tɕh	ɕ	k	kh	ŋ	x	∅
A								阿
ai				改	快	爱	害	
an				敢	看	安	汉	

续表 3-10

韵母	声母							
	tɕ	tɕh	ɕ	k	kh	ŋ	x	Ø
aŋ				刚	抗	昂	项	
au				高	考	熬	好	
ɚ								而
ə								
ei								
ən				跟	肯	恩	很	
əŋ								
əu				狗	扣	藕	后	
ɤ				歌	科	鄂	合	
i	姐	茄	些					一
ia	甲	恰	夏					牙
iaŋ	讲	抢	向					样
iau	叫	桥	小					腰
ie	节	切	写					爷
iɛn	尖	钱	先					盐
iəu	九	球	休					右
in	进	庆	心					应
io	脚	曲	学					约
ioŋ		穷	兄					用
o				个	课		和	物
oŋ				共	空		宏	翁
ɿ								
u				故	哭	我	火	五
ua				瓜	夸		华	挖
uai				怪	快		坏	外
uan				关	宽		换	万
uaŋ				光	狂		黄	王
uei				规	葵		回	尾

续表 3-10

韵母	声母							
	tɕ	tɕh	ɕ	k	kh	ŋ	x	∅
uən				滚	困		魂	问
y	句	取	徐					鱼
ye	决	缺	血					
yɛn	卷	全	鲜					原
yn	军	裙	寻					云

第十一节　新津区

一、新津县地理、人口概况及建制沿革

新津县（今成都市新津区）是成都市下辖县，位于四川盆地西部，成都市南部。新津县东接双流区，南濒眉山市，西临邛崃市，北靠大邑县和崇州市，是成都市的南大门。总面积 331.15 平方千米，总人口 26 万多。新津县自北周定名，相袭至今，已有 1450 年历史，为川西重要的物资集散地和交通枢纽，是四川省经济技术向西南辐射的必经之地。

明代"编户七里，有人丁三千六百五十八"。明末清初，四川迭经兵燹、灾害、瘟疫，人口大为减少，川西平原出现"路无行人，道惟荆棘"的景象。清王朝建立后，在"民无孑遗，荒榛满目"的情况下，实行移民垦荒政策，规定入籍减赋，以资鼓励。康熙三年（1664）新津知县常九经在任时，"男妇出耕，送幼子于署，官为视养之，至夜引回"。经 140 余年的休养生息，到嘉庆十六年（1811）新津人口达 165734 人。道光三十年（1850），有 52934 户，172466 口。[①] 可见战乱对新津人口的影响。

新津县建制沿革大致如下：新津县古为蜀国属地。秦统一六国，把天下分为三十六郡，蜀郡是其一，新津属蜀郡。《华阳国志》："汉武帝建元六年，开西南夷，分巴、蜀，置犍为郡。"新津属犍为郡。"元鼎二年，置武阳县，属犍为郡"（道光《新津县志》），新津地属武阳县。直到孝昭始元三

---

① 《新津县志》编纂委员会. 新津县志 [M]. 成都：四川人民出版社. 1989：961.

年（前84），新津属武阳县未变。唐武德元年（618），把天下分为4道，道下置州、县。四川西部为剑南道，蜀郡改为益州。新津属于益州，隶属剑南道。清朝初年，新津直接隶属成都府。清末新津仍然直属成都府而隶于川西道。1949年10月1日，中华人民共和国成立。1949年12月25日，新津解放，新津县仍属温江专区。1950年5月改属眉山专区，均隶属于川西行署。1983年7月，实行市管县，温江专区建制撤销，新津县属成都市辖县之一。

截至2014年，新津县下辖五津、花源、新平、永商、邓双、花桥6个街道，普兴、金华、兴义、方兴、安西5个镇，以及文井1个乡。①

二、新津方言及发音人基本情况

新津方言是四川方言的一种，与相邻的成都方言不同，其最明显的特征是保留了入声，新津方言在中国方言分区中属于西南官话灌赤片中的岷江小片。

此次调查借用了前人的调查数据②，调查时间为2007年11月。发音人李某，男，1947年出生，大专文化，没有长时间离开过新津，说地道的当地话，父母、配偶均为新津人。五津镇在县境偏南，岷江（金马河）西岸，包括原武阳镇和顺江乡等地域，位于新津县城中心，为县政府所在地。是全县的政治、经济、文化中心。

三、新津话音系

（一）新津话声母（20）

p 巴罢薄　　　　ph 普爬　　　m 明蔓　　　f 夫凡湖

t 低但毒　　　　th 他塔豆　　　n 那萝立

ts 棕智札志直　　tsh 此尘测川　　　　　　　s 孙生舍示市　　z 柔挠

tɕ 焦疾肌局　　　tɕh 妻捷企其　　ȵ 念宜　　ɕ 写夕欣县

k 哥跪　　　　　kh 康葵　　　　ŋ 我咬　　　x 花魂盒

ø 尾儿瓦丫越也

（二）新津话韵母（38）

ㄟ 制此姿滋	i 姐洗衣亿僻	u 左步负	y 语雨穗
ɚ 儿二而			
ʌ 他怕	ia 夏崖	ua 花卦挖	
æ 法涩舌瑟阁色白	iæ 夹瞎	uæ 刷郭啄国获	
	ie 叶及列必力劈		
ɘ 盒汁割室各食尺			
ɤ 歌课			
o 和模活物昨屋六	io 决橘雀学速		
ai 者贷拜街解解开	iɛi 介延	uai 帅快	
ei 遮每队眉非		uei 屡恢遂	
au 保泡少	iau 交小叫		
ɘu 走受肉	iɘu 流六		
an 甘栈占汉段反	iɛn 陷店眼鲜	uan 酸患传	yɛn 鲜原犬
en 深根存赠查	in 饮欣陵萱	uən 困春文	yn 循云营
aŋ 刚方项	iaŋ 匠项	uaŋ 光床双	
oŋ 茂孟工冬丰	ioŋ 永穷用		

（三）新津话声调（5）

阴平	1	45	疤他渣安衣
阳平	2	31	爬隋茶麻螺
上声	3	51	把斗可辅马
去声	4	223	坝饭漫罢丈
入声	5	22	八塔达甲腊

（四）新津话音系说明

（1）声母 ts、tsh、s 较普通话发音部位偏后，舌尖抵上齿龈，介于普通话的舌尖前音和舌尖后音之间。

（2）声母 l- 有 n- 的变体，部分字读为 n-，没有对立，统一记为 n。声母 ŋ- 后带有同部位浊擦音，实为 ŋʑ-。

（3）声母 ŋ- 只出现在开口呼前，软腭阻塞明显，鼻音气流弱。

（4）齿齿呼音节开头带有摩擦音 j-，记音未标出。合口呼零声母 u 韵母的音节，开头无明显的唇齿浊擦音 v－。撮口呼零声母音节略有摩擦，记音为标出。

（5）新津话单元音舌位，见图 3－22《新津话声学元音图》。

（6）－io、－ioŋ 在音系配合上当为撮口呼 －yo、－yoŋ，实际发音已失去圆唇势，成为齐齿韵。

（7）元音 a 在单元音韵母 a 中实际音值为 ʌ，在－an、－uan 中实际音值为 æ，在－ian、－yan、－iai 中实际音值为 ɛ，在－au、－aŋ、－iaŋ 中实际音值为 ɑ。

（8）元音 æ 出现在入声韵中，较标准 æ 偏低。

（9）元音 e 在－ie 中主元音偏低为 ɛ。韵母 －en 在合口韵中，主元音 e 实际音值偏央记为 －uən。

（10）元音 ɔ 较标准元音 ɔ 靠前，是入声韵。

（11）元音 o 在非入声字中近于标准元音 o，在入声字中近于 ɵ，例如：骨 ko5＝kɵ5，部分字带实际读 uo，如："沃屋"。

（12）元音 ɤ 较普通话低而开，只与舌根音相拼，如："可" khɤ3、"个" kɤ4。

（13）元音 i 作韵尾时偏低，实际音值近 e，例如："皆" tɕiɛi＝tɕiɛe1。元音 u 作韵尾时偏低，实际音值为 ɔ，例如："宝" pau3＝paɔ3。

（14）－an、－iɛn、－uan、－yɛn 的鼻音韵尾弱而短，舌尖未抵上齿龈，实际为 －a^n、－iɛ^n、－ua^n、－yɛ^n。

（15）－en、－in、－uən、－yn 的鼻音韵尾完整、稳固。

（16）－aŋ、－iaŋ、－uaŋ、－oŋ、－ioŋ 的鼻音韵尾完整。

（17）声调调型及调值的详细情况，见图 3－23《新津话声调曲线图》。上声调 51 有 52 的变体，去声 223 在语流中往往会失去凹调，成为 23 调。

（18）新津话在青年人和老年人中存在一些差异。老新津话属川西南路话。一些青年人将部分古入声字读如普通话音类，例如："屈" tɕhio5（旧）＞tɕhy1（新）、"曲" tɕhio5（旧）＞tɕhy3（新）。一些青年人将新津话中带有 －ŋ 声母的字读作零声母，同普通话，例如："崖" ŋai2（旧）＞ia2（新）。新津话本无韵母 －e，受成都话影响，"刻蜘"二字读作 －e。

（五）新津话声韵配合表

表 3－11　新津话声韵配合表

韵母	声母											
	p	ph	m	f	t	th	n	ȵ	ts	tsh	s	z
A	爸	怕	马		打	她	拉		炸	茶	沙	
æ	八	迫	墨	法	答	特	辣		哲	宅	杀	热
ai	拜	排	买		带	胎	来		者	菜	晒	
an	扮	盘	满	饭	单	贪	兰		占	产	三	染
aŋ	帮	胖	忙	方	党	汤	浪		张	厂	上	让
au	宝	炮	毛		刀	桃	脑		早	草	烧	绕
ə									汁	尺	十	日
ɚ												
ei	杯	配	媒	飞	对	推			折	车	蛇	惹
en	本	盆	门	分	灯	吞	冷		正	陈	生	认
əu				否	豆	头	楼		走	臭	手	肉
ɤ												
i	比	屁	眉		弟	剔	李	泥				
ia												
iæ												
iaŋ							两	娘				
iau	表	票	苗		钓	条	料	鸟				
ie	鼻	劈	灭		碟	帖	立	业				
iɛi												
iɛn	变	片	面		店	田	莲	年				
iəu			谬		丢		流	牛				
in	冰	平	命		定	听	邻					
io							略					
ioŋ												
o	剥	破	磨	服	多	脱	罗		左	错	说	弱

续表3－11

韵母	声母											
	p	ph	m	f	t	th	n	ŋ̩	ts	tsh	s	z
oŋ	崩	朋	梦	风	东	通	龙		中	虫	松	绒
ɿ									子	迟	四	
u	步	铺	母	富	肚	土	路		租	出	书	如
ua									抓		耍	
uæ											刷	
uai											帅	
uan						团			砖	船	算	软
uaŋ									妆	床	双	
uei					对	退	雷		追	吹	水	锐
uən									准	寸	孙	润
y						吕	女					
yɛn												
yn												

韵母	声母							
	tɕ	tɕh	ɕ	k	kh	ŋ	x	Ø
A								
æ				格	客	额	核	
ai				改	快	爱	害	
an				敢	看	安	汉	
aŋ				刚	抗	昂	项	
au				高	考	熬	好	
ə				各	渴	鄂	盒	
ɚ								而
ei								
en				跟	肯	恩	很	
əu				狗	扣	藕	后	
ɣ				哥	可			
i	姐	茄	些					一

续表 3-11

韵母	声母							
	tɕ	tɕh	ɕ	k	kh	ŋ	x	Ø
ia	家	卡	下					牙
iæ	甲	恰	瞎					鸭
iaŋ	讲	抢	向					样
iau	叫	桥	小					腰
ie	节	切	写					爷
iɛi	戒		蟹					延
iɛn	尖	钱	先					盐
iəu	九	球	休					右
in	进	庆	心					应
io	脚	曲	学					约
ioŋ		穷	兄					用
o				个	课	恶	和	物
oŋ				共	空		宏	翁
ɿ								
u				故	哭			五
ua				挂	跨		花	挖
uæ				国	括		滑	
uai				怪	快		坏	外
uan				关	宽		换	万
uaŋ				光	狂		黄	王
uei				规	葵		回	尾
uən				滚	困		魂	问
y	句	取	徐					鱼
yɛn	卷	全	鲜					原
yn	军	裙	寻					云

第四章　成都平原方言音韵特征比较

我们以《切韵》音系为参考，分别从声、韵、调三个方面对成都平原方言进行横向的描写，具体见下文。

第一节　成都平原方言声母音韵特征

一、古帮组字今读情况

表4-1　古帮组字读音表

例字	碧	遍	玻	派	部	拔	每	陌
中古音	帮陌入	帮先去	滂歌平	滂佳去	並模上	並黠入	明灰上	明陌入
茶店	pie2	phian4	po1	phai4	pu4	phʌ2	mei3	pe2
柏合	pie5	phiɛn4	po1	phai4	pu4	phʌ2	mei3	me5
三河	pie5	phian4	po1	phai4	pu4	phʌ2	mei3	pe5
石羊	pie5	phian4	po1	phai4	pu4	phʌ2	mei3	pe5
九江	pie5	phian4	po1	phai4	pu4	pʌ5	mei3	pæ5
白家	piɛ2	phiɛn4	po1	phai4	pu4	fʌ3	mei3	mo5
苏坡	piɛ5	phiɛn4	po1	phai4	pu4	phʌ2	mei3	pe5
永宁	pie5	phian4	po1	phai4	pu4	phæ5	mei3	pæ5
安靖	pie5	phian4	po1	phai4	pu4	phʌ2	mei3	pe5
都江堰	pie5	phiɛn4	po1	phai4	pʊ4	phæ5	mei3	pæ5
金堂	pi2	phian4	po1	phai4	pu4	pha2	mei3	pe2
彭山	pie5	phiɛn4	pu1	phai4	pu4	phʌ5	mei3	pai5
新津	pie5	phiɛn4	pu1	phai4	pu4	phæ5	mei3	pæ5

从上表可知，帮组字在成都平原今读分为送气、不送气两种清音声母。并母今读 p-或 ph-，基本规律是平声读为 ph-，仄声读为 p-，也有个别例外，如：䨢（并麻平）[pA1]，勃（并没入）[pho5]。明母例外字如"陌"声母读为 p-，这是受声旁影响产生的读音。柏合、白家两点读为 m-声母。帮母例外字有"秘"，在调查的各方言点中，都江堰和新津保留 [mie] 和 [pei] 两读，九江读为 [mie]，其余均读为 [pei]。

二、非晓组今读音情况

表4-2　非晓组字读音表

例字	肤	呼	废	贿	反	唤
中古音	非虞平	晓模平	非废去	晓灰上	非元上	晓桓去
茶店	fu1	fu1	fei4	xuei4	fan3	xuan4
柏合	fu1	fu1	fei4	xuei4	fan3	xuan4
三河	fu1	fu1	fei4	xuei4	fan3	xuan4
石羊	fu1	fu1	fei4	xuei4	fan3	xuan4
九江	fu1	fu1	fei4	xuei4	fan3	xuan4
白家	fu1	fu1	fei4	xuei4	fan3	xuan4
苏坡	fu1	fu1	fei4	xuei4	fan3	xuan4
永宁	fu1	fu1	fei4	xuei4	fan3	xuan4
安靖	fu1	fu1	fei4	xuei4	fan3	xuan4
都江堰	fu1	fʊ1	fei4	xuei4	fan3	xuan4
金堂	fu1	fu1	fei4	xuei4	fan3	xuan4
彭山	fu1	fu1	fei4	xuei4	fan3	xuan4
新津	fu1	fu1	fei4	xuei4	fan3	xuan4
例字	奋	婚	方	慌	风	红
中古音	非文去	晓魂平	非锡平	晓唐平	非东平	匣东平
茶店	fen4	xuen1	faŋ1	xuaŋ1	foŋ1	xoŋ2
柏合	fen4	xuen1	faŋ1	xuaŋ1	foŋ1	xoŋ2
三河	fən4	xuen1	faŋ1	xuaŋ1	foŋ1	xoŋ2
石羊	fen4	xuen1	faŋ1	xuaŋ1	foŋ1	xoŋ2

例字	奋	婚	方	慌	风	红
中古音	非文去	晓魂平	非锡平	晓唐平	非东平	匣东平
九江	fen4	xuen1	faŋ1	xuɑŋ1	foŋ1	xoŋ2
白家	fen4	xuen1	faŋ1	xuɑŋ1	foŋ1	xoŋ2
苏坡	fen4	xuen1	faŋ1	xuɑŋ1	foŋ1	xoŋ2
永宁	fen4	xuen1	faŋ1	xuɑŋ1	foŋ1	xoŋ2
安靖	fen4	xuen1	faŋ1	xuɑŋ1	foŋ1	xoŋ2
都江堰	fen4	xuən1	faŋ1	xuɑŋ1	foŋ1	xoŋ2
金堂	fen4	xuən1	faŋ1	xuɑŋ1	foŋ1	xoŋ2
彭山	fən4	xuən1	faŋ1	xuɑŋ1	fəŋ1	xoŋ2
新津	fen4	xuən1	faŋ1	xuɑŋ1	foŋ1	xoŋ2

从上表可以看出，非组和晓组在今天成都平原语音表现基本一致。何大安曾讨论过 x - /f - 的分布情况，总结了这种变化的规律和方向[1]。该书将两者的混读情况分为四类，加上两种次类，一共 6 类：

（1）R_A　　X　f/ - u
　　　　　　x
（2）RB　　X　x/ - o，oŋ
　　　　　　f
（3）RC　　F > xu
（4）RD　　X > f
（5）R_A - 1F　x/ - uV
　　　　　　　f
（6）RB - 1F　x/ - oŋ
　　　　　　　f

R 代表演变类型，X 代表古晓组合口一二等字，F 代表古非组字。符号"> / <"的左边代表变化项，右边则代表生成项和条件项。第一种类型即晓组合口字一二等字在韵母 - u -（遇合一）前读为 f -，其他条件下仍读 x -；第二种类型为晓组合口一二等字在 - o、- oŋ 韵前读 x -，其他条件下读 f -；

①　何大安. 规律与方向：变迁中的音韵结构 [M]. 北京：北京大学出版社，2004：141 - 143.

第三种类型古晓组合口今读 x－，古非组字今也读 x－，和晓组基本混读；第四种类型古晓组字和非组字今均读成 f－。

　　成都平原各点呈现出的变化一致，当韵母是单元音－u－时，声母一律是 f－。即以－u－为条件，在元音－u－之前舌根擦音轻唇化，属于 RA 类型。

三、关于泥来母的分混

表4－3　泥来母字读音表

四呼	开口呼		合口呼		齐齿呼		撮口呼	
例字	脑	老	奴	炉	泥	黎	女	吕
中古音	泥豪上	来豪上	泥模平	来模平	泥齐平	来齐平	泥语上	来语上
茶店	lau3		lu2		ȵi2	li2	ȵy3	ly3
柏合	nau3		nʊ2		ȵi2	ni2	ȵy3	ny3
三河	lau3		lu2		ȵi2	li2	ȵy3	ly3
石羊	lau3		lu2		ȵi2	li2	ȵy3	ly3
九江	lau3		lu2		ȵi2	li2	ȵy3	ly3
白家	nau3		nʊ2		ȵi2	ni2	ȵy3	ny3
苏坡	nau3		nu2		ȵi2	ni2	ȵy3	ny3
永宁	lau3		lu2		ȵi2	li2	ȵy3	ly3
安靖	lau3		lu2		ȵi2	li2	ȵy3	ly3
都江堰	nau3		nu2		ȵi2	ni2	ȵy3	ny3
金堂	lau3		lu2		ȵi2	li2	ȵy3	ly3
彭山	nau3		nu2		ȵi2	ni2	ȵy3	ny3
新津	nau3		nu2		ȵi2	ni2	ȵy3	ny3

　　调查的成都平原13个方言点中，泥来两母的分混规律基本一致，与成都市区话同。基本情况是，泥来母在开口、合口二呼前混读为 l－/n－；在齐齿、撮口二呼前，来母字读 l－/n－，泥母字读 ȵ－。男＝兰；脸≠年；吕≠女。

四、古影疑母字今读情况

（一）古影开口一二等字今读情况

表4-4　古影开口一二等字读音表

例字	埃	淹	隘	奥	鞍	恩	樱
中古音	影哈平	影咸平	影蟹去	影豪去	影寒平	影痕平	影耕平
茶店	ŋai1	ian1（文） ŋan1（白）	ŋai4	ŋau4	ŋan1	ŋen1	in1（文） ŋen1（白）
柏合	ŋai1	ian1（文） ŋæn1（白）	ŋai2	ŋau4	ŋæn1	ŋen1	in1 ŋen1（白）
三河	ŋai1	ian1（文） ŋan1（白）	ŋai4	ŋau4	ŋan1	ŋən1	in1（文） ŋən1（白）
石羊	ŋai1	ian1（文） ŋan1（白）	ŋai4	ŋau4	ŋan1	ŋen1	in1 ŋen1（白）
九江	ŋai1	ian1（文） ŋan1（白）	ŋai2	ŋau4	ŋan1	ŋen1	in1 ŋen1（白）
白家	ŋai1	ian1（文） ŋan1（白）	ŋai2	ŋau4	ŋan1	ŋen1	in1 ŋen1（白）
苏坡	ŋai1	ian1（文） ŋæn1（白）	ŋai2	ŋau4	ŋæn1	ŋen1	in1 ŋen1（白）
永宁	ŋai1	ian1（文） ŋan1（白）	ŋai4	ŋau4	ŋan1	ŋen1	in1 ŋen1（白）
安靖	ŋai1	ian1（文） ŋan1（白）	ŋai4	ŋau4	ŋan1	ŋen1	ŋen1
都江堰	ŋai1	iɛn1（文） ŋan1（白）	ŋai4	ŋau4	ŋan1	ŋen1	ŋen1
金堂	ŋai1	ian1（文） ŋan1（白）	ŋai4	ŋau4	ŋan1	ŋən1	ŋən1
彭山	ŋai1	iɛn1（文） ŋan1（白）	ŋai4	ŋau4	ŋan1	ŋen1	ŋen1
新津	ŋai1	iɛn1（文） ŋan1（白）	ŋai4	ŋau4	ŋan1	ŋen1	ŋen1

　　古影母字在今成都平原方言中分布基本一致。影母一二等字今基本读为ŋ-声母，极少数读为零声母，如淹、樱、鹦等。从总的趋势来看，读为零声

母是受普通话影响，文读读为零声母。发音人自己也不清楚该字具体怎样读，只是说都有，以前多读［ŋɑn］、［ŋen］，现在多读［-ian］、［-in］。可见"淹""樱""鹦"等在方言调查过程中存在零声母与 ŋ-声母的自由变读。

（二）古影母开口三四等字今读情况

表4-5　古影母开口三四等字读音表

例字	乙	英	益	幺	渊
中古音	影质入	影庚平	影昔入	影萧平	影先平
茶店	ie2	in1	ie2	iau1	yan1
柏合	i2	in1	i4	iau1	yan1
三河	ie5	in1	ie5	iau1	yan1
石羊	ie5	in1	ie5	iau1	yan1
九江	ie5	in1	ie5	iau1	yan1
白家	iɛ5	in1	iɛ5	iau1	yan1
苏坡	iɛ5	in1	iɛ5	iau1	yan1
永宁	ie5	in1	ie5	iau1	yan1
安靖	ie5	in1	ie5	iau1	yan1
都江堰	ie5	in1	ie5	iau1	yɛn1
金堂	i2	in1	i2	iau1	yan1
彭山	i5	in1	ie5	iau1	yɛn1
新津	ie5	in1	ie5	iau1	yɛn1

从由上表可知，影母开口三四等字在成都平原绝大部分读为齐齿呼零声母，少部分入声字今读撮口呼零声母。齐齿呼前，特别是 -i- 韵前，有近音 -j-，该特征常见于西南官话，但是这种发音不稳定，本书不记为辅音声母，仅视为音位变体。三河、石羊、九江、永宁、白家、苏坡、安靖、都江堰、彭山、新津不同程度地保留了独立的入声调，茶店、柏合入声调消失，保留了入声韵，个别入声字比如"抑"，各点读音不尽相同，茶店、白家、金堂读为 -i 阳平，苏坡、石羊读为 -i 去声，九江读为 -in 去声，三河、彭山读为 -i 入声，柏合、永宁、安靖、都江堰、新津读为 -ie 入声。方言个别影母字受疑母开口三四等字读音影响和同化，比如"阎"读为［ȵian］。

（三）古疑母开口一二等字今读情况

表4-6　古疑母开口一二等字读音表

例字	我	熬	昂	硬	雁	俄	咬	呆
中古音	疑哿上	疑豪平	疑唐平	疑庚去	疑删去	疑歌平	疑肴上	疑咍平
茶店	ŋo3	ŋau1 ŋau2	ŋaŋ2	ŋen4	ŋan4	o2	ŋau3	tai1
柏合	ŋo3	ŋau1 ŋau2	ŋaŋ2	ŋen4	ian4	o2	ŋau3	tai1
三河	ŋo3	ŋau1 ŋau2	ŋaŋ2	ŋən4	ian4	o2	ȵiau3	tai1
石羊	ŋo3	ŋau1 ŋau2	aŋ2	ŋen4	ian4	o2	ŋau3	tai1
九江	ŋo3	ŋau1 ŋau2	ŋaŋ2	ŋen4	ian4	o2	ȵiau3	tai1
白家	ŋo3	ŋau1 ŋau2	ŋaŋ2	ŋen4	ian4	o2	ŋau3	tai1
苏坡	ŋo3	ŋau1 ŋau2	ŋaŋ2	ŋen4	ian4	o2	ȵiau3	tai1
永宁	ŋo3	ŋau1 ŋau2	ŋaŋ2	ŋen4	ŋan4	o2	ŋau3	tai1
安靖	ŋo3	ŋau1 ŋau2	ŋaŋ2	ŋen4	ŋan4	o2	ȵiau3	tai1
都江堰	ŋo3	ŋau1 ŋau2	ŋaŋ2	ŋen4	ŋan4	o2	ŋau3 ȵiau3	tai1
金堂	ŋo3	ŋau1 ŋau2	ŋaŋ2	ŋen4	ian4	o2	ŋau3 ȵiau3	tai1
彭山	ŋu3	ŋau1 ŋau2	ŋaŋ2	ŋne4	ŋan4 iɛn4	o2	ŋau3 ȵiau3	tai1
新津	ŋo3	ŋau1 ŋau2	ŋaŋ2	ŋen4	ŋan4 iɛn4	o2	ŋau3 ȵiau3	tai1

从上表可知，古疑母开口一二等字在今成都平原方言中大部分都带有声母
ŋ-。一些字丢失ŋ-声母，比如"俄"，茶店、永宁、安靖、都江堰、新津、
彭山"雁"读为［ŋan］，在三河、柏合、石羊、白家、苏坡、九江读为-ian

去声，应当是受普通话影响。这些读为零声母的字较零散，不具备音韵上的整体变读规律，存在两读皆可的自由变读。"咬"字较特殊，三河、安靖、九江、苏坡四点声母读为龈腭音的"ȵ-"，老派读音中留存［ŋau］读音，都江堰、金堂、彭山、新津保留两种读音。

（四）古疑母开口三四等字今读情况

表4-7　古疑母开口三四等字读音表

例字	艺	尧	脸	严	言	凝	银	虐	逆
中古音	疑祭去	疑萧平	疑严去	疑严平	疑元平	疑蒸平	疑真平	疑药入	疑陌入
茶店	ȵi4	zau2	ȵian3	ȵian2	ian2	ȵin4	in2	io2	ȵie2
柏合	ȵi4	iau2	ȵian3	ȵian2	ian2	ȵin4	in2	nio5	ȵi5
三河	ȵi4	iau2	ȵian3	ȵian2	ian2	ȵin4	in2	io5	ȵie5
石羊	ȵi4	zau2	ȵian3	ȵian2	ian2	ȵin4	in2	io5	ȵie5
九江	ȵi4	iau2	ȵian3	ian2	ian2	ȵin4	in2	io5	ȵie5
白家	ȵi4	iau2	ȵian3	ȵian2	ian2	ȵin4	in2	io5	ȵiɛ5
苏坡	ȵi4	iau2	ȵian3	ȵian2	ian2	ȵin4	in2	ieθ5	ȵiɛ5
永宁	ȵi4	iau2	ȵian3	ȵian2	ian2	ȵin4	in2	io5	ȵiɛ5
安靖	ȵi4	iau2	ȵian3	ȵian2	ian2	ȵin4	in2	io5	ȵiɛ5
都江堰	ȵi4	iau2	niɛn3	ȵiɛn2	iɛn2	ȵin2 ȵin4		io5	ȵiɛ5
金堂	ȵi4	iau2	nian3	ȵian2	iɛn2	ȵin4	in2	io2	ȵie2
彭山	ȵi4	iau2	niɛn3	ȵiɛn2	iɛn2	ȵin2 ȵin4	in2	io5	ȵie5
新津	ȵi4	iau2	niɛn3	ȵiɛn2	iɛn2	ȵin2 ȵin4	in2	io5	ȵie5

从上表可知，古疑母三四等开口字今在成都平原调查的十三个点的读音基本一致，主要读为零声母和舌面化鼻音声母 ȵ-。例外："尧"字在九个方言点读为两种不同读音：［iau2］和［zau2］，茶店、石羊读为［zau2］，其他各点读为［iau2］。该字属于书面语，使用频率较低，读为［iau2］应该是受普通话的影响，读为［zau2］应该是受"绕"等常用字的影响，实为一种误读。另外"凝"字各点读音不完全相同，［lin4］、［ȵin4］、［ȵin2］三种读音都

有，同一发音人前后读音也不尽相同，自己也不能分辨哪个发音更正确，笔者将其都记为 ŋ - 。柏合一点，"虐"字读为［nio］，"逆"字读为［ȵi］。

（五）古影疑母合口一二等字今读情况

表4－8　古影疑母合口一二等字读音表

例字	卧	弯	外	煨	恶	屋	吴
中古音	疑歌去	影删平	疑泰去	影灰平	影铎入	影屋入	疑模平
茶店	o4	uan1	uai4	uei1	ŋo2（恶心） vu4（可恶）	o2	vu2
柏合	o4	uæn1	uai4	uei1	ŋo5（恶心） vu4（可恶）	o5	vu2
三河	o4	uan1	uai4	uei1	ŋo5（恶心） vu4（可恶）	o5	vu2
石羊	o4	uan1	uai4	uei1	ŋo5（恶心） vu4（可恶）	o5	vu2
九江	o4	uan1	uai4	uei1	ə5（恶心） vu4（可恶）	uə5	vu2
白家	o4	uan1	uai4	uei1	ŋo5（恶心） vu4（可恶）	o5	vu2
苏坡	o4	uæn1	uai4	uei1	ŋɵ5（恶心） vu4（可恶）	ɵ5	vu2
永宁	o4	uan1	uai4	uei1	ŋo5（恶心） vu4（可恶）	o5	vu2
安靖	o4	uan1	uai4	uei1	ŋo5（恶心） vu4（可恶）	o5	vu2
都江堰	o4	uan1	uai4	uei1	ŋɤ5（恶心） vu4（可恶）	o2	vʊ2
金堂	o4	uan1	uai4	uei1	ŋo2（恶心） u4（可恶）	o2	u2
彭山	u4	uan1	uai4	uei1	ŋɤ5（恶心） u4（可恶）	o5	u2
新津	o4	uan1	uai4	uei1	ŋɤ5（恶心） u4（可恶）	o5	u2

从上表可知，成都平原各方言点古影疑母合口一二等字今多读为零声母。当－u－作单韵母时，零声母前常常带上一个浊唇齿擦音声母 v－。"恶"字为多音字，三河一点均读为［ŋo5］，其他各点在"可恶"时读为［vu4］，在"恶心"时读为［ŋo5］。茶店、金堂读为阳平，入声调消失，其他各点均保留入声韵和入声调，入声韵"屋"在各点中均未带上 v－声母，大都读为－o。九江一点读为－ə 和－uə，这都是南路话的典型特征。

（六）古影疑母合口三四等字今读情况

表4-9　古影疑母合口三四等字读音表

例字	渊	郁	迁	语	元	月
中古音	影先平	影屋入	影虞平	疑鱼上	疑原平	疑月入
茶店	yan1	io2	y1	y3	yan2	ye2
柏合	yɛn1	io5	y1	y3	yɛn2	ye5
三河	yan1	io5	y1	y3	yan2	ye5
石羊	yan1	io5	y1	y3	yan2	ye5
九江	yan1	ye5	y1	y3	yan2	io5
白家	yɛn1	io2	y1	y3	yɛn2	yɛ5
苏坡	yɛn1	iɵ5	y1	y3	yɛn2	yɛ5
永宁	yan1	io5	y1	y3	yan2	ye5
安靖	yan1	io5	y1	y3	yan2	ye5
都江堰	yɛn1	io5	y1	y3	yɛn2	ye5
金堂	yan1	io2	y1	y3	yan2	ye2
彭山	yɛn1	io5	y1	y3	yɛn2	io5
新津	yɛn1	io5	y1	y3	yɛn2	io5 ye5

由上表可知，成都平原各方言点古疑影母合口三四等字今多读为撮口呼或零声母。除茶店和金堂外其他各点均保留入声韵和入声调，其中茶店、白家两点"郁"字读为－io 阳平，保留了入声韵，入声调消失，九江一点"郁"字读为撮口呼，与其他各点均不相同。

（七）古微母合口三四等字今读情况

表4-10 古微母合口三四等字读音表

例字	无	微	勿	袜	网	问	万
中古音	微虞平	微微平	微物入	微月入	微阳上	微文去	微元去
茶店	vu2	uei2	vu2	uA2	uaŋ3	uen4	uan4
柏合	vu2	uei2	o5	uA5	uaŋ3	uən4	uæn4
三河	vu2	uei2	o5	uA5	uaŋ3	uən4	uan4
石羊	vu2	uei2	o5	uA5	uaŋ3	uen4	uan4
九江	vu2	uei2	uə5	uæ5	uaŋ3	uen4	uan4
白家	vu2	uei2	o5	uA5	uaŋ3	uen4	uan4
苏坡	vu2	uei2	ɵ5	uA5	uaŋ3	uən4	uæn4
永宁	vu2	uei2	o5	uæ5	uaŋ3	uen4	uan4
安靖	vu2	uei2	o5	uA5	uaŋ3	uen4	uan4
都江堰	vʊ2	uei2	o5	uæ5 ua5	uaŋ3	uen4	uan4
金堂	u2	uei2	o2	ua2	uaŋ3	uən4	uan4
彭山	u2	uei2	o5	ua5	uaŋ3	uən4	uan4
新津	u2	uei2	o5	uæ5	uaŋ3	uen4	uan4

由上表可知，成都平原各方言点古微母合口三四等字今多读为零声母或合口呼韵母。也存在当-u-作单韵母时，零声母前常常带上一个浊唇齿擦音声母v-这一语音现象。其中，入声字"勿"字除茶店九江外都读为-o，发音时主元音前未带上v-声母，均是零声母字。茶店"勿"读为［vu］，应是受到普通话的影响，九江读为-uə，保留了南路话特征。

（八）古云以母字今读音情况

表 4-11　古云以母字读音表

开合	合口呼				开口呼			
例字	为	泳	荣	容	右	爷	遗	阎
中古音	云支去	云庚去	云庚平	以钟平	云尤去	以麻平	以锡入	以鉴平
茶店	uei2	yn4	yn2	ioŋ2	iəu4	ie2	i2	ȵian2
柏合	uei2	yn4	yn2	ioŋ2	iəu4	ie2	i2	ȵiɛn2
三河	uei2	yn4	ioŋ2	ioŋ2	iəu4	ie2	i2	ȵian2
石羊	uei2	yn4	yn2	ioŋ2	iəu4	ie2	i2	ȵian2
九江	uei2	yn4	yoŋ2	ioŋ2	iəu4	i2	i2	ian2
白家	uei2	yn4	yn2	ioŋ2	iəu4	ie2	i2	ȵiɛn2
苏坡	uei2	yn4	yn2	ioŋ2	iəu4	ie2	i2	iɛn2
永宁	uei2	yn4	yn2	ioŋ2	iəu4	ie2	i2	ȵian2
安靖	uei2	yn4	yn2	ioŋ2	iəu4	ie2	i2	ȵian2
都江堰	uei2	yn4	yn2	ioŋ2	iəu4	ie2	i2	ȵiɛn2
金堂	uei2	yn4	yn2	ioŋ2	iəu4	ie2	i2	ȵian2
彭山	uei2	yn4	yn2	ioŋ2	iəu4	i2	i2	ȵiɛn2
新津	uei2	yn4	yn2	ioŋ2	iəu4	i2	i2	ȵiɛn2

由上表可知，古云以母字无论开合，今在成都平原十三个方言点中主要读为零声母。但是也有一些例外字，比如"孕、锐"等字在各点中声母都读为 z-。[1] 还有"阎"字除九江、苏坡两点外，其他各点都读为舌面化鼻音声母 ȵ-，"荣、容"两字在成都平原各点保留两种读法，零声母或者声母 z-，年轻人或中年人多读为［zoŋ］，老派读音仍读为零声母。显然，读为［zoŋ］是受了普通话的影响。

---

[1]　对于发生此种演变的原因，朱晓农在《腭近音的日化——官话中尚未结束的［joŋ］→［ɻoŋ］音变》有相关分析，通过对北京话、天津话中"融容庸用荣永"的部分字的观察，他将这些字由零声母向 ɻ-声母演变的音理表述为："［j］>［ɻ］／_［oŋ］，即［j］在［oŋ］前有变为［ɻ］的倾向，即近音［j］受后面钝音［+grave］的影响，逆同化为钝［+grave］近音［ɻ］。"

五、古见系开口二等字今读音情况

杨时逢《四川方言调查报告》中对各地方言中二等开口洪细音做了详细的分类和说明，大概可以分为五派："第一派字：佳巧孝恰监幸；第二派字：家甲讲学；第三派字：戒咸瞎杏解陷街；第四派字：更耕鞋下；第五派字：格赫巷革项。在四川一派部位作 ç-，二派多 ç-，三派不定，四派多 k-，五派全 k-。因为他省读法不尽与这等差相合，所以叫'一二三四五派'。"

我们根据杨时逢的分类来观察成都平原古见系二等字的读音分化情况：

表4-12　古见系二等字读音表

分类	1		2		3		
例字	监	幸	甲	学	戒	咬	解_{解开}
中古音	见衔平	匣耕上	见狎入	匣觉入	见怪去	疑巧上	见蟹上
茶店	tɕian1	ɕin4	tɕiA2	ɕio2	tɕiai4	ŋau3	kai3
柏合	tɕian1	ɕin4	tɕiA5	ɕio5	tɕiai4	ŋau3	kai3
三河	tɕian1	ɕin4	tɕiA5	ɕio5	tɕiai4	ȵiɑu3	kai3
石羊	tɕian1	ɕin4	tɕiA5	ɕio5	tɕiai4	ŋau3	kai3
九江	tɕian1	ɕin4	tɕiæ5	ɕio2	tɕiai4	ȵiɑu3	kai3
白家	tɕian1	ɕin4	tɕiA5	ɕio5	tɕiai4	ŋau3	kai3
苏坡	tɕian1	ɕin4	tɕiA5	ɕiɵ5	tɕiai4	ȵiɑu3	kai3
永宁	tɕian1	ɕin4	tɕiæ5	ɕio5	tɕiai4	ŋau3	kai3
安靖	tɕian1	ɕin4	tɕiA5	ɕio5	tɕiai4	ȵiɑu3	kai3
都江堰	tɕiɛn1	ɕin4	tɕia5	ɕio5	tɕiɛi4	ŋau3	kai3
金堂	tɕian1	ɕin4	tɕia2	ɕio2	tɕiɛi4	ŋau3	kai3
彭山	tɕiɛn1	ɕin4	tɕia5	ɕio5	tɕiɛi4	ŋau3	kai3
新津	tɕiɛn1	ɕin4	tɕiæ5	ɕio5	tɕiɛi4	ȵiɑu3	kai3

分类	3			4		5	
例字	杏	街	咸	鞋	耕	格	项
中古音	匣梗上	见佳平	匣咸平	匣佳平	见耕平	见陌入	疑映去
茶店	ɕin4 xen4	kai1	xan2	xai2	ken1	ke2	xaŋ4

续表 4 - 12

分类	3			4		5	
例字	杏	街	咸	鞋	耕	格	项
中古音	匣梗上	见佳平	匣咸平	匣佳平	见耕平	见陌入	疑映去
柏合	xen4	kai1	xæn2	xai2	ken1	kɛ5	xaŋ4
三河	çin4 xən4	kai1	xan2	xai2	ken1	ke5	xaŋ4
石羊	xen4	kai1	xan2	xai2	ken1	ke5	xaŋ4
九江	xen4	kai1	xan2	xai2	ken1	kə5	xaŋ4
白家	xen4	kai1	xan2	xai2	ken1	kɛ5	xaŋ4
苏坡	xen4	kai1	xæn2	xai2	ken1	kɛ5	xaŋ4
永宁	xen4	kai1	xan2	xai2	ken1	kæ5	xaŋ4
安靖	çin4 xen4	kai1	xan2	xai2	ken1	ke5	xaŋ4
都江堰	çin4 xen4	kai1	xan2	xai2	ken1	kæ5	xaŋ4
金堂	çin4 xen4	kai1	xan2	xai2	ken1	ke2	xaŋ4
彭山	çin4 xən4	kai1	xan2	xai2	kən1	kai5	xaŋ4
新津	çin4 xen4	kai1	xan2	xai2	ken1	kæ5	xaŋ4

　　由上表可知，按照《四川方言调查报告》的分类，我们将成都平原方言点进行分类，第一类和第二类字今天成都平原方言中全部读为了有－i－介音的字，第三类中，"戒""瞎"等读为细音，而"咸""解""险""街"等字都读为洪音，其中三河、安靖、茶店、都江堰、金堂、彭山、新津七点，"杏"字分文白两读，文读时声母读为 ç－。第四类第五派字今仍读为洪音。由此可见，《四川方言调查报告》中见系开口二等字声母基本都有逐渐腭化的趋势，由 k－、kh－、x－向 tç－、tçh－、ç－演变。在德阳和一些偏远的农村地区，见系二等字没有产生 i 介音，读为洪音。读"家""讲"等字为 k－。

六、中古知庄章组字在今读音情况

表 4-13　知组字读音表

例字	猪	哲	超	拆	择	侄
中古音	知鱼平	知薛如	彻宵平	彻陌入	澄陌入	澄质入
茶店	tsu1	tse2	tshau1	tshe2	tshe2	tsʅ2
柏合	tsʊ1	tse5	tshau1	tshe5	tshe5	tsə5
三河	tsu1	tse5	tshau1	tshe5	tshe5	tʂʅ5
石羊	tsu1	tse5	tshau1	tshe5	tshe5	tsə5
九江	tsu1	tse5	tshau1	tshə5	tshæ5	tsə5
白家	tsʊ1	tsɛ2	tshau1	tshɛ5	tshɛ5	tsə5
苏坡	tsu1	tsɛ5	tshau1	tshɛ5	tshɛ5	tʂɚ5
永宁	tsu1	tsæ5	tshau1	tshæ5	tshæ5	tsə5
安靖	tsu1	tsæ5	tshau1	tshe5	tshe5	tʂə5
都江堰	tsu1	tsæ5	tshau1	tshæ5	tshæ5	tʂɚ5
金堂	tsu1	tse2	tshau1	tshe2	tshe2	tsʅ2
彭山	tsu1	tsai5	tshau1	tshai5	tshai5	tsɹ5
新津	tsu1	tsæ5	tshau1	tshæ5	tshæ5	tsɹ5

表 4-14　庄组字读音表

例字	渣	捉	初	册	锄	闸	沙	色
中古音	庄麻平	庄觉入	初鱼平	初麦入	崇鱼平	崇洽入	生麻去	生职入
茶店	tsʌ1	tso2	tshu1	tshe2	tshu2	tsʌ2	sʌ1	se2
柏合	tsʌ1	tso2	tshʊ1	tshe2	tshʊ2	tsʌ5	sʌ1	se5
三河	tsʌ1	tso5	tshu1	tshe5	tshu2	tsʌ5	sʌ1	se5
石羊	tsʌ1	tso5	tshu1	tshe5	tshu2	tsʌ5	sʌ1	se5
九江	tsʌ1	tso5	tshu1	tshe5	tshu2	tsʌ4	sʌ1	sæ5
白家	tsʌ1	tso2	tshʊ1	tshɛ5	tshʊ2	tsʌ2	sʌ1	sɛ5
苏坡	tsʌ1	tsθ5	tshu1	tshɛ5	tshu2	tsʌ2	sʌ1	sɛ5
永宁	tsʌ1	tso5	tshu1	tshæ5	tshu2	tsʌ4	sʌ1	sæ5

续表 4-14

例字	渣	捉	初	册	锄	闸	沙	色
中古音	庄麻平	庄觉入	初鱼平	初麦入	崇鱼平	崇洽入	生麻去	生职入
安靖	tsɐ1	tso5	tshu1	tshe5	tshu2	tsɐ5	sɐ1	se5
都江堰	tsɐ1	tso5	tshu1	tshæ5	tshʊ2	tsɐ4	sɐ1	sæ5
金堂	tsa1	tso5	tshu1	tshe2	tshu2	tsa2	sa1	se2
彭山	tsɐ1	tso2	tshu1	tshai5	tshu2	tsɐ5	sɐ1	sai5
新津	tsɐ1	tso5	tshu1	tshæ5	tshu2	tsæ5	sɐ1	sæ5

表 4-15 章知组字读音表

例字	注	针	处	吃	鼠	湿
中古音	章虞去	章侵平	昌鱼去	昌锡入	书鱼上	书缉入
茶店	tsu4	tsen1	tshu3	tshʅ2	su3	sʅ2
柏合	tsʊ4	tsen1	tshʊ3	tshə5	su3	sə5
三河	tsu4	tsən1	tshu3	tʂhʅ5	ʂu3	ʂʅ5
石羊	tsu4	tsen1	tshu3	tshə5	su3	sə5
九江	tsu4	tsen1	tshu3	tshə5	su3	sə5
白家	tsu4	tsen1	tshʊ3	tshə5	su3	sə5
苏坡	tsu4	tsen1	tshu3	tʂhɚ5	su3	ʂɚ5
永宁	tsu4	tsen1	tshu3	tshə5	su3	sə5
安靖	tsu4	tsen1	tshu3	tʂhə5	su3	ʂə5
都江堰	tsʊ4	tsen1	tshʊ3	tʂhɚ5	sʊ3	ʂɚ5
金堂	tsu4	tsen1	tshu3	tshʅ2	su3	sʅ2
彭山	tsu4	tsən1	tshu3	tshɵ5	su3	sɵ5
新津	tsu4	tsen1	tshu3	tshɵ5	su3	sɵ5

例字	熟	十	属	植	涉
中古音	禅屋入	禅缉入	禅烛入	禅职入	禅叶入
茶店	so2	sə2	su2	tsʅ2	se2
柏合	so5	sə5	so5	tsə5	se5
三河	so5	ʂʅ5	so5	tʂʅ5	se5
石羊	so5	sə5	so5	tsə5	se5

续表 4 - 15

例字	熟	十	属	植	涉
中古音	禅屋入	禅缉入	禅烛入	禅职入	禅叶入
九江	so5	sə5	so5	tsə5	sæ5
白家	so5	sə5	so5	tsə5	sɛ2
苏坡	sɵ5	ʂɚ5	sɵ5	tʂɚ5	sɛ5
永宁	so5	sə5	so5	tsə5	sæ5
安靖	so5	ʂə5	so5	tʂə5	se5
都江堰	so5	ʂɚ5	so5	tʂɚ5	sæ5
金堂	su2	sʅ2	su2	tsʅ2	se2
彭山	so5	sɛ5	so5	tsɛ5	sai5
新津	so5	sɛ5	so5	tsɛ5	sæ5

由上表可知，知庄章在成都平原十三个点的读音基本合流。其中，茶店、柏合、石羊、九江、白家、永宁、金堂、彭山、新津九个点无舌尖后声母，三河、安靖、苏坡和都江堰四点的入声字中保存了舌尖后音声母字。通过调查数据对比发现，安靖、苏坡和都江堰知母、澄母、章母、昌母、书母中都保留了舌尖后音字，但是仅出现在入声字中，非入声字中舌尖后音字完全消失。除此之外，三河点在 -u- 韵前读为 ʂ-。另外，通过调查我们发现，一些在成都方言中读为送气声母的字，普通话读为不送气，比如"泽""择""宅"；一些在成都方言读为不送气声母的字，而普通话中读为送气，比如"触昌""翅书"。

七、精组字今读音情况

表 4 - 16 精组洪音字读音表

例字	左	躁	采	刺	曹	座	造	锁
中古音	精歌上	精豪去	清咍上	清支去	从豪平	从戈上	从豪上	心歌上
茶店	tso3	tshau4	tshai3	tshʅ4	tshau2	tso4	tshau4	so3
柏合	tso3	tshau4	tshai3	tsʅ4	tshau2	tso4	tshau4	so3
三河	tso3	tshau4	tshai3	tshʅ4	tshau2	tso4	tshau4	so3
石羊	tso3	tshau4	tshai3	tsʅ4	tshau2	tso4	tshau4	so3

123

续表 4 - 16

例字	左	躁	采	刺	曹	座	造	锁
中古音	精歌上	精豪去	清咍上	清支去	从豪平	从戈上	从豪上	心歌上
九江	tso3	tshau4	tshai3	tsʅ4	tshau2	tso4	tsau4	so3
白家	tso3	tshau4	tshai3	tsʅ4	tshau2	tso4	tshau4	so3
苏坡	tso3	tshau4	tshai3	tsʅ4	tshau2	tso4	tshau4	so3
永宁	tso3	tshau4	tshai3	tshʅ4	tshau2	tso4	tshau4	so3
安靖	tso3	tshau4	tshai3	tshʅ4	tshau2	tso4	tshau4	so3
都江堰	tso3	tshau4	tshai3	tsʅ4	tshau2	tso4	tshau4	so3
金堂	tso3	tshau4	tshai3	tsʅ4	tshau2	tso4	tshau4	so3
彭山	tsu3	tshau4	tshai3	tshʅ4	tshau2	tso4	tshau4	so3
新津	tsu3	tshau4	tshai3	tshʅ4	tshau2	tso4	tshau4	so3

表 4 - 17 精组细音字读音表

例字	姐	雀	妻	且	族	就
中古音	精麻上	精药入	清齐平	清麻上	从屋入	从尤去
茶店	tɕie3	tɕhio2	tɕhi1	tɕhie3	tɕhio2	tɕiəu4
柏合	tɕie3	tɕhio5	tɕhi1	tɕhie5	tɕhio5	tɕiəu4
三河	tɕie3	tɕhio5	tɕhi1	tɕhie3	tɕhio5	tɕiəu4
石羊	tɕie3	tɕhio5	tɕhi1	tɕhie3	tɕhio5	tɕiəu4
九江	tɕi3	tɕhio5	tɕhi1	tɕhi3	tɕhio5	tɕiəu4
白家	tɕiɛ3	tɕhio5	tɕhi1	tɕhiɛ3	tɕhio5	tɕiəu4
苏坡	tɕiɛ3	tɕhiɵ5	tɕhi1	tɕhie3	tɕhiɵ5	tɕiəu4
永宁	tɕie3	tɕhio5	tɕhi1	tɕhie3	tɕhio5	tɕiəu4
安靖	tɕie3	tɕhio5	tɕhi1	tɕhie3	tɕhio5	tɕiəu4
都江堰	tɕi3	tɕhio5	tɕhi1	tɕhie3	tɕhio5	tɕiəu4
金堂	tɕie3	tɕhio2	tɕhi1	tɕhie3	tɕhio2	tɕiəu4
彭山	tɕi3	tɕhio5	tɕhi1	tɕhi3	tshɵ5	tɕiəu4
新津	tɕi3	tɕhio5	tɕhi1	tɕhi3	tshɵ5	tɕiəu4

例字	鲜	宿	想	遂	习	囚
中古音	心鲜平	心尤去	心阳上	邪脂去	邪缉入	邪尤平
茶店	çyan1	çio2	çiaŋ3	çy4	çie2	çiəu2
柏合	çyɛn1	çio5	çiaŋ3	çy4	çie2	çiəu2
三河	çyan1	çio5 çiəu4	çiaŋ3	çy4	çie5	tçhiəu2
石羊	çyan1	so5 çio5	çiaŋ3	çy4	çie2	çiəu2
九江	çian1	so5 çiəu4	çiaŋ3	suei2	çie2	tçhiəu2
白家	çyɛn1	çio5	çiaŋ3	çy4	çiɛ2	çiəu2
苏坡	çyɛn1	çiɵ5	çiaŋ3	çy4	çiɛ2	çiəu2
永宁	çyan1	çio5	çiaŋ3	çy4	çie5	çiəu2
安靖	çyan1	çio5	çiaŋ3	çy4	çie5	çiəu2
都江堰	çyɛn1	çio5	çiaŋ3	çy4	çie5	tçhiəu2
金堂	çyan1	çio2	çiaŋ3	çy4	çi2	çiəu2
彭山	çyɛn1	so5	çiaŋ3	çy4	çie5	çiəu2
新津	çyɛn1	çio5	çiaŋ3	çy4	çie5	çiəu2

由上表可知，精组一部分在普通话中读为送气的字，在成都平原各方言点中读为不送气，如"浸、族、躁、造、歼、笺"等。"遂、隧、虽"等字，声母读为舌面音，三河、九江两点有个别例外。邪母个别字在九江、三河、都江堰读为 tçh－外，其余九点都读为舌面擦音 ç－，如"囚、泅［çiəu2］"。个别心母字今在成都平原各方言点中读为送气塞擦音，如"碎"［tshuei4］。另外心母字"宿"在石羊、九江两点中存在两读，即可以读为舌面音 ç－，也可以读为舌尖擦音 s－。"族"字在彭山和新津两点读为 tsh－，其余各点读为 tçh－。

八、古船禅母今读擦音塞擦音的分混及分布

杨时逢在《四川方言调查报告》中指出，船禅两母字今音不区别，或读塞擦音，或读擦音，在读音上有分组的倾向。其将船禅两母读音分为三类：读塞擦音、读塞擦和擦音不定、读擦音。我们根据《四川方言调查报告》中的分类来看今天成都平原船禅两母今读音的分布情况：

表 4 - 18　船禅两母字读音表

分类	1				2				3
例字	船	臣	垂	慎	辰	唇	纯	禅	蛇
中古音	船仙平合	禅真平开	禅支平合	禅真去开	禅真平开	船谆平开	禅谆平开	禅仙开平	船麻开平
茶店	tshuan2	tshen2	tshuei2	tshen4	sen2	suen2	suen2	san2	se2
柏合	tshuæn2	tshen2	tshuei2	tshen4	sen2	suən2	suən2	sæn2	se2
三河	tshuan2	tshə2	tshuei2	tshən4	sən2	tshuən2	ʂuən2	tshan2	se2
石羊	tshuan2	tshen2	tshuei2	tshen4	sen2	suen2	suen2	san2	se2
九江	tshuan2	tshen2	tshuei2	sen4	tshen2	tshuən2	tshuən2	tshan2	sei2
白家	tshuan2	tshen2	tshuei2	tshen4	sen2	suen2	suen2	san2	sɛ2
苏坡	tshuæn2	tshen2	tshuei2	tshen4	sen2	suən2	uən2	sæn2	sɜ2
永宁	tshuan2	tshen2	tshuei2	sen4	sen2	suən2	suən2	san2	se2
安靖	tshuan2	tshen2	tshuei2	tshen4	sen2	suen2	suen2	san2	se2
都江堰	tshuan2	tshen2	tshuei2	tshen4	tshen2	tshuən2	suən2	san2	sei2
金堂	tshuan2	tshen2	tshuei2	tshen4	sen2	suen2	suen2	tshan2	sei2
彭山	tshuan2	tshən2	tshuei2	tshən4	sen2	suən2	suən2	san2	sei2
新津	tshuan2	tshen2	tshuei2	tshen4	sen2	suən2	suən2	san2	sei2

　　从上表可以看出，船禅母字在今成都平原方言中主要读为塞擦音 tsh - 和擦音 s - 。1 类例字今在成都平原地区基本读为 tsh - ，有个别字例外，比如"慎"字在普通话中读为擦音，成都平原方言点中除九江、永宁两点其余都读为送气塞擦音 tsh - 。2 类例字今在成都平原读为舌尖擦音 s - ，其读音与普通话不同，普通话都读为塞擦音。古船禅母字读为舌尖擦音的字主要有"蝉、禅、晨、辰、唇、纯、醇、常、尝"等字。对于这种现象，我们或许可以用李方桂的"上古舌尖塞擦音或擦音互谐"理论来解释，对上古的一声之转，李方桂在《上古音研究》中提出了一条："上古舌尖塞擦音或擦音互谐，不跟舌尖塞音互谐。"①

---

①　李方桂. 上古音研究［M］. 北京：商务印书馆，1980：10.

九、古日母字今读音情况

表 4 – 19　古日母字读音表

例字	二	乳	然	肉	忍	入	让	日
中古音	日脂去	日虞上	日仙平	日屋入	日真上	日缉入	日阳去	日质入
茶店	ɚ4	lu3	zan2	zəu4	zen3	zo2	zaŋ4	zʅ2
柏合	ɚ4	nʊ3	zæn2	zəu4	zen3	zo5	zaŋ4	zə5
三河	ɚ4	ʐ̩u3	zan2	zəu4	zən3	zo5	zaŋ4	ʐʅ5
石羊	ɚ4	lu3	zan2	zəu4	zen3	zo5	zaŋ4	zo5
九江	ɚ4	zu3	zan2	ʐ̩u2 白 zəu4 文	zen3	zo5	zaŋ4	zə5
白家	ɚ4	nʊ3	zan2	zəu4 zo5	zen3	zo5	zaŋ4	zə5
苏坡	ɚ4	zu3	zæn2	zəu4	zen3	zɵ5	zaŋ4	ʐɚ5
永宁	ɚ4	zu3	zan2	zəu4	zen3	zo5	zaŋ4	zə5
安靖	ɚ4	zu3	zan2	zəu4	zen3	zo5	zaŋ4	ʐɚ5
都江堰	ɚ4	zʊ3	zan2	zəu4 zo5	zen3	zo5	zaŋ4	zɚ5
金堂	ɚ4	zu3	zan2	zəu4 zo5	zen3	zo2	zaŋ4	zʅ2
彭山	ɚ4	zu3	zan2	zəu4 zo5	zən3	zo5	zaŋ4	zɤ5
新津	ɚ4	zu3	zan2	zəu4 zo5	zen3	zo5	zaŋ4	zə5

　　从上表可知，日母字在成都平原各方言点的情况主要为：止摄开口三等字今基本都读作零声母的卷舌央元音－ɚ，其他字基本都读为 z－。三河、安靖和苏坡三点出现了 ʐ－声母，安靖、苏坡仅有"日"字读为卷舌音 ʐ－，其余都读为了 z－，三河除此之外在－u－韵前也保留了 ʐ－声母，这和前面知庄章组字表现的特征是一样的。另外，我们发现，乳字在个方言点中有多种读法，茶店、石羊读为〔lu3〕，柏合、白家读为〔nʊ3〕，读音基本相同，这和成都市区的老年人读音基本相同，而其他几个点读为〔zu3〕或〔ʐ̩u3〕，和普通话相同。

第二节 成都平原方言韵母音韵特征

一、果摄字今读情况

（一）果摄一等字今读情况

表 4-20　果摄一等字读音表

例字	多	挪	呵	鹅	波	过	和	倭
中古音	端歌平	泥戈平	晓歌平	疑歌平	帮戈平	见戈平	匣戈平	影戈平
茶店	to1	lo2	xo1	o2	po1	ko4	xo2	o1
柏合	to1	no2	xʌ1	o2	po1	ko4	xo2	o1
三河	to1	lo2	xʌ1	o2	po1	ko4	xo2	o1
石羊	to1	lo2	xʌ1	o2	po1	ko4	xo2	o1
九江	to1	lo2	xʌ1	o2	po1	ko4	xo2	o1
白家	to1	no2	xʌ1	o2	po1	ko4	xo2	o1
苏坡	to1	no2	xʌ1	o2	po1	ko4	xo2	o1
永宁	to1	lo2	xʌ1	o2	po1	ko4	xo2	o1
安靖	to1	lo2	xo1	o2	po1	ko4	xo2	o1
都江堰	to1	no2	xɐ1	o2	po1	ko4	xo2	o1
金堂	to1	lo2	xa1	ŋoʔ2	po1	ko4	xo2	o1
彭山	tu1	nu2	xʌ1	u2	pu1	ko4 ku4	xu2	u1
新津	tu1 to1 新	nu2 no2 新	xʌ1	o2	pu1 po1 新	ko4	xo2	o1

　　从上表可知，彭山话端系一等字读为 -u，新津话旧读读为 -u，新都读为 -o，其余各点端系一等字除了大 定歌开一平、他 透歌开一平、哪 泥歌开一上、那 泥歌开一去几个字今韵母读为 -a。"呵"字各方言点读法不尽相同，茶店、安靖读为 [xo1]，其他点读为 [xʌ1]，表示"呵一口气"意思时。另外，讹 疑戈合一平字九江读为 -ə，永宁读为 [ŋəɔ5]，其他点读为 -o 韵。

（二）果摄见系三等字今读情况

表4-21 果摄见系三等字读音表

例字	茄	瘸	靴
中古音	果开三平戈群	果合三平戈群	果合三平戈晓
茶店	tɕhie2	tɕhye2	ɕye1
柏合	tɕhie2	tɕhie5	ɕye1
三河	tɕhie2	tɕhye5	ɕye1
石羊	tɕhie2	tɕhye5	ɕye1
九江	tɕhi2	tɕhy2	ɕy1
白家	tɕhiɛ2	tɕhiɛ5	ɕy1
苏坡	tɕhiɛ2	tɕhyɛ5	ɕyɛ1
永宁	tɕhie2	tɕhye2	ɕye1
安靖	tɕhie2	tɕhye5	ɕye1
都江堰	tɕhi2	tɕhy2	ɕy1
金堂	tɕhi2	tɕhye2	ɕye1
彭山	tɕhi2	tɕhy2	ɕy1
新津	tɕhi2	tɕhy2	ɕy1

从上表可知，果摄见系一等字今在成都平原各方言点主要读为－o 韵母，个别点存在例外。果摄见系三等字开口读为－i－介音，合口读为－y－介音，这与四川大部分地区方言读音相同。九江、都江堰、彭山、新津果摄见溪三等字丢掉韵尾，开口读为－i－韵母，合口读为－y－韵母，这刚好和南路话特征吻合。也有地区全部读为齐齿呼，没有撮口呼，瘸读为［tɕhie31］，靴读为［ɕie45］，比如德阳中江。同时也有个别地方将三等开口的"茄"读为撮口呼－ye，如四川筠连、自贡、泸县①。

---

① 张弛. 宜宾、泸州地区数县市方言音韵结构及其方言地理学研究［D］. 成都：四川师范大学，2012：88.

二、假摄开口三等精组知组见系字今读情况

表4-22 假摄开口三等精组知组见系字读音表

例字	姐	且	藉	卸	些	谢	爹	野
中古音	精麻上	清麻上	从麻去	心麻去	心麻平	邪麻去	知麻平	以麻上
茶店	tçie3	tçhie3	tçie4	çie4	çi1	çie4	ti1	ie3
柏合	tçie3	tçhie3	tçie4	çie4	çi1	çie4	tie1	ie3
三河	tçie3	tçhie3	tçie4	çie4	çi1	çie4	tie1	ie3
石羊	tçie3	tçhie3	tçie4	çie4	çi1	çie4	ti1	ie3
九江	tçi3	tçhi3	tçie5	çi4	çi1	çi4	ti1	i4
白家	tçiε3	tçhiε3	tçi3	çie4	çi1	çiε4	ti1	iε3
苏坡	tçiε3	tçhiε3	tçiε4	çie4	çi1	çiε4	tiε1	iε3
永宁	tçie3	tçhie3	tçie4	çie4	çi1	çie4	ti1	i3
安靖	tçie3	tçhie3	tçie4	çie4	çi1	çie4	ti1	ie3
都江堰	tçi3	tçhie3	tçie4	çie4	çi1	çie4	ti1	ie3
金堂	tçie3	tçhie3	tçie4	çie4	çi1	çie4	ti1	ie3
彭山	tçi3	tçhi3	tçi4	çi4	çi1	çi4	ti1	i3
新津	tçi3	tçhi3	tçi4	çi4	çi1	çi4	ti1	i3

由上表可知，在成都平原各地方言点中，彭山和新津假摄开口三等精组字读为 -i，其他各点大多读 -ie，"些"字在各方言点都读为了 -i。九江除了"藉"字读为 -ie，其余精组见系字全部读为 -i，"藉"字应该是由于不常用，读音受到书面语的影响而产生了读音的不同。知系字都读为 -i，见系字有的字读为 -i 韵，有的字读为 -ie，这应该是一个正在变化的过程，一些常用字继续读为 -i，而一些不常用的字受到普通话的影响读为了 -ie。称谓词的读音也比较稳定，比如"爹"，除三河、柏合、苏坡读为 -ie 外，其余都读为 -i。

三、遇摄一等帮端系字今读情况

表4-23 遇摄一等帮端系字读音表

例字	补	普	部	簿	模	肚	图	赂
中古音	帮模上	滂模上	並模上	並模上	明暮平	端模上	定模平	来模去
茶店	pu3	phu3	pu4	po2	mo2	tu4	thu2	lo2
柏合	pu3	phʊ3	pʊ4	pʊ4	mu2 mo2	tʊ4	thʊ2	nʊ4
三河	pu3	phu3	pu4	po5	mu2	tu4	thu2	lo5
石羊	pu3	phu3	pu4	po5	mo2	tu4	thu2	lo5
九江	pu3	phu3	pu4	po4	mo2	tu4	thu2	lo5
白家	pu3	phʊ3	pʊ4	pʊ4	mu2 mo2	tʊ4	thʊ2	nʊ4
苏坡	pu3	phu3	pu4	po2	mu2	tu4	thu2	nu4
永宁	pu3	phu3	pu4	pu4	mu2 mo2	tu4	thu2	lo5
安靖	pu3	phu3	pu4	po5	mu2	tu4	thu2	lo5
都江堰	pʊ3	phʊ3	pʊ4	po5	mʊ2	tʊ4	thʊ2	lo5
金堂	pu3	phu3	pu4	po2	mo2	tu4	thu2	lo2
彭山	pu3	phu3	pu4	po5	mu2 mo2	tu4	thu2	lu5
新津	pu3	phu3	pu4	po5	mu2 mo2	tu4	thu2	lo5

由上表可知，遇摄一等帮端见系字，成都平原方言基本读-u。从上表可见，读为-o的主要为明母、来母模韵字中有极个别字，如明母"墓暮慕募幕模"、来母"赂"等，这种现象应当是模韵字中古读音的滞后和残留。並母字"薄"柏合、白家、永宁读为-u，其余都读为-o，其中三河、石羊、安靖三点读为入声，读为-o应该是受到了该字多音的影响，薄_{並戈去一合}（薄荷）。可见，今果摄字在本区域内有少数字和遇摄字读音混同。"模"字在柏合、白家、永宁、彭山、新津五点有两读，"模子"时读为-u，茶店、石羊、九江、金堂读为-o，三河、苏坡、安靖、都江堰读为-u。

四、咸山摄舒声读音情况

(一) 咸山摄开口二等见系(咸衔山删)字今读情况

表4-24 咸山摄开口二等见系字读音表

例字	监	嵌	间	陷	咸	淹	晏	雁
中古音	见衔平	溪衔平	见山平	匣咸去	匣咸平	影咸平	见咸平	疑删去
茶店	tçian1	khan1	kan1 白 tçian 文	xan4	xan2	ŋan1	ŋan4	ŋan4
柏合	tçiɛn1	tçhiɛn4	tçiɛn1	çiɛn4	xæn2	ŋæn1	ŋæn4 iɛn4 姓	iɛn4
三河	tçian1	khan1	tçian1	xan4	xan2	ŋan1	ŋan4 ian4 姓	ian4
石羊	tçian1	khan1	kan1 白 tçian 文	xan4	xan2	ŋan1	ŋan4 ian4 姓	ian4
九江	tçian1	khan1	tçian1	çian4	xan2	ŋan1	ian4	ian4
白家	tçiɛn1	khan1	tçiɛn1	çiɛn4	xan2	ŋan1	ŋan4 ian4 姓	iɛn4
苏坡	tçiɛn1	khæn1	tçiɛn1	xæn4	xæn2	ŋæn1	ŋæn4 iɛn4 姓	iɛn4
永宁	tçian1	xan4	tçian	xan4	xan2	ŋan1	ŋan4 ian4 姓	ŋan4
安靖	tçian1	khan1	tçian	xan4	xan2	ŋan1	ŋan4 ian4 姓	ŋan4
都江堰	tçiɛn1	tçhiɛn4	kan1 白 tçiɛn 文	xan4	xan2	ŋan1	ŋan4 iɛn4 姓	ŋan4
金堂	tçiɛn1	tçhiɛn4	tçiɛn1	çiɛn4	xan2	ŋan1	ŋan4 iɛn4 姓	iɛn4
彭山	tçiɛn1	tçhiɛn4	kan1 白 tçiɛn 文	xan4	xan2	ŋan1	ŋan4 iɛn4 姓	ŋan4 iɛn4
新津	tçiɛn1	tçhiɛn4	kan1 白 tçiɛn 文	xan4	xan2	ŋan1	ŋan4 iɛn4 姓	ŋan4 iɛn4

由上表可知,见系二等开口字、咸山两摄字今在成都平原读音有洪音和细音两种。表中的例字在普通话中都读为细音,但是在成都平原各方言点中部分字读为洪音,这应当是中古音演变的滞后和保留。从读音的分布情况,可以看

到语音变化的过程，比如"间"字，茶店、九江、都江堰、彭山、新津分文读和白读，文读和普通话相同读为细音，白读则读为了洪音，而其他方言点白读消失，直接读为了和普通话相同的细音。另外"雁"字在茶店、永宁、安靖、都江堰、彭山、新津六个方言点中读为洪音，其余读为细音。这应该是语言变化的过程，洪音是中古音的保留，各方言点变化快慢不一。

（二）咸开口三四等帮端见系、山摄四等帮端见系（盐严添仙元先）字今读情况

表4-25　咸开口三四等帮端见系、山摄四等帮端见系字读音表

例字	尖	店	边	欠	严	线	研
中古音	精鉴平	端添去	帮仙平	溪严去	疑严平	心仙去	疑先平
茶店	tɕian1	tian4	pian1	tɕhian4	ȵian2	ɕian4	ian1
柏合	tɕiɛn1	tiɛn4	piɛn1	tɕhiɛn4	ȵiɛn2	ɕiɛn4	ȵiɛn1
三河	tɕian1	tian4	pian1	tɕhian4	ȵian2	ɕian4	ȵian1
石羊	tɕian1	tian4	pian1	tɕhian4	ȵian2	ɕian4	ian1
九江	tɕian1	tian4	pian1	tɕhian4	ȵian2	ɕian4	ian1
白家	tɕiɛn1	tiɛn4	piɛn1	tɕhiɛn4	ȵiɛn2	ɕiɛn4	iɛn1
苏坡	tɕiɛn1	tiɛn4	piɛn1	tɕhiɛn4	ȵiɛn2	ɕiɛn4	ȵiɛn1
永宁	tɕian1	tian4	pian1	tɕhian4	ȵian2	ɕian4	ȵian1
安靖	tɕian1	tian4	pian1	tɕhian4	ȵian2	ɕian4	ȵian1
都江堰	tɕiɛn1	tiɛn4	piɛn1	tɕhiɛn4	ȵiɛn2	ɕiɛn4	ȵiɛn1
金堂	tɕiɛn1	tiɛn4	piɛn1	tɕhiɛn4	ȵiɛn2	ɕiɛn4	ȵiɛn1
彭山	tɕiɛn1	tiɛn4	piɛn1	tɕhiɛn4	ȵiɛn2	ɕiɛn4	ȵiɛn1
新津	tɕiɛn1	tiɛn4	piɛn1	tɕhiɛn4	ȵiɛn2	ɕiɛn4	ȵiɛn1

从上表可知，咸摄字今在成都平原各方言点与开口三四等字读音相同，与山摄四等开口帮端见系字相混，帮端见系韵母均读为-ian，基本没有例外字。

（三）山摄开口三等字今读情况

表 4 - 26　山摄开口三等字读音表

例字	编	棉	鲜新鲜	战	掀	延	健
中古音	帮先平	明仙平	心仙上	章仙去	晓元平	以仙平	群元去
茶店	pian1	mian2	çyan1	tsan4	çyan1	iai2	tçian4
柏合	piɛn1	miɛn2	çyɛn1	tsæn4	çyɛn1	iai2	tçhiɛn4
三河	pian1	mian2	çyan1	tsan4	çyan1	iai2	tçian4
石羊	pian1	mian2	çyan1	tsan4	çyan1	iai2	tçian4
九江	pian1	mian2	çian1	tsan4	çyan1	iai2	tçian4
白家	piɛn1	miɛn2	çyɛn1	tsan4	tçhiɛn1	iai2	tçhiɛn4
苏坡	piɛn1	miɛn2	çyɛn1	tsæn4	çyɛn1	iai2	tçhiɛn4
永宁	pian1	mian2	çyan1	tsan4	çyan1	iai2	tçian4
安靖	pian1	mian2	çyan1	tsan4	çyan1	iai2	tçian4
都江堰	piɛn1	miɛn2	çyɛn1	tsan4	çyɛn1	iɛi2	tçiɛn4
金堂	piɛn1	miɛn2	çyɛn1	tsan4	çyɛn1	iɛi2	tçiɛn4
彭山	piɛn1	miɛn2	çyɛn1	tsan4	çyɛn1	iɛi2	tçiɛn4
新津	piɛn1	miɛn2	çyɛn1	tsan4	çyɛn1	iɛi2	tçiɛn4

从上表可知，山摄开口三等字今在成都平原各方言点读为开齐撮三呼，帮端精见系字今多读为韵母 - ian，个别读为撮口呼 - yan，如"鲜癣掀"等，这些例外字，读音与山摄合口三等精组字合流。这一特点在湖南部分赣语中也存在。① "延"字十三个方言点都读为 - iai。知章组字今均读为开口呼 - an。

_____

① 李冬香. 湖南赣语语音研究［D］. 广州：暨南大学，2005：76.

（四）山摄合口三等精知章组见系字今读情况

表4-27 山摄合口三等精知章组见系字读音表

例字	倦	院	喘	全	元	椽	怨
中古音	群仙去	云仙去	昌仙上	从仙平	疑元上	澄仙平	影元去
茶店	tçyan4	uan4 yan4	tshuai3	tçhyan2	yan2	tshuan2	yan4
柏合	tçyɛn4	uæn4	tshuai3	tçhyɛn2	yɛn2	tshuæn2	yɛn4
三河	tçyan4	uan4	tshuai3	tçhyan2	yan2	tshuan2	yan4
石羊	tçyan4	uan4 yan4	tshuai3	tçhyan2	yan2	tshuan2	yan4
九江	tçyan4	uan4 yan4	tshuai3	tçhyan2	yan2	tshuan2	yan4
白家	tçyɛn4	uan4	tshuan3	tçhyɛn2	yɛn2	tshuan2	yɛn4
苏坡	tçyɛn4	uæn4	tshuai3	tçhyɛn2	yɛn2	tshuan2	yɛn4
永宁	tçyan4	uan4 yan4	tshuai3	tçhyan2	yan2	tshuæn2	yan4
安靖	tçyan4	uan4	tshuai3	tçhyan2	çyan2	tshuan2	yan4
都江堰	tçyɛn4	uan4 yɛn4	tshuai3	tçhyɛn2	yɛn2	tshuan2	yɛn4
金堂	tçyɛn4	yɛn4	tshuai3	tçhyɛn2	yɛn2	tshuan2	yɛn4
彭山	tçyɛn4	uan4 yɛn4	tshuai3	tçhyɛn2	yɛn2	tshuan2	yɛn4
新津	tçyɛn4	uan4 yɛn4	tshuai3	tçhyɛn2	yɛn2	tshuan2	yɛn4

　　从上表可知，山摄合口三等字知章组今在成都平原主要读为－uan，其中"喘"除白家一点其他都读为－uai。精组见系字今主要读为撮口呼－yan，与普通话韵母一致。少数字存在例外，如"院"字分文白两读，文读读为－yan，白读读为－uan，与老成都话一致，柏合、白家、苏坡、安靖、都江堰、彭山、新津均读为－uan，与普通话不相同。

五、宕江摄舒声字今读情况

（一）宕摄开口一三等精组端见系（唐阳）字今读情况

表4-28　宕摄开口一等精组端见系字读音表

例字	脏	仓	藏西藏	丧	当	狼	刚	昂
中古音	精唐平	清唐平	从唐平	心唐平	端唐平	来唐平	见唐平	疑唐平
茶店	tsaŋ1	tshaŋ1	tsaŋ4	saŋ1	taŋ1	laŋ2	kaŋ1	ŋaŋ2
柏合	tsaŋ1	tshaŋ1	tsaŋ4	saŋ1	taŋ1	naŋ2	kaŋ1	ŋaŋ2
三河	tsaŋ1	tshaŋ1	tsaŋ4	saŋ1	taŋ1	laŋ2	kaŋ1	ŋaŋ2
石羊	tsaŋ1	tshaŋ1	tsaŋ4	saŋ1	taŋ1	laŋ2	kaŋ1	ŋaŋ2
九江	tsaŋ1	tshaŋ1	tsaŋ4	saŋ1	taŋ1	laŋ2	kaŋ1	ŋaŋ2
白家	tsaŋ1	tshaŋ1	tsaŋ4	saŋ1	taŋ1	naŋ2	kaŋ1	ŋaŋ2
苏坡	tsaŋ1	tshaŋ1	tsaŋ4	ɛaŋ1	taŋ1	naŋ2	kaŋ1	ŋaŋ2
永宁	tsaŋ1	tshaŋ1	tsaŋ4	saŋ1	taŋ1	laŋ2	kaŋ1	ŋaŋ2
安靖	tsaŋ1	tshaŋ1	tsaŋ4	saŋ1	taŋ1	laŋ2	kaŋ1	ŋaŋ2
都江堰	tsaŋ1	tshaŋ1	tsaŋ4	saŋ1	taŋ1	naŋ2	kaŋ1	ŋaŋ2
金堂	tsaŋ1	tshaŋ1	tsaŋ4	saŋ1	taŋ1	laŋ2	kaŋ1	ŋaŋ2
彭山	tsaŋ1	tshaŋ1	tsaŋ4	saŋ1	taŋ1	naŋ2	kaŋ1	ŋaŋ2
新津	tsaŋ1	tshaŋ1	tsaŋ4	saŋ1	taŋ1	naŋ2	kaŋ1	ŋaŋ2

表4-29　宕摄开口三等精组端见系字读音表

例字	奖	枪	墙	相	娘	粮	姜	香
中古音	精阳上	清阳平	从阳平	心阳平	泥阳平	来阳平	见阳平	晓阳平
茶店	tɕiaŋ3	tɕhiaŋ1	tɕhiaŋ2	ɕiaŋ1	ȵiaŋ2	liaŋ2	tɕiaŋ1	ɕiaŋ1
柏合	tɕiaŋ3	tɕhiaŋ1	tɕhiaŋ2	ɕiaŋ1	ȵiaŋ2	niaŋ2	tɕiaŋ1	ɕiaŋ1
三河	tɕiaŋ3	tɕhiaŋ1	tɕhiaŋ2	ɕiaŋ1	ȵiaŋ2	liaŋ2	tɕiaŋ1	ɕiaŋ1
石羊	tɕiaŋ3	tɕhiaŋ1	tɕhiaŋ2	ɕiaŋ1	ȵiaŋ2	liaŋ2	tɕiaŋ1	ɕiaŋ1
九江	tɕiaŋ3	tɕhiaŋ1	tɕhiaŋ2	ɕiaŋ1	ȵiaŋ2	liaŋ2	tɕiaŋ1	ɕiaŋ1
白家	tɕiaŋ3	tɕhiaŋ1	tɕhiaŋ2	ɕiaŋ1	ȵiaŋ2	niaŋ2	tɕiaŋ1	ɕiaŋ1
苏坡	tɕiaŋ3	tɕhiaŋ1	tɕhiaŋ2	ɕiaŋ1	ȵiaŋ2	niaŋ2	tɕiaŋ1	ɕiaŋ1

续表4-29

例字	奖	枪	墙	相	娘	粮	姜	香
中古音	精阳上	清阳平	从阳平	心阳平	泥阳平	来阳平	见阳平	晓阳平
永宁	tɕiaŋ3	tɕʰiaŋ1	tɕʰiaŋ2	ɕiaŋ1	ɳiaŋ2	liaŋ2	tɕiaŋ1	ɕiaŋ1
安靖	tɕiaŋ3	tɕʰiaŋ1	tɕʰiaŋ2	ɕiaŋ1	ɳiaŋ2	liaŋ2	tɕiaŋ1	ɕiaŋ1
都江堰	tɕiaŋ3	tɕʰiaŋ1	tɕʰiaŋ2	ɕiaŋ1	ɳiaŋ2	niaŋ2	tɕiaŋ1	ɕiaŋ1
金堂	tɕiaŋ3	tɕʰiaŋ1	tɕʰiaŋ2	ɕiaŋ1	ɳiaŋ2	liaŋ2	tɕiaŋ1	ɕiaŋ1
彭山	tɕiaŋ3	tɕʰiaŋ1	tɕʰiaŋ2	ɕiaŋ1	ɳiaŋ2 ɳiaŋ1	niaŋ2	tɕiaŋ1	ɕiaŋ1
新津	tɕiaŋ3	tɕʰiaŋ1	tɕʰiaŋ2	ɕiaŋ1	ɳiaŋ2 ɳiaŋ1	niaŋ2	tɕiaŋ1	ɕiaŋ1

　　由上表可以知，成都平原各地方言点宕摄开口一三等精组端见系读音非常有规律，一等今读开口呼韵母－aŋ，三等今读齐齿呼－iaŋ，与成都市区话相同，演化情况与普通话一致。存在个别例外字，如"藏隐藏"字三河、九江、安靖、柏合、苏坡、彭山、金堂七点读为［tshaŋ2］，其他各点读为［tɕʰiaŋ2］，和口语词"逮藏藏猫儿"的读音相同，读为［tɕʰiaŋ2］是声母腭化的结果。另外，"仰"茶店读为［ŋaŋ2］，应是和"昂"字未分清的误读。

（二）江摄开口二等见系字今读情况

表4-30　江摄开口二等见系字读音表

例字	豇	港	虹	腔	夯	降投降	项颈项	巷
中古音	见江平	见江上	见将去	溪江平	晓江平	匣江平	匣江上	匣江去
茶店	tɕiaŋ1	kaŋ3	kaŋ4	tɕʰiaŋ1	xaŋ1	ɕiaŋ2	xaŋ2	xaŋ4
柏合	tɕiaŋ1	kaŋ3	kaŋ4	tɕʰiaŋ1	xaŋ1	ɕiaŋ2	xaŋ2	xaŋ4
三河	tɕiaŋ1	kaŋ3	kaŋ4	tɕʰiaŋ1	xaŋ1	ɕiaŋ2	xaŋ2	xaŋ4
石羊	tɕiaŋ1	kaŋ3	kaŋ4	tɕʰiaŋ1	xaŋ1	ɕiaŋ2	xaŋ2	xaŋ4
九江	tɕiaŋ1	kaŋ3	xoŋ2	tɕʰiaŋ1	xaŋ1	ɕiaŋ2	xaŋ2	xaŋ4
白家	tɕiaŋ1	kaŋ3	kaŋ4	tɕʰiaŋ1	xaŋ1	ɕiaŋ2	xaŋ2	xaŋ4
苏坡	tɕiaŋ1	kaŋ3	kaŋ4	tɕʰiaŋ1	xaŋ1	ɕiaŋ2	xaŋ2	xaŋ4
永宁	tɕiaŋ1	kaŋ3	kaŋ4	tɕʰiaŋ1	xaŋ1	ɕiaŋ2	xaŋ2	xaŋ4
安靖	tɕiaŋ1	kaŋ3	kaŋ4	tɕʰiaŋ1	xaŋ1	ɕiaŋ2	xaŋ2	xaŋ4

续表 4-30

例字	豇	港	虹	腔	夯	降 投降	项 颈项	巷
中古音	见江平	见江上	见将去	溪江平	晓江平	匣江平	匣江上	匣江去
都江堰	tɕiaŋ1	kaŋ3	kaŋ4	tɕhiaŋ1	xaŋ1	ɕiaŋ2	xaŋ2	xaŋ4
金堂	tɕiaŋ1	kaŋ3	xoŋ2	tɕhiaŋ1	xaŋ1	ɕiaŋ2	xaŋ2	xaŋ4
彭山	tɕiaŋ1	kaŋ3	kaŋ4	tɕhiaŋ1	xaŋ1	ɕiaŋ2	xaŋ2	xaŋ4
新津	tɕiaŋ1	kaŋ3	kaŋ4	tɕhiaŋ1	xaŋ1	ɕiaŋ2	xaŋ2	xaŋ4

由上表可知，江摄开口二等见系字今成都平原各方言点中一般读 - iaŋ，个别喉牙音声母后读为洪音 - aŋ，如"巷、项"。但是由于受到普通话的影响，现在的年轻人都读为细音 [ɕiaŋ4]，只有在"颈项"一词中读为洪音，该词为固定搭配的身体部位词，且常用，所以读音没有改变。另外，"虹"字除九江、金堂外，其他各点都读为 [kaŋ4]，和成都市区老人读法相同，该字读为 [kaŋ4] 更符合江摄开口二等见系字的发音特点。

（三）宕江摄开口一二三等帮知系字今读情况

表 4-31　宕江摄开口一二三等帮知系字读音表

例字	帮	旁	忙	张	常	壤	装	双
中古音	帮唐平	并唐平	明唐平	知阳平	禅阳平	日漾上	庄阳平	生江平
茶店	paŋ1	phaŋ2	maŋ2	tsaŋ1	saŋ2	zaŋ3	tsuaŋ1	suaŋ1
柏合	paŋ1	phaŋ2	maŋ2	tsaŋ1	saŋ2	zaŋ3	tsuaŋ1	suaŋ1
三河	paŋ1	phaŋ2	maŋ2	tsaŋ1	saŋ2	zaŋ3	tsuaŋ1	ʂuaŋ1
石羊	paŋ1	phaŋ2	maŋ2	tsaŋ1	tshaŋ2	zaŋ3	tsuaŋ1	suaŋ1
九江	paŋ1	phaŋ2	maŋ2	tsaŋ1	saŋ2	zaŋ3	tsuaŋ1	suaŋ1
白家	paŋ1	phaŋ2	maŋ2	tsaŋ1	saŋ2	zaŋ3	tsuaŋ1	suaŋ1
苏坡	paŋ1	phaŋ2	maŋ2	tsaŋ1	saŋ2	zaŋ3	tsuaŋ1	suaŋ1
永宁	paŋ1	phaŋ2	maŋ2	tsaŋ1	saŋ2	zaŋ3	tsuaŋ1	suaŋ1
安靖	paŋ1	phaŋ2	maŋ2	tsaŋ1	saŋ2	zaŋ3	tsuaŋ1	suaŋ1
都江堰	paŋ1	phaŋ2	maŋ2	tsaŋ1	saŋ2	zaŋ3	tsuaŋ1	suaŋ1
金堂	paŋ1	phaŋ2	maŋ2	tsaŋ1	saŋ2	zaŋ3	tsuaŋ1	suaŋ1
彭山	paŋ1	phaŋ2	maŋ2	tsaŋ1	saŋ2	zaŋ3	tsuaŋ1	suaŋ1
新津	paŋ1	phaŋ2	maŋ2	tsaŋ1	saŋ2	zaŋ3	tsuaŋ1	suaŋ1

从上表可知，今成都平原各方言点宕江摄开口一二三等帮知系字读音都比较有规律，宕江摄开口一二三等帮系今皆读洪音－ɑŋ，知章日组也读为洪音－ɑŋ，庄组大部分字读为了合口呼－uaŋ，与北京话演变情况也基本一致。从各点来看，基本没有例外字。

（四）宕摄合口一三等见系字（唐阳）今读情况

表 4－32　宕摄合口一三等见系字读音表

例字	一等字				三等字			
	光	旷	荒	汪	框	狂	况	往
中古音	见唐平	溪唐去	晓唐平	影唐平	溪阳平	群阳平	晓阳去	云阳上
茶店	kuaŋ1	khuaŋ4	xuaŋ1	uaŋ1	khuaŋ1	khuaŋ2	khuaŋ4	uaŋ3
柏合	kuaŋ1	khuaŋ4	xuaŋ1	uaŋ1	khuaŋ1	khuaŋ2	khuaŋ4	uaŋ3
三河	kuaŋ1	khuaŋ4	xuaŋ1	uaŋ1	khuaŋ1	khuaŋ2	khuaŋ4	uaŋ3
石羊	kuaŋ1	khuaŋ4	xuaŋ1	uaŋ1	khuaŋ1	khuaŋ2	khuaŋ4	uaŋ3
九江	kuaŋ1	khuaŋ4	xuaŋ1	uaŋ1	khuaŋ1	khuaŋ2	khuaŋ4	uaŋ3
白家	kuaŋ1	khuaŋ4	xuaŋ1	uaŋ1	khuaŋ1	khuaŋ2	khuaŋ4	uaŋ3
苏坡	kuaŋ1	khuaŋ4	xuaŋ1	uaŋ1	khuaŋ1	khuaŋ2	khuaŋ4	uaŋ3
永宁	kuaŋ1	khuaŋ4	xuaŋ1	uaŋ1	khuaŋ1	khuaŋ2	khuaŋ4	uaŋ3
安靖	kuaŋ1	khuaŋ4	xuaŋ1	uaŋ1	khuaŋ1	khuaŋ2	khuaŋ4	uaŋ3
都江堰	kuaŋ1	khuaŋ4	xuaŋ1	uaŋ1	khuaŋ1	khuaŋ2	khuaŋ4	uaŋ3
金堂	kuaŋ1	khuaŋ4	xuaŋ1	uaŋ1	khuaŋ1	khuaŋ2	khuaŋ4	uaŋ3
彭山	kuaŋ1	khuaŋ4	xuaŋ1	uaŋ1	khuaŋ1	khuaŋ2	khuaŋ4	uaŋ3
新津	kuaŋ1	khuaŋ4	xuaŋ1	uaŋ1	khuaŋ1	khuaŋ2	khuaŋ4	uaŋ3

从上表可知，成都平原各地方言点中，宕摄合口一三等见系字今读非常有规律，都读为合口－uaŋ，此演变规律和普通话相同。

六、深臻曾梗摄舒声

（一）臻曾梗摄开口一二等端知见系字（痕登庚二耕）今读情况

表4-33　臻曾梗摄开口一二等端知见系字读音表

例字	一等字开					二等字开		
	灯	疼	吞	根	争	冷	杏	樱
中古音	端登平	定登平	透痕平	见痕平	庄耕平	来庚上	匣庚上	影耕平
茶店	ten1	then2	then1	ken1	tsen1	len3	çin4 xen4	ŋen1
柏合	ten1	then2	then1	ken1	tsen1	nen3	xen4	ŋen1
三河	tən1	thən2	thən1	kən1	tsən1	lən3	çin4 xən4	ŋən1
石羊	ten1	then2	then1	ken1	tsen1	len3	xen4	ŋen1 in1
九江	ten1	then2	then1	ken1	tsen1	len3	xen4	ŋen1 in1
白家	ten1	then2	then1	ken1	tsen1	nen3	xen4	ŋen1
苏坡	ten1	then2	then1	ken1	tsen1	nen3	xen4	ŋen1
永宁	ten1	then2	then1	ken1	tsen1	len3	xen4	ŋen1 in1
安靖	ten1	then2	then1	ken1	tsen1	len3	çin4 xen4	ŋen1
都江堰	ten1	then2	then1	ken1	tsen1	nen3	çin4 xen4	ŋen1
金堂	ten1	then2	then1	ken1	tsen1	len3	çin4 xen4	ŋen1 in1
彭山	tən1	thən2	thən1	kən1	tsən1	nən3	çin4 xən4	ŋən1 in1
新津	ten1	then2	then1	ken1	tsen1	nen3	çin4 xen4	ŋen1 in1

从上表可知，臻曾梗摄开口一二等端知见系字在成都平原各方言点读音比较一致，没有前后鼻音之分，都读为－en韵。其中"杏"字在成都平原方言中保留读为－en韵，普通话已读为细音－iŋ韵，茶店、三河、安靖、都江堰、

金堂、彭山、新津七个点受到普通话影响文读时读为细音。另外一些影母字如
"樱""鹦"等除茶店、柏合、三河、安靖外都受到普通话影响，出现文白异
读，文读时韵母读为－in，其他各点读为－ŋen。

（二）曾梗摄一二等帮见系字今读情况

表4－34　曾梗摄一二等帮见系字读音表

例字	开口					合口	
	一等字		二等字			一等字	二等字
	崩	朋	绷	碰	猛	弘	轰
中古音	帮登平	並登平	帮耕平	滂庚去	明庚上	匣登平	晓耕平
茶店	pen1	phoŋ2	pen1	phoŋ4	moŋ3	xoŋ2	xoŋ1
柏合	pen1	phoŋ2	pen1	phoŋ4	moŋ3	xoŋ2	xoŋ1
三河	pən1	phoŋ2	poŋ1	phoŋ4	moŋ3	xoŋ2	xoŋ1
石羊	poŋ1	phoŋ2	pen1	phoŋ4	moŋ3	xoŋ2	xoŋ1
九江	poŋ1	phoŋ2	poŋ1	phoŋ4	moŋ3	xoŋ2	xoŋ1
白家	pen1	phoŋ2	pen1	phoŋ4	moŋ3	xoŋ2	xoŋ1
苏坡	pen1	phoŋ2	pen1	phoŋ4	moŋ3	xoŋ2	xoŋ1
永宁	pen1	phoŋ2	pen1	phoŋ4	moŋ3	xoŋ2	xoŋ1
安靖	pen1	phoŋ2	poŋ1	phoŋ4	moŋ3	xoŋ2	xoŋ1
都江堰	poŋ1	phoŋ2	poŋ1	phoŋ4	moŋ3	xoŋ2	xoŋ1
金堂	pen1	phoŋ2	poŋ1	phoŋ4	moŋ3	xoŋ2	xoŋ1
彭山	pən1	phoŋ2	poŋ1 / pən1	phoŋ4	moŋ3	xoŋ2	xoŋ1
新津	poŋ1	phoŋ2	poŋ1 / pen1	phoŋ4	moŋ3	xoŋ2	xoŋ1

由上表可知，曾梗摄一二等帮见系字开合口字，在今成都平原各方言点主
要读为－oŋ或－en。曾梗摄一二等帮见系字开口均读为－en，帮组一二等开
合口及帮见系一二等合口则存在－oŋ或－en相混的情况。从成都平原各方言
点的发音情况来看，存在两读的主要是"崩、绷、烹"等字，这些字主要来
自曾摄开口一等和梗摄开口二等的帮系字。

（三）深臻曾梗开口三四等帮端见系字（侵真蒸庚三清青）今读情况

表4-35 深臻曾梗开口三四等帮端见系字读音表

例字	三等字				四等字			
	冰	精	引	菱	丁	经	听	星
中古音	帮蒸平	精清平	以真上	来蒸平	端青平	见青平	透青平	心青平
茶店	pin1	tçin1	in3	lin2	tin1	tçin1	thin4	çin1
柏合	pin1	tçin1	in3	nin2	tin1	tçin1	thin4	çin1
三河	pin1	tçin1	in3	lin2	tin1	tçin1	thin1	çin1
石羊	pin1	tçin1	in3	lin2	tin1	tçin1	thin4	çin1
九江	pin1	tçin1	in3	lin2	tin1	tçin1	thin4	çin1
白家	pin1	tçin1	in3	nin2	tin1	tçin1	thin4	çin1
苏坡	pin1	tçin1	in3	nin2	tin1	tçin1	thin4	çin1
永宁	pin1	tçin1	in3	lin2	tin1	tçin1	thin4	çin1
安靖	pin1	tçin1	in3	lin2	tin1	tçin1	thin4	çin1
都江堰	pin1	tçin1	in3	nin2	tin1	tçin1	thin4	çin1
金堂	pin1	tçin1	in3	lin2	tin1	tçin1	thin4	çin1
彭山	pin1	tçin1	in3	nin2	tin1	tçin1	thin4	çin1
新津	pin1	tçin1	in3	nin2	tin1	tçin1	thin4	çin1

从上表可知，成都平原各方言点曾梗摄开口三四等帮端见系字混入深臻摄，韵母皆读作-in。

（四）深臻曾梗开口三等知系字（侵真蒸清）今读情况

表4-36 深臻曾梗开口三等知系字读音表

例字	珍	趁	沉	针	称	审	城	森
中古音	知真平	彻真去	澄侵平	章侵平	昌蒸平	书侵上	禅清平	生侵平
茶店	tsen1	tshen4	tshen2	tsen1	tshen1	sen3	tshen2	sen1
柏合	tsen1	tshen4	tshen2	tsen1	tshen1	sen3	tshen2	sen1
三河	tsən1	tshən4	tshən2	tsən1	tshən1	sən3	tshən2	sən1

例字	珍	趁	沉	针	称	审	城	森
中古音	知真平	彻真去	澄侵平	章侵平	昌蒸平	书侵上	禅清平	生侵平
石羊	tsen1	tshen4	tshen2	tsen1	tshen1	sen3	tshen2	sen1
九江	tsen1	tshen4	tshen2	tsen1	tshen1	sen3	tshen2	sen1
白家	tsen1	tshen4	tshen2	tsen1	tshen1	sen3	tshen2	sen1
苏坡	tsen1	tshen4	tshen2	tsen1	tshen1	sen3	tshen2	sen1
永宁	tsen1	tshen4	tshen2	tsen1	tshen1	sen3	tshen2	sen1
安靖	tsen1	tshen4	tshen2	tsen1	tshen1	sen3	tshen2	sen1
都江堰	tsen1	tshen4	tshen2	tsen1	tshen1	sen3	tshen2	sen1
金堂	tsen1	tshen4	tshen2	tsen1	tshen1	sen3	tshen2	sen1
彭山	tsən1	tshən4	tshən2	tsən1	tshən1	sən3	tshən2	sən1
新津	tsen1	tshen4	tshen2	tsen1	tshen1	sen3	tshen2	sen1

由上表可知，成都平原各方言点中，曾梗开口三等知系字已混入深臻摄字，各点均读作韵母－en。只有极少数例外字如"绳_{船蒸平}"读为合口韵－uen。

（五）通摄一三等帮系字今读情况

表 4-37 通摄一三等帮系字读音表

例字	一等字			三等字			
	蓬	蒙	懵	风	捧	奉	梦
中古音	並东平	明东平	明东上	非东平	敷钟上	奉钟上	明东去
茶店	phoŋ2	moŋ2	moŋ2	foŋ1	phoŋ3	foŋ4	moŋ4
柏合	phoŋ2	moŋ2	moŋ2	foŋ1	phoŋ3	foŋ4	moŋ4
三河	phoŋ2	moŋ2	moŋ2	foŋ1	phoŋ3	foŋ4	moŋ4
石羊	phoŋ2	moŋ2	moŋ2	foŋ1	phoŋ3	foŋ4	moŋ4
九江	phoŋ2	moŋ2	moŋ2	foŋ1	phoŋ3	foŋ4	moŋ4
白家	phoŋ2	moŋ2	moŋ2	foŋ1	phoŋ3	foŋ4	moŋ4
苏坡	phoŋ2	moŋ2	moŋ2	foŋ1	phoŋ3	foŋ4	moŋ4
永宁	phoŋ2	moŋ2	moŋ2	foŋ1	phoŋ3	foŋ4	moŋ4
安靖	phoŋ2	moŋ2	moŋ2	foŋ1	phoŋ3	foŋ4	moŋ4

续表 4-37

例字	一等字			三等字			
例字	蓬	蒙	懵	风	捧	奉	梦
中古音	並东平	明东平	明东上	非东平	敷钟上	奉钟上	明东去
都江堰	phoŋ2	moŋ2	moŋ2	foŋ1	phoŋ3	foŋ4	moŋ4
金堂	phoŋ2	moŋ2	moŋ2	foŋ1	phoŋ3	foŋ4	moŋ4
彭山	phoŋ2	moŋ2	moŋ2	foŋ1	phoŋ3	foŋ4	moŋ4
新津	phoŋ2	moŋ2	moŋ2	foŋ1	phoŋ3	foŋ4	moŋ4

从上表可知，成都平原各方言点中，通摄一三等帮系字读音非常有规律，都读为了 -oŋ，和成都市区话同，和普通话异，普通话通摄一三等帮系字都读为了 -eŋ。

七、咸山摄入声今读情况

（一）咸山摄开口二等见系字今读情况

表 4-38　咸山摄开口二等见系字读音表

例字	夹	甲	恰	鸭	轧	瞎	峡	匣
中古音	见洽入	见狎入	溪洽入	影狎入	影黠入	晓辖入	匣洽入	匣狎入
茶店	tɕiA2	tɕiA2	tɕhiA2	iA2	ŋA1	ɕiA2	ɕiA2	ɕiA2
柏合	tɕiA5	tɕiA5	tɕhiA5	iA5	iA4	ɕiA5	ɕiA2	ɕiA2
三河	tɕiA5	tɕiA5	tɕhiA5	iA5	tsa5	ɕiA5	ɕiA2	ɕiA2
石羊	tɕiA5	tɕiA5	tɕhiA5	iA5	iA4	ɕiA5	ɕiA2	ɕiA2
九江	tɕiæ5	tɕiæ5	tɕhiæ5	iæ5	tsæ5	ɕiæ5	ɕiA2	ɕiæ5
白家	tɕiA5	tɕiA5	tɕhiA5	iA5	iA4	ɕiA5	ɕiA2	ɕiA2
苏坡	tɕiA5	tɕiA5	tɕhiA5	iA5	iA4	ɕiA5	ɕiA2	ɕiA2
永宁	tɕiæ5	tɕiæ5	tɕhiæ5	iæ5	tsæ5	ɕiæ5	ɕiA2	ɕiA2
安靖	tɕiA5	tɕiA5	tɕhiA5	iA5	tsA5	ɕiA5	ɕiA2	ɕiA2
都江堰	tɕia5	tɕia5	tɕhia5	ia5	ia5	ɕia5	ɕia5	ɕia5
金堂	tɕia2	tɕia2	tɕhia2	ia2	tsa2	ɕia2	ɕia2	ɕia2
彭山	tɕia5	tɕia5	tɕhia5	ia5	ia5	ɕia5	ɕia5	ɕia5
新津	tɕiæ5	tɕiæ5	tɕhiæ5	iæ5	iæ5	ɕiæ5	ɕiæ5	ɕiæ5

从上表可知，成都平原各方言点的洽狎黠辖韵见系字声母腭化，韵母今多读为细音－iA 或－iæ，基本都是这样的规律。但是也有个别例外字，比如"轧"字，柏合、白家、苏坡、石羊、都江堰、彭山、新津读为－iA/－ia/－iæ，其他各点都读为－A－或－æ，和普通话读音相同，石羊一点的读音可能是发音人将"轧"读为"压"字，由于两字意义相近，而"轧"字又是生僻不常用字，所以出现误读，其他各点应该都是发音人直接参照普通话读音的发音。

（二）咸山摄开口二等帮知系字（洽狎黠辖）、三等非组字（乏月）今读情况

表4-39　咸山摄开口二等帮知系字、三等非组字读音表

例字	二等字					三等字	
	八	抹	察	闸	杀	法	罚
中古音	帮黠入	明黠入	初黠入	崇洽入	生黠入	非乏入	奉月入
茶店	pA2	mA2	tshA2	tsA2	sA2	fA2	fA2
柏合	pA5	mA5	tshA2	tsA5	sA5	fA5	fA5
三河	pA5	mA5	tshA2	tsA5	sA5	fA5	fA5
石羊	pA5	mA5	tshA2	tsA5	sA5	fA5	fA5
九江	pA5	mæ5	tshA2	tsA4	sæ5	fæ5	fæ5
白家	pA5	mA5	tshA2	tsA2	sA5	fA5	fA5
苏坡	pA5	mA5	tshA2	tsA2	sA5	fA5	fA5
永宁	pA5	mæ5	tshæ5	tsA4	sæ5	fæ5	fæ5
安靖	pA5	mA5	tshA2	tsA5	sA5	fA5	fA5
都江堰	pɐ5	mæ5	tshæ5	tsɐ4	sɐ2	fɐ2	fɐ2
金堂	pa2	ma2	tsha2	tsa2	sa2	fa2	fa2
彭山	pA5	mA5	tshA2	tsA5	sA5	fA5	fA5
新津	pæ5	mæ5	tshæ5	tsæ5	sæ5	fæ5	fæ5

从上表可知，成都平原各方言点中，洽狎黠辖韵帮知系字、乏月韵非组字的韵母与见系字今读韵母同，都读为－A 或－æ。从调查结果来看，茶店、金

堂两点入声调已经完全消失，但从其他入声字来看，茶店保留了部分入声韵。其他各点都不同程度地保留了入声，"察"字除九江外都读为阳平，同成都市区读音，"闸"字茶店、金堂读为阳平，三河、柏合、石羊、安靖、新津、彭山读为入声，九江、永宁、都江堰读去声。"抹"字为多音字，另有两读，抹抹粉 [mo3]，抹拐弯抹角 [mo4]。

（三）咸山摄开口一等端系字（合盍曷）今读情况

表4-40　咸山摄开口一等端系字读音表

例字	答	塌	沓	捺	辣	擦	杂	萨
中古音	端合入	透盍入	定合入	泥合入	来曷入	清曷入	从合入	心曷入
茶店	tA2	thA2	tA3	lA2	lA2	tshA2	tsA2	sA1
柏合	tA5	thA5	tA3	nA5	nA5	tshA5	tsA5	sA1
二河	tA5	thA5	tA5	lʌ5	lʌ5	tshA5	tsA5	sA1
石羊	tA5	thA5	thA5	lai4	lʌ5	tshA5	tsA5	sA1
九江	tæ5	thæ5	tæ5	læ5	læ5	tshæ5	tsæ5	sæ5
白家	tA5	thA5	tA3	nA5	nA5	tshA5	tsA5	sA1
苏坡	tA5	thA5	tA3	nA5	nA2	tshA5	tsA5	sA1
永宁	tæ5	thæ5	thæ5	læ5	læ5	tshæ5	tsæ5	sA1
安靖	tA5	thA5	tA5	lʌ5	lʌ5	tshA2	tsA5	sA1
都江堰	tæ5	thæ5	tæ5	næ5	læ5	tshæ5	tsæ5	sæ5
金堂	ta2	tha2	ta3	la2	la2	tsha2	tsa2	sa1
彭山	tA5	thA5	tA3	nA5	nA2	tshA5	tsA5	sA1
新津	tæ5	thæ5	tæ5	næ5	læ5	tshæ5	tsæ5	sæ5

从上表可知，咸山摄开口一等端系字在成都平原各点读音比较一致，均读为-A或-æ。其中茶店、金堂两点的入声调和入声韵都已经消失，读法和成都市区话相同，其他各点都不同程度地保留了入声韵或入声调。石羊一点将"捺"读为 [lai4]，这应该是受到声旁影响的一种误读。"萨"字九江、都江堰、新津、彭山读为入声，其他各点都读为阴平，应该是该字不常用，仅用于"拉萨"这个地名，所以基本都丢失了入声。

（四）咸山摄开口一等见系字（合盍曷）今读情况

表4－41 咸山摄开口一等见系字读音表

例字	鸽	割	渴	磕	盒	喝
中古音	见合入	见曷入	溪曷入	溪盍入	匣合入	晓合入
茶店	ko2	ko2	kho2	kho2	xo2	xo1
柏合	ko5	ko5	kho5	kho5	xo5	xo1
三河	ko5	ko5	kho5	kho5	xo5	xo5
石羊	kə5	kə5	khə5	khə5	xə5	xo1
九江	kə5	kə5	khə5	khə5	xə5	xo1
白家	kɔ5	kɔ5	khɔ5	khɔ5	xɔ2	xo1
苏坡	kɵ5	kɵ5	khɵ5	khɵ5	xo2	xo1
永宁	ko5	ko5	kho5	kho5	xə5	xo1
安靖	ko5	ko5	kho5	kho5	xo5	xo1
都江堰	kɤ5	kɤ5	khɤ5	khɤ5	xɤ5	xɤ5
金堂	ko2	ko2	kho2	kho2	xo2	xo1
彭山	kɤ5	kɤ5	khɤ5	khɤ5	xɤ5	xɤ5
新津	kɘ5	kɘ5	khɘ5	khɘ5	xɘ5	xɘ5

从上表可知，咸山摄开口一等见系字在今成都平原方言中读为－o/－ə/－ɤ/－ɘ，茶店、金堂读为阳平－o，和成都市区话同，其他各点都不同程度地保留了入声调：石羊、九江两点都读为入声调－ə，三河、柏合、永宁、安靖四点读为入声－o，白家读为入声－ɔ，苏坡读为入声－ɵ，都江堰、彭山读为－ɤ，新津读为－ɘ。亦有例外字，如"盒"字茶店、白家、苏坡、金堂读为阳平，"喝"字除了三河、都江堰、新津和彭山读为入声，其他各个点中都读为阴平－o。

（五）咸山摄开口三等泥母知系字（叶薛）今读情况

表4-42 咸山摄开口三等泥母知系字读音表

例字	列	猎	哲	彻	辙	涉	设	热
中古音	来薛入	来叶入	知薛入	彻薛入	澄薛入	禅叶入	书薛入	日薛入
茶店	lie2	lie2	tse2	tshe2	tshe2	se2	se2	zæn2
柏合	nie5	nie5	tse2	tshe5	tshe5	se5	se5	ze5
三河	lie5	lie5	tse5	tshe5	tshe5	se5	se5	ze5
石羊	lie5	lie5	tse5	tshe5	tshe5	se5	se5	ze5
九江	lie5	lie5	tsæ5	tshæ5	tshæ5	sæ5	sæ5	zæ5
白家	niɛ5	niɛ5	tsɛ2	tshɛ5	tshɛ5	sɛ5	sɛ5	zɛ5
苏坡	niɛ5	thʌ5	tsɛ2	tshɛ5	tshɛ5	sɛ5	sɛ5	zɛ5
永宁	lie5	lie5	tsæ5	tshæ5	tshæ5	sæ5	sæ5	zæ5
安靖	lie5	lie5	tse5	tshe5	tshe5	se5	se5	ze5
都江堰	nie5	nie5	tsæ5	tshæ5	tshæ5	sæ5	sæ5	zæ5
金堂	le2	le2	tse2	tshe2	tshe2	se2	se2	ze2
彭山	nie5	nie5	tsai5	tshai5	tshai5	sai5	sai5	zai5
新津	nie5	nie5	tsæ5	tshæ5	tshæ5	sæ5	sæ5	zæ5

从上表可知，在成都平原各方言点中，咸山摄开口三等知系字今主要读为 -e 和 -æ，泥母在今成都平原方言中除金堂外都读为齐齿呼韵母 -ie。这个 -i- 介音应该是受普通话或者成都市区话的影响。另除茶店、金堂外，其他各点都读为入声调，并且不同程度地保留了入声韵，九江、永宁、都江堰、新津四点读音类似，石羊、安靖两点入声韵基本消失。彭山点读音为 -ai，这是南路话的典型特征。茶店一点的"热"字读为 [Iæn]，保留了入声韵 -æ，又加上鼻音尾。"猎"字苏坡一点读为 [thʌ]，应是误读。

（六）咸山摄开口三四等帮端见系字（叶业帖薛月屑）今读情况

表4-43 咸山摄开口三四等帮端见系字读音表

例字	别	憋	灭	跌	铁	接	切	结	胁
中古音	帮薛入	帮屑入	明薛入	端帖入	透屑入	精叶入	清屑入	见屑入	晓叶入
茶店	pie2	pi4	mie2	thie2	thie2	tɕie2	tɕhie2	tɕie2	çie2
柏合	pie5	pie1	mie5	thie5	thie5	tɕie5	tɕhie5	tɕie5	çie5
三河	pie5	pie1	mie5	tie5	thie5	tɕie5	tɕhie5	tɕie5	çie5
石羊	pie5	pie1	mie5	tie5	thie5	tɕie5	tɕhie5	tɕie5	çie5
九江	pie5	pi1	mie5	tie5	thie5	tɕie2	tɕhie5	tɕie5	çie5
白家	piɛ5	piɛ1	mie5	thie5	thiɛ5	tɕiɛ5	tɕhie5	tɕie5	çie5
苏坡	piɛ5	piɛ1	mie5	tie5	thiɛ5	tɕiɛ5	tɕhiɛ5	tɕie5	çiɛ5
永宁	pie5	pi1	mie5	tie5	thie5	tɕie5	tɕhie5	tɕie5	çie5
安靖	pie5	pie1	mie5	tie5	thie5	tɕie5	tɕhie5	tɕie5	çie5
都江堰	pie5	pie1	mie5	tæ5	thie5	tɕie5	tɕhie5	tɕie5	çie5
金堂	pe2	pe2	me2	thie2	the2	tɕie2	tɕhie2	tɕie2	çie2
彭山	pie5	pie1	mie5	thie5	thie5	tɕie5	tɕhie5	tɕie5	çie5
新津	pie5	pie1	mie5	tæ5	thie5	tɕie5	tɕhie5	tɕie5	çie5

由上表可知，叶业帖薛月屑入声韵帮端见系字今在今成都平原方言中读音比较整齐，基本都读为-ie入声。"憋"字例外，茶店、九江、永宁几个点丢失韵尾-e，读为-i-韵，其中茶店读为去声。

（七）山摄合口一等帮端见系字（末）、三等知系字（薛）今读情况

表4-44 山摄合口一等帮端见系、三等知系字读音表

例字	钵	泼	沫	夺	括	阔	活	说
中古音	帮曷入	滂曷入	明末入	透末入	见末入	溪末入	匣末入	书薛入
茶店	po2	pho2	mo2	to2	khue2	khue2	xo2	so2
柏合	po5	pho5	mo5	to5	khue5	khue5	xo2	so5
三河	po5	pho5	mo5	to5	khue5	khue5	xo2	so5

续表 4 - 44

例字	钵	泼	沫	夺	括	阔	活	说
中古音	帮曷入	滂曷入	明末入	透末入	见末入	溪末入	匣末入	书薛入
石羊	po5	pho5	mo5	to5	khue5	khue5	xɘ5	so5
九江	po5	pho5	mo5	to5	khuæ5	khuæ5	xo5	so5
白家	po5	pho5	mo5	to2	khuɛ5	khuɛ5	xo2	so5
苏坡	pɵ5	phɵ5	mɵ5	tɵ5	khuɛ5	khuɛ5	xɵ5	sɵ5
永宁	po5	pho5	mo5	to5	khuæ5	khuæ5	xo5	so5
安靖	po5	pho5	mo5	to5	khue5	khue5	xo5	so5
都江堰	po5	pho5	mo5	to5	khuæ5	khuæ5	xo5	so5
金堂	po2	pho2	mo2	to2	khue2	khue2	xo2	so2
彭山	po5	pho5	mo5	to5	khuai5	khuai5	xo5	so5
新津	po5	pho5	mo5	to5	khuæ5	khuæ5	xo5	so5

由上表可知，山摄合口一等帮端见系字、三等知系字今在今成都平原各方言点基本读为 - o，两个例外字："括"和"阔"，读音与其他字不同，主要读为 - ue/ - uɛ/ - uæ/ - uai，三河、柏合、茶店、石羊、安靖、金堂读为 - ue，白家、苏坡读为 - uɛ，九江、永宁、都江堰、新津读为 - uæ，彭山读为 - uai。

（八）山摄合口三四等精组见系字（薛月屑）今读情况

表 4 - 45　山摄合口三四等精组见系字读音表

例字	绝	雪	决	缺	掘	月	穴
中古音	从薛入	心薛入	见屑入	溪屑入	群月入	疑月入	匣屑入
茶店	tɕye2	ɕye2	tɕye2	tɕhye2	tɕhio2	ye2	ɕie2
柏合	tɕye2	ɕye2	tɕye2	tɕhye2	tɕhio5	ye5	ɕye5
三河	tɕye5	ɕye5	tɕye5	tɕhye5	tɕhio5	ye5	ɕie5
石羊	tɕye5	ɕye5	tɕye5	tɕhye5	tɕhye5	ye5	ɕie5
九江	tɕye2	ɕye2	tɕye5	tɕhye5	tɕio5	io5	ɕie5
白家	tɕyɛ5	ɕyɛ5	tɕyɛ5	tɕhyɛ5	tɕhyɛ5	yɛ5	ɕyɛ5
苏坡	tɕyɛ5	ɕyɛ5	tɕyɛ5	tɕhyɛ5	tɕhiɵ5	ye5	ɕyɛ5
永宁	tɕye5	ɕye2	tɕye5	tɕhye5	tɕhio5	ye5	ɕie5

例字	绝	雪	决	缺	掘	月	穴
中古音	从薛入	心薛入	见屑入	溪屑入	群月入	疑月入	匣屑入
安靖	tɕye5	ɕye5	tɕye5	tɕhye5	tɕhio5	ye5	ɕie5
都江堰	tɕio5	ɕye5	tɕio5	tɕhio5	tɕhio5	ye5	ɕie5
金堂	tɕye2	ɕye2	tɕye2	tɕhye2	tɕye2	ye2	ɕie2
彭山	tɕio5	ɕio5	tɕio5	tɕhio5	tɕio5	io5	ɕie5
新津	tɕio5	ɕio5	tɕio5	tɕhio5	tɕhio5	io5	ɕio5

从上表可知，山摄合口三四等精组见系字在今成都平原各方言点中主要读为 - ye 和 - io。"穴"除新津外各方言点都读为 - ie，另外，"掘"字石羊、白家、金堂读为 - ye 或 - yɛ，其余各点读为 - io 或 - iɵ。茶店、金堂入声读为阳平，九江、永宁个别字读为阳平，其他各点都全部保留入声，这些都应该是受到湖广话的影响。

八、宕江摄入声字今读情况

（一）宕摄开口一等字（铎）今读情况

表 4 - 46　宕摄开口一等字今读情况

例字	博	泊	膜	托	落	作	各	恶恶心
中古音	帮铎入	滂铎入	明铎入	透铎入	来铎入	精铎入	见铎入	影铎入
茶店	po2	phe2	mo2	tho2	lo2	tso2	ko2	ŋo2
柏合	po5	phe5	mo2	tho2	no5	tso5	ko5	ŋo5
三河	po5	phe5	mu2	tho5	lo5	tso5	ko5	ŋo5
石羊	po5	pe5	mo2	tho2	lo5	tso5	ko5	ŋo5
九江	po5	pæ5	mo5	tho5	lo5	tso2	kə5	ŋə5
白家	po5	phɛ5	mo2	tho5	no5	tso5	kɔ5	ŋɔ5
苏坡	pɵ5	pɛ5	moŋ2	thɵ2	nɵ5	tso5	kɵ5	ŋɵ5
永宁	po5	phæ5	mo2	tho5	lo5	tso5	ko5	ŋo5
安靖	po5	phe5	mu2	tho5	loɕ5	tso5	ko5	ŋo5
都江堰	po5	phæ5	mʊ2	tho5	no5	tso5	kɤ5	ŋɤ5

续表 4-46

例字	博	泊	膜	托	落	作	各	恶 恶心
中古音	帮铎入	滂铎入	明铎入	透铎入	来铎入	精铎入	见铎入	影铎入
金堂	po2	phe2	mo2	tho2	lo2	tso2	ko2	ŋo2
彭山	po5	phai5	mo5	tho5	no5	tso5	kɤ5	ŋɤ5
新津	po5	phæ5	mu2	tho5	no5	tso5	kɘ5	ŋɘ5

　　从上表可知，宕摄开口一等铎韵字在今成都平原各方言点的演变较为一致，大部分字今读 -o。有一个例外字"泊"，读为 -e/ -ɛ/ -ai 或者 -æ，这应该是受到了声旁影响的一种误读，发音人实际读的应该是"白"字。另，九江一点见系字都读为 -ɘ。三河、安靖"膜"字读为新音。

（二）江摄开口二等字（觉）今读情况

表 4-47　江摄开口二等字读音表

例字	剥	朴	啄 啄米	镯	觉 感觉	角 牛角	壳	学
中古音	帮觉入	滂觉入	知觉入	崇觉入	见觉入	见觉入	溪觉入	匣觉入
茶店	po2	phu2	tsua2	tso2	tɕio2	ko2	kho2	çio2
柏合	po5	phʊ2	tsuʌ5	tso5	tɕio5	ko5	kho5	çio5
三河	po5	pho5	tsuʌ5	tso5	tɕio5	ko5	kho5	çio5
石羊	po5	phu2	tsuʌ5	tso5	tɕio5	ko5	kho5	çio5
九江	po5	pho5	tso5	tso5	tɕio5	kɘ5	khɘ5	çio2
白家	po5	pho5	tsuʌ5	tso5	tɕio5	kɔ5	khɔ5	çio5
苏坡	po5	phu2	tsuʌ5	tsɵ5	tɕio5	kɵ5	khɵ5	çiɵ5
永宁	po5	pho5	tsuæ5	tsɵ5	tɕio5	kɘ5	khɘ5	çio5
安靖	po5	pho5	tsuʌ5	tso5	tɕio5	ko5	kho5	çio5
都江堰	po5	pho5	tsuæ5	tso5	tɕio5	tɕio5 文 ko5 白	khɤ5	çio5
金堂	po2	phu2	tsua2	tsu2	tɕio2	tɕio2 文 ko2 白	kho2	çio2
彭山	po5	pho5	tso5	tso5 tsu5	tɕio5	tɕio5 文 kɤ5 白	khɤ5	çio5
新津	po5	pho5	tsuæ5	tso5	tɕio5	tɕio5 文 ko5 白	khɘ5	çio5

从上表可知，江摄开口二等字在今成都平原各方言点的演变较为复杂，帮知系字主要演变为 - o，帮系字"朴"，石羊、茶店、柏合、金堂四点读为 - u，知系部分字如"啄"，除九江、彭山两点外，其余各点都读为 - uA 或 - uæ。见系部分字声母发生腭化，带有介音 - i - ，多数读为 - io，演化情形与咸山摄开口二等见入声相似。见系字"角 _{牛角}"和"壳"，在九江、永宁两个点读为 - ə，都江堰、彭山读为 - ɤ，新津读为 - ɘ，其他点读为 - o。其中"角 _{牛角}"在苏坡、都江堰、金堂、彭山、新津存在两读，读为 - θ/ - o 或 - iθ/ - io。

（三）宕摄开口三等字（药）今读情况

表 4 - 48　宕摄开口三等字读音表

例字	雀	鹊	削	着	弱	酌	掠	约
中古音	精药入	清药入	心药入	知药入	日药入	章药入	来药入	影药入
茶店	tɕhio2	tɕhio2	ɕye2	tsho2	zo2	tso2	lio2	io2
柏合	tɕhio5	tɕhio5	ɕye5	tso5	zo5	tso5	nio5	io5
三河	tɕhio5	tɕhio5	ɕye5	tso5	zo5	tso5	lio5	io5
石羊	tɕhio5	tɕhio5	ɕye5	tso5	zo5	tso5	io5	io5
九江	tɕhio5	tɕhio5	ɕye5	tso5	zo5	tso5	lio5	io5
白家	tɕhio5	tɕhio5	ɕyɛ5	thuʮ4	zo5	tso5	nio5	io5
苏坡	tɕhie5	tɕhie5	ɕyɛ5	thu4	zθ5	tsθ5	nie5	iθ5
永宁	tɕhio5	tɕhio5	ɕye5	tso5	zo5	tso5	lio5	io5
安靖	tɕhio5	tɕhio5	ɕye5	tso5	zo5	tso5	lio5	io5
都江堰	tɕhio5	tɕhio5	ɕye5	tso5	zo5	tso5	nio5	io5
金堂	tɕhio2	tɕhio2	ɕye2	tso2	zo2	tso2	lio2	io2
彭山	tɕhio5	tɕhio5	ɕio5	tso5	zo5	tso5	nio5	io5
新津	tɕhio5	tɕhio5	ɕio5	tso5	zo5	tso5	nio5	io5

从上表可知，宕摄开口三等药韵帮端见系字在今成都平原各方言点中多读为细音 - io，知系读为洪音 - o。少数几个例外字，如"嚼 _{从药入}"韵母为 - iau，"着 _{澄药入}"韵母为 - au。

九、深臻曾梗摄入声字今读情况

（一）曾一梗二开口字（德陌麦）今读情况

表4-49　曾一梗二开口字读音表

例字	曾一				梗二			
	北	德	则	克	白	择	责	赫
中古音	帮德入	端德入	精德入	溪德入	並陌入	澄陌入	庄陌入	晓陌入
茶店	pe2	te2	tse2	khe2	pe2	tshe2	tse2	xe2
柏合	pe5	te5	tse5	khe5	pe5	tshe5	tse5	xe5
三河	pe5	te5	tse5	khe5	pe5	tshe5	tse5	xe5
石羊	pe5	te5	tse5	khe5	pe5	tshe5	tse5	xe5
九江	pæ5	tæ5	tsæ5	khæ5	pæ5	tshæ5	tsæ5	xæ5
白家	pɛ5	tɛ5	tsɛ5	khɛ5	pɛ5	tshɛ5	tsɛ5	xɛ5
苏坡	pɛ5	tɛ5	tsɛ5	khɛ5	pɛ5	tshɛ5	tsɛ5	xɛ5
永宁	pæ5	tæ5	tsæ5	khæ5	pæ5	tshæ5	tsæ5	xæ5
安靖	pe5	te5	tse5	khe5	pe5	tshe5	tse5	xe5
都江堰	pæ5	tæ5	tsæ5	khæ5	pæ5	tshæ5	tsæ5	xæ5
金堂	pe2	te2	tse2	khe2	pe2	tshe2	tse2	xe2
彭山	pai5	tai5	tsai5	khai5	pai5	tshai5	tsai5	xai5
新津	pæ5	tæ5	tsæ5	khæ5	pæ5	tshæ5	tsæ5	xæ5

从上表可知，曾摄开口一等入声字和梗摄开口二等入声字在今成都平原各方言点读音比较一致，茶店、金堂读为阳平 -e，三河、安靖、石羊、柏合读为入声 -e，白家、苏坡读为 -ɛ，彭山读为 -ai，其他各点均保留入声，读为 -æ。有个别例外字，如"贼从德入"茶店读为［tse2］，其他各点都读为［tsuei2］。

（二）深臻曾梗开口三四等帮端见系字（缉职昔质迄陌锡）今读情况

表4-50 深臻曾梗开口三四等帮端见系字读音表

例字	毕	吸	七	惜	劈	滴	绩	吃
中古音	帮质入	晓缉入	清质入	心昔入	滂锡入	端锡入	精锡入	溪锡入
茶店	pie2	çie2	tɕhie2	çie2	phie2	tie2	tɕie2	tshə2
柏合	pie5	tɕie5	tɕhie5	çie5	phie5	tie5	tɕie5	tshə5
三河	pie5	tɕie5	tɕhie5	çie5	phie5	tie5	tɕie5	tʂʅ5
石羊	pie5	çie5	tɕhie5	çie5	phie5	tie5	tɕie5	tshə5
九江	pie5	tɕie5	tɕhie5	çie5	phie5	tie5	tɕie5	tshə5
白家	piɛ5	tɕiɛ5	tɕhiɛ5	çiɛ5	phiɛ5	tiɛ5	tɕiɛ5	tshə5
苏坡	piɛ5	tɕiɛ5	tɕhiɛ5	çiɛ5	phiɛ5	tiɛ5	tɕiɛ5	tshɚ5
永宁	pie5	çie5	tɕhie5	çie5	phie5	tie5	tɕie5	tshə5
安靖	pie5	tɕie5	tɕhie5	çie5	phie5	tie5	tɕie5	tʂhə5
都江堰	pie5	tɕie5	tɕhie5	çie5	phie5	tie5	tɕie5	tʂhɚ5
金堂	pi2	tɕi2	tɕhi2	çi2	phie2	ti2	tɕi2	tshʅ2
彭山	pie5	çie5	tɕhie5	çie5	phie5	tie5	tɕie5	tshɐ5
新津	pie5	tɕie5 çie5	tɕhie5	çie5	phie5	tie5	tɕie5	tshɐ5

从上表可知，深臻曾梗开口三四等帮端见系字在今成都平原各方言点中主要读为-ie，部分字读为-i-。读为-ie的基本都是一些常用字，使用频率较高，而读为-i-韵的大多是书面语，比如"亦、翼、抑"等，这些字在生活中使用较少，发音人直接学习普通话的发音，所以直接读为-i-。另外，"吃"字比较例外，三河读为-ʅ，彭山、新津读为-ɐ，其他各点都读为-ə，三河、安靖、苏坡、都江堰带卷舌音，这和成都市区话发音完全不同，成都市区话读为-ʅ。

（三）曾一梗二合口字（德陌麦）今读情况

表4-51　曾一梗二合口字读音表

例字	或	国	获	惑
中古音	匣德合	见德合	匣麦合	匣德入
茶店	xue2	kue2	xue2	xue2
柏合	xue5	kue5	xue5	xue5
三河	xue5	kue5	xue5	xue5
石羊	xə5	kue5	xə5	xə5
九江	xuæ5	kuæ5	xuæ5	xuæ5
白家	xuɛ5	kuɛ5	xuɛ5	xuɛ5
苏坡	xuɛ5	kuɛ5	xuɛ5	xuɛ5
永宁	xuæ5	kuæ5	xuæ5	xuæ5
安靖	xue5	kue5	xue5	xue5
都江堰	xuæ5	kuæ5	xuæ5	xuæ5
金堂	xue2	kue2	xue2	xue2
彭山	xuai5	kuai5	xo5	xo5
新津	xuæ5	kuæ5	xuæ5	xuæ5

从上表可知，曾一梗二合口字在今成都平原各方言点主要读为 -ue/-uɛ 和 -uæ，茶店、金堂读为 -ue 阳平。彭山读为 -uai 和 -o 入声。三河、柏合、安靖读为 -ue 入声，白家、苏坡读为 -uɛ 入声。其他点读为 -uæ 入声，和成都市区话不同。其中，石羊一点的匣母字丢失介音 -u-，读为 -ə，见母字的读法与成都市区以及茶店相同，读为 -ue。

（四）臻摄合口一三等帮端知系字（没物术）今读情况

表4-52　臻摄合口一等帮端知系字读音表

例字	勃	不	没	突
中古音	并没入	非没入	明没入	定没入
茶店	po2	po2	mo2	tho2

例字	勃	不	没	突
中古音	並没入	非没入	明没入	定没入
柏合	po5	po5	mo5	thʊ2
三河	pho5	po5	mo5	tho5
石羊	po5	po5	mo5	thu2
九江	po5	po5	mo5	thu2
白家	pho5	po5	mo5	tho2
苏坡	po2	pɵ5	mo2	thu2
永宁	pho5	po5	mo5	tho5
安靖	pho5	po5	mo5	tho5
都江堰	pho5	po5	mo5	tho5
金堂	po2	pu2	mei4	tho2
彭山	pho5	po5	mo5	tho5
新津	pho5	pu5	mo5	tho5

表 4－53　臻摄合口三等帮端知系字读音表

例字	佛	勿	物	律	术 苍术	率	出
中古音	奉物入	微物入	微物入	来术入	澄术入	生术入	昌术入
茶店	fo2	vu4	o2	lo2	tsho2	so2	tsho2
柏合	fo5	o5	o5	no5	sʊ4	so5	tsho5
三河	fo5	o5	o5	lo5	ʂu4	lue5	tsho5
石羊	fo5	o5	o5	lo5	su4	so5	tsho5
九江	fo5	uə5	uə5	lo5	su4	so5	tsho5
白家	fo5	o5	o5	no5	sʊ4	so2	tsho5
苏坡	fɵ5	ɵ5	ɵ5	nɵ5	su4	sɵ5	tshɵ5
永宁	fo5	o5	o5	lo5	su4	so5	tsho5
安靖	fo5	o5	o5	lo5	tsho5	so5	tsho5
都江堰	fo5	o5	o5	no5	sʊ4	so5	tsho5
金堂	fu2	o2	o2	lu2	su4	ly2	tshu2
彭山	fo5	o5	o5	no5	su4	so5	tsho5
新津	fo5	o5	o5	no5	su4	so5	tsho5

从以上两表可以看出，臻摄合口一三等帮端知系字今在成都平原各方言点中主要读为－u/－o/－ɵ/－uə。"突"字石羊、九江、柏合、苏坡、金堂读为－u韵阳平，和成都市区话、普通话读音相同；茶店、白家读为－o韵阳平，与南路话韵母同；三河、永宁、安靖、都江堰、彭山、新津读为－o韵入声，与南路话相同。"勿"字九江读为－uə韵，三河、柏合、白家、苏坡、石羊、永宁、安靖、都江堰、金堂、彭山、新津为－o/－ɵ韵，茶店一点例外读为［vu］，应该由于该字是书面语，使用频率很低，发音人直接学习普通话的发音。"物"字除九江读为－uə韵外，其余各点都读为－o/－ɵ韵。"术（苍术）"在茶店、安靖两点中韵母读－o韵，另外各点读为－u韵。－o韵应该是保留了入声韵，而－u韵则是入声韵消失的表现。

（五）臻摄合口一三等精组见系字（物术）今读情况

表4-54　臻摄合口一三等精组见系字读音表

例字	一等字				三等字			
	骨	窟	忽	卒	恤	橘	屈	戌
中古音	见没入	溪没入	晓没入	精没入	心术入	见术入	溪物入	心术入
茶店	ko2	khu1	xo2	tso2	ɕie2	tɕye2	tɕhio2	ɕio2
柏合	ko5	kho5	fʊ2	tɕio2	ɕie5	tɕye5	tɕhio5	ɕio5
三河	ko5	kho5	fu1	tso5	ɕye5	tɕye5	tɕhio5	ɕio5
石羊	ko5	khu2	xu2	tso5	ɕie5	tɕye5	tɕhio5	ɕio5
九江	ko5	kho5	xə5	tso2	ɕye2	tɕye5	tɕhio5	ɕio5
白家	ko5	kho5	fʊ2	tɕio5	ɕyɛ5	tɕyɛ5	tɕhio5	ɕio5
苏坡	kɵ5	khɵ5	fu5	tsɵ5	ɕyɛ5	tɕyɛ5	tɕhiɵ5	ɕiɵ5
永宁	ko5	kho5	xo5	tɕio5	ɕie5	tɕye5	tɕhio5	ɕio5
安靖	ko5	kho5	xo5	tɕio5	ɕye5	tɕye5	tɕhio5	ɕio5
都江堰	ko5	kho5	xo5	tɕio5	ɕye5 ɕie5	tɕye5	tɕhio5	ɕio5
金堂	ku1	khu1	xo2	tsu2	ɕye2	tɕy2	tɕhy2	ɕy1
彭山	ko5	kho5	xo5	tso5	ɕie5	tɕye5	tɕhio5	ɕio5
新津	ko5	kho5	xo5	tso5	ɕio5	tɕio5	tɕhio5	ɕio5

从上表可知，臻摄合口一等精组见系字在今成都平原各方言点中主要读为－o韵，其中"窟"字茶店、石羊、金堂读为－u韵，应该是受到成都市区方言的影响。"忽"字柏合、石羊读为－u韵阳平，也是受到成都市区方言的影响；柏合、白家、苏坡都读为［fu］阳平，和成都市区话同；三河读为［fu］阴平，为新音。九江读为－ə韵，"卒"字柏合、白家、永宁、安靖、都江堰五点读为－io韵入声，如同三等字的读法，其余读为－o韵，茶店、柏合、九江入声消失。三等字主要读为－io韵和－ye韵，"恤"字较为特殊，口语中极少用到，受其声旁"血"字影响，三河、九江、白家、苏坡、安靖读为－ye/－yɛ，其余的都读为－ie韵，也有保留两读的，新津、金堂读音例外。另外，"猝清没入"柏合、白家、苏坡、永宁、安靖读为－o/－ɵ韵，其他点读为［tshuei］，可能是受到了"粹碎"等字的影响。

（六）深臻曾梗开口二三等庄组字（缉栉职麦陌）今读情况

表4－55　深臻曾梗开口二三等庄组字读音表

例字	窄	侧	策	测	涩	瑟	色
中古音	庄陌入	庄职入	初麦入	初测入	生缉入	生栉入	生职入
茶店	tse2	tshe2	tshe2	tshe2	se2	se2	se2
柏合	tse5	tshe5	tshe5	tshe5	se5	se5	se5
三河	tse5	tshe5	tshe5	tshe5	se5	se5	se5
石羊	tse5	tshe5	tshe5	tshe5	se5	se5	se5
九江	tsæ5	tshæ5	tshæ5	tshæ5	sæ5	sæ5	sæ5
白家	tsɛ2	tshɛ2	tshɛ2	tshɛ2	sɛ5	sɛ5	sɛ5
苏坡	tsɛ5	tshɛ5	tshɛ5	tshɛ5	sɛ5	sɛ5	sɛ5
永宁	tsæ5	tshæ5	tshæ5	tshæ5	sæ5	sæ5	sæ5
安靖	tse5	tshe5	tshe5	tshe5	se5	se5	se5
都江堰	tsæ5	tshæ5	tshæ5	tshæ5	sæ5	sæ5	sæ5
金堂	tse2	tse2	tshe2	tshe2	se2	se2	se2
彭山	tsai5	tshai5	tshai5	tshai5	sai5	sai5	sai5
新津	tsæ5	tshæ5	tshæ5	tshæ5	sæ5	sæ5	sæ5

从上表可知，深臻曾梗开口二三等庄组（缉栉职麦陌）字今在成都平原各方言点读为 -e/ -ɛ 韵、-æ 韵或者 -ai。茶店一点入声消失，读音和成都市区相同，其他点都保留入声，白家个别字入声消失，其中九江、永宁、都江堰、新津保留了入声韵。

（七）深臻曾梗开口三等知章组字（缉质职昔）今读情况

表4-56　深臻曾梗开口三等知章组字读音表

例字	直	职	尺	食	湿	识	十	植
中古音	澄职入	章质入	昌昔入	船职入	书缉入	书职入	禅缉入	禅职入
茶店	tsʅ2	tsʅ2	tshʅ2	sʅ2	sʅ2	sʅ2	sə2	tsʅ2
柏合	tsə5	tsə5	tshə5	sə5	sə5	sə5	sə5	tsə5
三河	tʂʅ5	tʂʅ5	tʂhʅ5	ʂʅ5	ʂʅ5	ʂʅ5	ʂʅ5	tʂʅ5
石羊	tsə5	tsə5	tshə5	sə5	sə5	sə5	sə5	tsə5
九江	tsə5	tsə5	tshə5	sə5	sə5	sə5	sə5	tsə5
白家	tsə5	tsə5	tshə5	sə5	sə5	sə5	sə5	tsə5
苏坡	tʂɚ5	tʂɚ5	tʂhɚ5	ʂɚ5	ʂɚ5	ʂɚ5	ʂɚ5	tʂɚ5
永宁	tsə5	tsə5	tshə5	sə5	sə5	sə5	sə5	tsə5
安靖	tʂə5	tʂə5	tʂhə5	ʂə5	ʂə5	ʂə5	ʂə5	tʂə5
都江堰	tʂɚ5	tʂɚ5	tʂhɚ5	ʂɚ5	ʂɚ5	ʂɚ5	ʂɚ5	tʂɚ5
金堂	tsʅ2	tsʅ2	tshʅ2	sʅ2	sʅ2	sʅ2	sʅ2	tsʅ2
彭山	tsɛ5	tsɛ5	tshɛ5	sɛ5	sɛ5	sɛ5	sɛ5	tsɛ5
新津	tsə5	tsə5	tshə5	sə5	sə5	sə5	sə5	tsə5

从上表可知，深臻曾梗开口三等知章组字今成都平原各方言点基本读为 -ə 韵或 -ɚ 韵，茶店、金堂大部分字都读为 -ʅ 韵，和成都市区话同，茶店"十、什、石、拾"四个字读为 -ə 韵，这几个例外字都是口语常用字，使用频率非常高，所以不容易变化，保留了以前的读音。三河一点读为 -ʅ 韵，保留卷舌音。都江堰读为 -ɚ，彭山、新津读为 -ɛ，其他各点都读为 -ə 韵，和南路话相同，其中苏坡和安靖两点保留了卷舌音。

十、通摄入声字今读情况

（一）曾梗通摄合口三等见系字（职昔屋三烛）今读情况

表 4-57　曾梗通摄合口三等见系字读音表

例字	菊	曲	局	狱	域	疫	育	蓄
中古音	见屋入	溪烛入	群烛入	疑烛入	云职入	以昔入	以屋入	晓屋入
茶店	tɕhio2	tɕhio2	tɕy2	io2	io2	io2	io2	ɕio2
柏合	tɕhio5	tɕhio5	tɕy2	io5	io5	io5	io5	ɕio5
三河	tɕhio5	tɕhio5	tɕio5	io5	io5	io5	io5	ɕio5
石羊	tɕhio5	tɕhio5	tɕye5	io5	io5	io5	io5	ɕio5
九江	tɕye5	tɕhio5	tɕio5	io5	ye5	i4	ye5	ɕio5
白家	tɕhio5	tɕhio5	tɕy2	io5	io5	io5	io5	ɕio5
苏坡	tɕyɛ5	tɕhiθ5	tɕyɛ5	iθ5	iθ5	iθ5	iθ5	ɕiθ5
永宁	tɕhio5	tɕhio5	tɕio5	io5	io5	io5	io5	ɕio5
安靖	tɕhio5	tɕhio5	tɕio5	io5	io5	io5	io5	ɕio5
都江堰	tɕhio5	tɕhio5	tɕio5	io5	io5	io5	io5	ɕio5
金堂	tɕhio2	tɕhio2	tɕy2	io2	io2	io2	io2	ɕio2
彭山	tɕhye5	tɕhio5	tɕy5	io5	io5	io5	io5	ɕy5
新津	tɕio5	tɕhio5	tɕio5	io5	io5	io5	io5	ɕio5

从上表可知，曾梗通摄合口三等见系字今在成都平原各方言点中基本读为 -io/-iθ 韵，九江、彭山个别字读为 -ye 韵，其中九江"疫"字读为 [i]，这明显是由于该字不常用而直接学习的普通话的读法。茶店、柏合、白家、金堂、彭山将"局"字读为 -y 韵，这也是受到普通话的影响。另，"菊"字除九江、苏坡外，其他各点都读为送气。

（二）通摄屋韵帮系字（屋一屋三）今读情况

表 4-58　通摄屋韵帮系字读音表

例字	一等字				三等字			
	卜 占卜	扑	仆	木	幅	覆	服	目
中古音	帮屋入	滂屋入	並屋入	明屋入	非屋入	敷屋入	奉屋入	明屋入
茶店	po2	phu2	phu2	mo2	fu4	fu2	fo2	mu2
柏合	pʊ3	pho5	pho5	mo5	fo5	fo5	fo5	mo5
三河	pu4	pho5	pho5	mo5	fo5	fo5	fo5	mo5
石羊	pho5	phu2	phu2	mo5	fu2	fo5	fo5	mo5
九江	pho5	pho5	pho5	mo5	fə5	fə5	fə5	mə5
白家	pho2	pho5	pho5	mo5	fu4	fo5	fo5	mo5
苏坡	phu3	phu2	phu2	mɵ5	fɵ5	fɵ5	fɵ5	mɵ5
永宁	pho5	pho5	pho5	mo5	fo5	fo5	fo5	mo5
安靖	pho5	pho5	pho5	mo5	fo5	fo5	fo5	mo5
都江堰	pho5	pho5	pho5	mo5	fo5	fo5	fo5	mo5
金堂	phu2	phu2	phu2	mu2	fu4	fu2	fo2	mu2
彭山	pho5	pho5	pho5	mo5	fɤ5	fɤ5	fɤ5	mo5
新津	pho5	pho5	pho5	mo5	fo5	fo5	fo5	mo5

从上表可知，通摄屋韵帮系字今在成都平原各方言点主要有两种情况：一种读为 -o 韵，一种读为 -u 韵。永宁、安靖两个点读为 -o 韵入声，三河、柏合除"卜"字读为 -ʊ 韵非入声外，其他都读为 -o 韵入声，白家、苏坡、石羊部分保留了入声，部分归入了阳平，入声读为 -o 韵，阳平读为 -u 韵，茶店入声全部消失，但是部分字仍然保留了 -o 韵，但是没有太大规律可循，比如：福 非屋入 [fo]，幅 非屋入 [fu]。九江一等字均读为 -o 韵，三等字均读为 -ə 韵，全部保留入声。彭山一等字均读为 -o 韵，三等字部分读为 -ɤ 韵。

（三）通摄一等精组端见系字（屋沃）今读情况

表4－59 通摄一等精组端见系字读音表

例字	督	独	录	族	速	谷	哭	屋
中古音	端沃入	定屋入	来屋入	从屋入	心屋入	见屋入	溪屋入	影屋入
茶店	tu2	to2	lo2	tɕhio2	ɕio2	ko2	kho2	o2
柏合	to5	to5	no5	tɕhio5	ɕio5	ko5	kho5	o5
三河	to5	to5	lo5	tɕhio5	ɕio5	ko5	kho5	o5
石羊	to5	to5	lo5	tɕhio5	ɕio5	ko5	kho5	o5
九江	to5	to5	lo5	tɕhio5	ɕio5	ko5	kho5	uə5
白家	tʊ5	to5	no5	tɕhio5	ɕio5	ko5	kho5	o5
苏坡	tɵ5	tɵ5	nɵ5	tɕhiɵ5	ɕiɵ5	kɵ5	khɵ5	ɵ5
永宁	to5	to5	lo5	tɕhio5	ɕio5	ko5	kho5	o5
安靖	to5	to5	lo5	tɕhio5	ɕio5	ko5	kho5	o5
都江堰	to5	to5	no5	tɕhio5	ɕio5	ko5	kho5	o5
金堂	tu2	tu2	lu2	tɕhio2	ɕio2	ku2	kho2	o2
彭山	to5	to5	no5	tsho5	so5	ko5	kho5	o5
新津	to5	to5	no5	tsho5	ɕio5	ko5	kho5	o5

从上表可知，通摄一等端见系字与屋韵帮系字演化情况相同，成都平原各方言点基本读为－o韵，部分字读为－u韵。茶店入声调消失，但是保留了入声韵，部分字的韵母和南路话相同，部分字的读法又与成都市区方言发音相同。精组字由于声母腭化，韵母带有介音－i－，主要读－io韵。另，九江将"屋"字读为－uə韵，符合九江整个音韵特征。白家"督"字读为－ʊ韵入声，应是语音变化的一个中间状态。

（四）通摄三等精泥组知系字（屋三烛）今读情况

表4-60　通摄三等精泥组知系字读音表

例字	六	足	促	竹	逐	粥	续	辱
中古音	来屋入	精烛入	清烛入	知屋入	澄屋入	章屋入	邪烛入	日烛入
茶店	lo2	tɕio2	tɕhio2	tso2	tso2	tso2	ɕio2	zu2
柏合	no5	tɕio5	tsho5	tso5	tso5	tsəu1	ɕio5	zu3
三河	lo5	tɕio5	tɕio5	tso5	tso5	tsəu1	ɕio5	ʐu3
石羊	lo5	tɕio5	tsho5	tso5	tso5	tsəu1	ɕio5	zo5
九江	liəu4	tɕio5	tsho5	tso5	tso5	tsəu1	ɕio2	zu2
白家	no5	tɕio2	tsho5	tso5	tso5	tso5	ɕio5	zʊ3
苏坡	nɵ5	tɕiɵ2	tshɵ5	tsɵ5	tsɵ5	tsɵ5	ɕiɵ5	zɵ5
永宁	lo5	tɕio5	tsho5	tso5	tso5	tso5	ɕio5	zo5
安靖	lo5	tɕio5	tsho5	tso5	tso5	tsəu1	ɕio5	zo5
都江堰	no5	tsho5	tsho5	tso5	tso5	tso5	ɕio5	zo5
金堂	lu2	tɕio2	tɕhio2	tsu2	tso2	tsəu1	ɕio2	zu3
彭山	no5	tso5	tsho5	tso5	tso5	tso5	so5	zo5
新津	no5	tɕio5	tsho5	tso5	tso5	tso5	ɕio5	zo5

　　从上表可知，在今成都平原各方言点中，通摄三等精泥组知系字、一等精组端见系字及屋韵帮系字演化情况基本相同，其中精组字多读为 -io 韵，其他基本今读为 -u/-o 韵。"六"字九江读为〔liəu〕，"粥"字在柏合、三河、石羊、九江、安靖、金堂五点读为〔tsəu〕，这些例外的读音都应该是受到普通话的影响，"辱"字在茶店、三河、柏合、白家、九江、金堂入声消失，读为阳平 -u 韵或者上声 -u 韵，其他点保留入声，读为 -o/-ɵ 韵。

十一、深臻曾梗摄的鼻音韵尾

（一）深臻曾梗摄二三等知系字今读情况

表4－61　深臻曾梗摄二三等知系字读音表

例字	陈	沉	身	甚	争	省	正	成
中古音	澄真平	澄侵平	书真平	船侵上	庄耕平	生庚上	章清平	禅清平
茶店	tshen2	tshen2	sen1	sen4	tsen1	sen3	tsen4	tshen2
柏合	tshen2	tshen2	sen1	sen4	tsen1	sen3	tsen4	tshen2
三河	tshən2	tshən2	sən1	sən4	tsən1	sən3	tsən4	tshən2
石羊	tshen2	tshen2	sen1	sen4	tsen1	sen3	tsen4	tshen2
九江	tshen2	tshen2	sen1	sen4	tsen1	sen3	tsen4	tshen2
白家	tshen2	tshen2	sen1	sen4	tsen1	sen3	tsen4	tshen2
苏坡	tshen2	tshen2	sen1	sen4	tsen1	sen3	tsen4	tshen2
永宁	tshen2	tshen2	sen1	sen4	tsen1	sen3	tsen4	tshen2
安靖	tshen2	tshen2	sen1	sen4	tsen1	sen3	tsen4	tshen2
都江堰	tshen2	tshen2	sen1	sen4	tsen1	sen3	tsen4	tshen2
金堂	tshen2	tshen2	sen1	sen4	tsen1	sen3	tsen4	tshen2
彭山	tshən2	tshən2	sən1	sən4	tsən1	sən3	tsən4	tshən2
新津	tshen2	tshen2	sen1	sen4	tsen1	sen3	tsen4	tshen2

从上表可知，深臻曾梗摄二三等知系字今在成都平原各方言点均读为－en韵，均读为前鼻音韵尾，和成都市区读音相同。个别例外字，如"绳 船蒸平"［suən］带了－u－介音。

（二）深臻曾梗摄三四等端见系字今读情况

表4－62　深臻曾梗摄三四等端见系字读音表

例字	钉	听	邻	晶	静	薪	惊	兴
中古音	端青平	透青平	来真平	精清平	从清上	心真平	见庚平	晓蒸平
茶店	tin1	thin1	lin2	tɕin1	tɕin4	ɕin1	tɕin1	ɕin1
柏合	tin1	thin1	nin2	tɕin1	tɕin4	ɕin1	tɕin1	ɕin1

续表 4 -62

例字	钉	听	邻	晶	静	薪	惊	兴
中古音	端青平	透青平	来真平	精清平	从清上	心真平	见庚平	晓蒸平
三河	tin1	thin1	lin2	tçin1	tçin4	çin1	tçin1	çin1
石羊	tin1	thin1	lin2	tçin1	tçin4	çin1	tçin1	çin1
九江	tin1	thin1	lin2	tçin1	tçin4	çin1	tçin1	çin1
白家	tin1	thin1	nin2	tçin1	tçin4	çin1	tçin1	çin1
苏坡	tin1	thin1	nin2	tçin1	tçin4	çin1	tçin1	çin1
永宁	tin1	thin1	lin2	tçin1	tçin4	çin1	tçin1	çin1
安靖	tin1	thin1	lin2	tçin1	tçin4	çin1	tçin1	çin1
都江堰	tin1	thin1	nin2	tçin1	tçin4	çin1	tçin1	çin1
金堂	tin1	thin1	lin2	tçin1	tçin4	çin1	tçin1	çin1
彭山	tin1	thin1	nin2	tçin1	tçin4	çin1	tçin1	çin1
新津	tin1	thin1	nin2	tçin1	tçin4	çin1	tçin1	çin1

　　从以上两个表可以看出，深臻曾梗摄的二三等知系字和三四等端见系字的韵尾今在成都平原各方言点均读为前鼻音韵尾，当主元音为 -i/-e 时，曾梗摄字的韵尾混同于深臻摄字。

十二、古明母流摄部分字的鼻音韵尾

表 4 -63　古明母流摄部分字的鼻音韵尾读音表

例字	一等字开口			三等字开口		
	某	亩	茂	贸	谋	皱
中古音	明厚上	明厚上	明侯去	明侯去	明尤平	庄宥去
茶店	moŋ3	moŋ3	moŋ4	moŋ4	moŋ2	tsoŋ2
柏合	moŋ3	moŋ3	moŋ4	moŋ4	moŋ2	tsoŋ2
三河	moŋ3	moŋ3	moŋ4	moŋ4	moŋ2	tsoŋ2
石羊	moŋ3	moŋ3	moŋ4	moŋ4	moŋ2	tsoŋ2
九江	moŋ3	moŋ3	moŋ4	moŋ4	çin1	tsoŋ2
白家	moŋ3	moŋ3	moŋ4	moŋ4	moŋ2	tsoŋ2
苏坡	moŋ3	moŋ3	moŋ4	moŋ4	moŋ2	tsoŋ2

例字	一等字开口			三等字开口		
	某	亩	茂	贸	谋	皱
中古音	明厚上	明厚上	明侯去	明侯去	明尤平	庄宥去
永宁	moŋ3	moŋ3	moŋ4	moŋ4	moŋ2	tsoŋ2
安靖	moŋ3	moŋ3	moŋ4	moŋ4	moŋ2	tsoŋ2
都江堰	moŋ3	moŋ3	moŋ4	moŋ4	moŋ2	tsoŋ2
金堂	moŋ3	moŋ3	moŋ4	moŋ4	moŋ2	tsoŋ2
彭山	məŋ3	məŋ3	moŋ4	moŋ4	məŋ2	tsoŋ2
新津	moŋ3	moŋ3	moŋ4	moŋ4	moŋ2	tsoŋ2

　　从上表可知，流摄阴声韵读音非常整齐，除彭山个别字读为 - əŋ 外，今成都平原各方言点混读为通摄阳声韵字，均读为 - oŋ。四川西南官话区很多地方都有这个特点，湖北西南官话武天片、鄂北片也有类似现象。至于为什么出现这种变化，李霞①认为西南官话中流摄和通摄入声有部分字读为阳声韵主要因为流摄和通摄中古拟音都是后高（半高）圆唇元音，从发音学的角度看，两个音发音时舌位及唇形比较接近，而发鼻音时，软腭肌收缩下降，同时也将舌位往后高方向拉动，舌根后缩后容易增强 - u 的力量，也很容易增强发舌根鼻音 - ŋ 的力量，才使韵母带上鼻音韵尾 - ŋ。孙越川从声学属性进一步分析了混读原因，从韵母 - əu 和 - oŋ 的声学频谱发现这两个音第一和第二共振峰频率非常相近，因此从听感上较容易混淆。由于感知错误，可能导致 - u 向 - ŋ 的转变。

十三、古端系蟹止山臻摄合口字今读音的开合情况

（一）古端组蟹山臻摄合口一等舒声字今读情况

表 4 - 64　古端组蟹山臻摄合口一等舒声字读音表

例字	堆	腿	团	乱	顿	炖	论	轮
中古音	端灰平	透灰上	定寒平	来寒去	端痕去	定魂平	来痕去	来淳平
茶店	tuei1	thuei3	thuan2	luan4	ten4	ten4	luən4	len2
柏合	tuei1	thuei3	thuæn2	nuæn4	ten4	ten4	nen4	nen2

①　李霞. 西南官话语音研究 [D]. 上海：上海师范大学，2004：35.

续表 4-64

例字	堆	腿	团	乱	顿	炖	论	轮
中古音	端灰平	透灰上	定寒平	来寒去	端痕去	定魂平	来痕去	来淳平
三河	tuei1	thuei3	thuan2	luan4	tən4	tən4	lən4	lən2
石羊	tuei1	thuei3	thuan2	luan4	ten4	ten4	len4	len2
九江	tuei1	thuei3	thuan2	luan4	ten4	ten4	len4	len2
白家	tuei1	thuei3	thuan2	nuan4	ten4	ten4	nen4	nen2
苏坡	tuei1	thuei3	thuæn2	nuæn4	ten4	ten4	nen4	nen2
永宁	tuei1	thuei3	thuan2	luan4	ten4	ten4	len4	len2
安靖	tuei1	thuei3	thuan2	luan4	ten4	ten4	len4	len2
都江堰	tuei1	thuei3	thuan2	nuan4	ten4	ten4	nen4	nen2
金堂	tuei1	thuei3	thuan2	luan4	ten4	ten4	lən4	lən2
彭山	tei1	thei3	tan2	nan4	tən4	tən4	nən4	nən2
新津	tei1	thei3	tan2	nan4	ten4	ten4	nen2	nen2

从上表可以看出，端组蟹山摄合口一等字彭山和新津丢掉-u-介音，其他各方言点都读为合口呼韵母，保留了-u-介音。而端组臻摄字今在成都平原各方言点基本都读为开口呼韵母，丢掉介音-u-。茶店一点两种读法并存，保留-u-介音的读法应该是受到普通话的影响，而丢失-u-介音的读法应该是当地本来的读法。各地的青年人由于受到普通话的影响比较多，所以臻摄都有带-u-介音的情况。

（二）泥组蟹止臻摄合口一三等舒声字今读情况

表 4-65　泥组蟹止臻摄合口一三等舒声字读音表

例字	一等字			三等字			一等	三等
	内	累	雷	泪	类	垒	论	伦
中古音	泥灰去	来灰去	来灰平	来脂去	来脂去	来支上	来痕去	来谆平
茶店	luei4	luei4	luei2	luei4	luei4	luei3	luən4	luən2
柏合	nuei4	nuei4	nuei2	nuei4	nuei4	nuei3	nen4	nen2
三河	luei4	luei4	luei2	luei4	luei4	luei3	lən4	lən2
石羊	luei4	luei4	luei2	luei4	luei4	luei3	len4	len2

例字	一等字			三等字			一等	三等
	内	累	雷	泪	类	垒	论	伦
中古音	泥灰去	来灰去	来灰平	来脂去	来脂去	来支上	来痕去	来谆平
九江	luei4	luei4	luei2	luei4	luei4	luei3	len4	len2
白家	nuei4	nuei4	nuei2	nuei4	nuei4	nuei3	nen4	nen2
苏坡	nuei4	nuei4	nuei2	nuei4	nuei4	nuei3	nen4	nen2
永宁	luei4	luei4	luei2	luei4	luei4	luei3	len4	len2
安靖	luei4	luei4	luei2	luei4	luei4	luei3	len4	len2
都江堰	nuei4	nuei4	nuei2	nuei4	nuei4	nuei3	nen4	nen2
金堂	luei4	luei4	luei2	luei4	luei4	luei3	lən4	lən2
彭山	nuei4	nuei4	nuei2	nuei4	nuei4	nuei3	nən4	nən2
新津	nuei4	nuei4	nuei2	nuei4	nuei4	nuei3	nen2	nen2

在泥组合口一三等字中，蟹止摄今在成都平原各方言点读为合口，而臻摄字今在成都平原各方言点基本读为开口，只有茶店一点读为开口或者合口。这个特征和成都市区方言同，和普通话相反。各地年轻人读音时，受到普通话的影响，读音向普通话靠拢，这一特征逐渐丢失。

（三）精组臻摄合口一三等舒声字今读情况

表 4-66 精组臻摄合口一三等舒声字读音表

例字	尊	村	寸	存	孙	损	笋	循
中古音	精魂平	清魂平	清魂去	从魂平	心魂平	心魂上	心淳上	邪淳平
茶店	tsen1	tshuən1	tshuən4	tshen2	suən1	sen3	sen3	çyn2
柏合	tsen1	tshen1	tshen4	tshen2	suən1	sen3	sen3	çyn2
三河	tsən1	tshuən1	tshuən4	tshən2	ʂuən1	sən3	ʂuən3	çyn2
石羊	tsen1	tshen1	tshuən4	tshen2	sen1	sen3	sen3	çyn2
九江	tsen1	tshən1	tshen4	tshen2	sen1	sen3	sen3	çyn2
白家	tsen1	tshen1	tshen4	tshen2	sen1	sen3	sen3	çyn2
苏坡	tsen1	tshen1	tshen4	tshen2	sen1	sen3	sen3	çyn2
永宁	tsen1	tshen1	tshən4	tshen2	sen1	sen3	sen3	çyn2

续表4-66

例字	尊	村	寸	存	孙	损	笋	循
中古音	精魂平	清魂平	清魂去	从魂平	心魂平	心魂上	心淳上	邪淳平
安靖	tsen1	tshuən1	tshuən4	tshen2	sen1	suen3	sen3	çyn2
都江堰	tsen1	tshen1	tshen4	tshen2	suən1	sen3	sen3	çyn2
金堂	tsen1	tshen1	tshuen4	tshen2	sen1	sen3	suen3	çyn2
彭山	tsən1	tshən1	tshən4	tshən2	sən1	sən3	sən3	çyn2
新津	tsen1	tshen1	tshen4	tshen2	sen1	sen3	sen3	çyn2

从上表可以看到，精组臻摄合口一三等舒声字今在成都平原各方言点绝大部分读为了开口呼。白家、苏坡、九江、都江堰、彭山、新津六点比较整齐，都读为了开口呼，其他点由于受到普通话的影响，每个方言点都有读为合口呼的例字，比如"寸""村""笋"字等，从中可以看到语音变化的趋势。止蟹山臻摄的合口字中，端泥精三组仅在臻摄基本丢失合口介音，此特征在四川地区普遍存在，如成都、乐山、宜宾、雅安、泸州等地。

（四）古庄组开口字今读音的开合口情况

表4-67　古庄组开口字读音表

例字	爪	铲	厦	删	疝	拴	窗	创
中古音	庄肴上	初山上	生麻去	生删平	生删去	生删平	初江平	初阳上
茶店	tsuʌ3	tshuan3	suʌ3	suan1	san4	suan1	tshaŋ1	tshuaŋ4
柏合	tsuʌ3	tshuæn3	suʌ3	suæn1	suæn4	suæn1	tshaŋ1	tshuaŋ4
三河	tsuʌ3	tshuan3	ʂuʌ3	ʂuan1	ʂuan4	ʂuan1	tshaŋ1	tshuaŋ4
石羊	tsuʌ3	tshuan3	suʌ3	suan1	san1	suan1	tshaŋ1	tshuaŋ4
九江	tsuʌ3	tshuan3	suʌ3	suan1	san4	suan1	tshaŋ1	tshuaŋ4
白家	tsuʌ3	tshuan3	suʌ3	suan1	suan4	suan1	tshaŋ1	tshuaŋ4
苏坡	tsuʌ3	tshuæn3	suʌ3	suæn1	suæn4	suæn1	tshaŋ1	tshuaŋ4
永宁	tsuʌ3	tshuan3	suʌ3	suan1	suan4	suan1	tshaŋ1	tshuaŋ4
安靖	tsuʌ3	tshuan3	suʌ3	suan1	suan4	suan1	tshuaŋ1	tshuaŋ4
都江堰	tsua3	tshuan3	sua3	suan1	san4	suan1	tshaŋ1	tshuaŋ4

续表 4 - 67

例字	爪	铲	厦	删	疝	拴	窗	创
中古音	庄肴上	初山上	生麻去	生删平	生删去	生删平	初江平	初阳上
金堂	tsau3	tshuan3	sua3	suan1	suan4	suan1	tshaŋ1	tshuaŋ4
彭山	tsua3	tshuan3	sua3	suan1	san4	suan1	tshaŋ1	tshuaŋ4
新津	tsua3	tshuan3	sua3	suan1	san4	suan1	tshaŋ1	tshuaŋ4

　　从上表可以看出，成都平原各点方言阳声韵字中，古宕江摄庄组开口字今读基本为合口，如"创、床、爽"等，还包括山摄部分字，如"铲""删"等，个别字，如"疝"，茶店、石羊、九江读为开口，其他各点读为合口。阴声韵字中少数也由中古的开口今变读为合口，如假摄的"厦"、效摄的"抓""爪"等。其中，"厦"字不仅韵母变读为合口，且声调也都变读作上声。其中"窗"字除安靖读为合口外，其他各点都读为开口，读为合口应该是受到了普通话的影响。除九江话外，其他各点的精组开口字读为合口，"珊_{心寒平}"[suan45]。知组江摄开口二等字在各方言点也读为了合口呼，如"撞_{澄江平}"，茶店、石羊读为[tshuaŋ4]，其他各点读为[tsuaŋ4]。

（五）古见系果摄一等字今读音的开合情况

表 4 - 68　古见系果摄一等字读音表

例字	哥	过	可	课	火	祸	我	窝
中古音	见歌平	见歌平	溪歌上	溪过去	晓歌平	匣戈上	疑歌上	影戈平
茶店	ko1	ko4	kho3	kho4	xo3	xo4	ŋo3	o1
柏合	ko1	ko4	kho3	kho4	xo3	xo4	ŋo3	o1
三河	ko1	ko4	kho3	kho4	xo3	xo4	ŋo3	o1
石羊	ko1	ko4	kho3	kho4	xo3	xo4	ŋo3	o1
九江	ko1	ko4	kho3	kho4	xo3	xo4	ŋo3	o1
白家	ko1	ko4	kho3	kho4	xo3	xo4	ŋo3	o1
苏坡	ko1	ko4	kho3	kho4	xo3	xo4	ŋo3	o1
永宁	ko1	ko4	kho3	kho4	xo3	xo4	ŋo3	o1
安靖	ko1	ko4	kho3	kho4	xo3	xo4	ŋo3	o1
都江堰	kɤ1	ko4	khɤ3	khɤ4	xo3	xo4	ŋo3	o1
金堂	ko1	ko4	khɤ3	kho4	xo3	xo4	ŋo3	o1

续表 4-68

例字	哥	过	可	课	火	祸	我	窝
中古音	见歌平	见歌平	溪歌上	溪过去	晓歌平	匣戈上	疑歌上	影戈平
彭山	kɤ1	ko4 ku4	kho3	khɤ4	xu3	xu4	ŋu3	u1
新津	kɤ1	ko4	khɤ3	khɤ4	xo3	xo4	ŋo3	o1

从上表可以看出，古见系果摄一等字在今成都平原中读音分为两大类，都江堰、新津、彭山读为 -o，-ɤ，-u 韵。其他各点以及四川大部分地区基本统一读为开口呼 -o 韵。

第三节　成都平原方言声调特征

一、调类

表4-69　成都平原各方言点调类表

例字	边三 刚专	唐文 时扶	把比 打赌	米暖 五染	坐断 倍厚	用大 正对	白十 合俗	物月 入育	七竹 血客
古声类	清平	浊平	清上	次浊上	全浊上	清浊去	全浊入	次浊入	清入
茶店	阴平	阳平	上声		去声			阳平	
柏合	阴平	阳平	上声		去声			入声	
三河	阴平	阳平	上声		去声			入声	
石羊	阴平	阳平	上声		去声			入声	
九江	阴平	阳平	上声		去声			入声	
白家	阴平	阳平	上声		去声			入声	
苏坡	阴平	阳平	上声		去声			入声	
永宁	阴平	阳平	上声		去声			入声	
安靖	阴平	阳平	上声		去声			入声	
都江堰	阴平	阳平	上声		去声			入声	
金堂	阴平	阳平	上声		去声			阳声	
彭山	阴平	阳平	上声		去声			入声	
新津	阴平	阳平	上声		去声			入声	

从上表可以看出，成都平原各方言点声调演变的情况基本为：古清平今读阴平调，古浊平今读阳平，古清上和次浊上今读上声调，古全浊上和清浊去声今读去声。除茶店外，其余各点都保留了入声。茶店、金堂古入声不论清浊均已消失，基本派入阳平，和成都市区话同。其他各点都保留了入声调，由于所调查的各方言点距离成都市区位置的远近不同，都不同程度地受到了成都市区所讲湖广话的影响，所以入声保留的情况也不尽相同。通过入声保留的情况，我们可以看到语言正在变化的过程。柏合、三河、石羊、九江、白家、苏坡、永宁、安靖、都江堰、新津、彭山 11 个点都保留了入声，各个方言点的情况不同，一些字保留入声，一些字读入阳平等，下面我们对各点的入声保留情况具体分析。

表 4－70　三河话入声演化情况表

中古调类	今调类	全清		次清		全浊		次浊	
		字数	例字	字数	例字	字数	例字	字数	例字
入声	阴平	14	逼挖汁喝	0		0		4	拉摸
	阳平	1	着	2	乞匹	10	拔活匣	4	鹿膜
	上声	1	撒	0		1	洽	4	抹辱捋
	去声	11	亿忆压卜	5	错剔醋	7	蛰寞爆	12	肉玉幕液
	入声	114	血恶八法	66	拍缺壳尺	82	叶学舌直	79	药浴日入

由上表可以看出，三河话入声大部分仍保持独立，但仍有少部分混入了其他四声，其中较多混入阳平、去声及阴平，极个别例外字归入上声。

表 4－71　石羊话入声演化情况表

中古调类	今调类	全清		次清		全浊		次浊	
		字数	例字	字数	例字	字数	例字	字数	例字
入声	阴平	13	逼挖	1	剔	1	蝎	4	拉摸日
	阳平	9	着忽握忽	8	秃匹赤	14	拔突匣	9	粒译篾莫
	上声	3	撒	0		0		3	抹
	去声	11	亿忆压式	5	猝圣醋	10	昨炸爆	15	肉玉幕液
	入声	140	八百法答	63	泼踏脱尺	90	白罚仿笛	78	药浴日越

由上表可以看出，石羊话入声大部分仍保持独立，但仍有少部分混入了其他四声，其中较多混入阳平、去声及阴平，极个别例外字归入上声。

表 4-72 九江话入声演化情况表

中古调类	今调类	全清		次清		全浊		次浊	
		字数	例字	字数	例字	字数	例字	字数	例字
入声	阴平	12	逼挖只	1	忒	3	雹	4	拉摸曰垃
	阳平	5	雪碧	5	缺匹贴	11	绝勺学	2	业篾
	上声	2	撒准	1	塌	0		1	捋
	去声	8	亿忆压泄	3	泣剔	7	剧曝划	11	肉玉幕液
	入声	137	黑一别必	68	曲吃尺刻	60	舌十盒突	60	绿浴木麦

由上表可以看出，九江话入声大部分仍保持独立，但仍有少部分混入了其他四声，其中较多混入阳平、去声及阴平，极个别例外字归入上声。从入声保留的数量来看和石羊话基本相当。

表 4-73 永宁话入声演化情况表

中古调类	今调类	全清		次清		全浊		次浊	
		字数	例字	字数	例字	字数	例字	字数	例字
入声	阴平	9	喝挖憋	0		2	雹蝎	4	拉摸曰垃
	阳平	1	着握	2	匹	6	匣贼峡	3	膜寞篾
	上声	1	撒	0		0		2	捋抹
	去声	11	亿忆压泄	5	泄错剔	8	剧曝昨	11	玉幕液
	入声	139	一粥质竹	68	曲吃尺刻	92	白复读值	90	钥力辣肋

由上表可以看出，永宁话入声大部分仍保持独立，但仍有少部分混入了其他四声，其中混入最多的是去声，其次是阴平和阳平，只有 3 个例外字归入了上声。从入声保留的数量来看比石羊话和九江话更多一些。

表 4-74 安靖话入声演化情况表

中古调类	今调类	全清		次清		全浊		次浊	
		字数	例字	字数	例字	字数	例字	字数	例字
入声	阴平	12	喝挖憋逼	1	剔	0		5	拉摸曰垃
	阳平	2	着藿	2	匹擦	11	拔匣贼峡	7	膜鹿篾
	上声	1	撒	0		1	洽	3	捋抹亦
	去声	14	亿忆压泄	4	错圣刻	4	剧曝蛰雹	11	玉幕液
	入声	133	八笔百发	70	撒拍贴七	93	十杂寂值	74	入力六日

由上表可以看出，安靖话入声大部分仍保持独立，但仍有少部分混入了其他四声，其中混入最多的是去声，其次是阴平和阳平，只有 5 个例外字归入了上声。从入声保留的数量来看和其他方言点差不多。

由于都江堰、彭山、新津三点地理位置距离成都市区较远，入声保留相对更加完整，例外字少，此处不再列表赘述。

二、调值

表 4-75 成都平原各方言点调值表

调类	阴平	阳平	上声	去声	入声
茶店	25	31	52	113	阳平 31
柏合	35	31	51	213	43
三河	45	31	51	223	44
石羊	45	31	52	234	33
九江	34	31	52	213	32
白家	35	21	51	213	33
苏坡	24	31	52	223	33
永宁	34	31	51	112	42
安靖	45	31	51	223	33
都江堰	35	31	52	213	32
金堂	34	41	52	325	阳平 41
彭山	45	31	42	213	24
新津	45	31	51	223	22

调值计算及声调曲线参见本书第三章相应各节。从上表可以看出，成都平原各方言点，除了茶店、金堂入声调消失以外，其他各点都保留了入声，各方言点各调类的调值差异很小，不容易听出明显差别。

第五章 成都平原方言和湖广话音韵特征比较

第一节 湖广话的概念

崔荣昌根据移民史资料论证湖广话即成渝地区方言，是明洪武及清前期移民的结果。湖广话是四川人对成都和重庆等地方言的俗称，一般指以成都和重庆两地方言为代表的通行于成渝地区的方言。湖广话有西南官话的共同特征，比如入声归入阳平，不分平翘舌等。湖广话覆盖了东起万州西至成都岷江以东的地区。从地理位置上看，整个四川盆地，除去岷江西南以及沱江和岷江之间的部分，都是湖广话地区。从当地人对方言的感觉上说，通常说的四川话就是以成渝两地话为代表的湖广话，操这种方言的人被称为湖广人。人们所说的湖广话通常指成都话和重庆话，这里所说成都话通常指成都市区话。此次笔者调查了成都平原六个方言点，即龙泉驿区茶店镇，新都区三河镇、华阳镇石羊场，双流区九江镇，温江区永宁乡和郫都区安靖乡，这六个点分布于成都市区的四周，除了龙泉驿区茶店镇距离成都市区较远，其他五个点离成都市中心都在 20 千米以内。再加上龙泉区柏合乡、双流区白家镇、成都市苏坡桥乡、都江堰河东、彭山、新津以及金堂（王勇 2018），笔者将这十三个点和湖广话的代表——成都（市区）话和重庆话进行比较①，以期更加清楚地看到成都平原方言的特征。

---

① 成都话语音使用笔者 2008 年硕士学位论文《四川成都话音系调查研究》的记音，重庆话语音参考四川方言调查工作组《四川方言音系》的记音。

第二节　成都话总体音系特征

这里所讲的成都话指的是成都市区方言，也就是成都主城区所讲的方言，笔者硕士学位论文所记录的方言就是成都市区方言，其总体特征①如下：

一、成都话声母系统的特点

从总体上看，成都话的声母呈送气清音、不送气清音两者并存局面；部分尖团，成都话中尖团音已经合流，完全不能分辨；泥来母洪混细分；晓匣与非敷奉在一定条件下相混，晓组字在－u前混读为非组；古知庄章字与精组字同样存在今读舌面前音现象，但读作舌面前音的声母字数量远远小于精组字，知庄章组字与精组字的读音出现交叉现象，不能分辨，可见知庄章组字今与精组字存在合流现象；部分见系开口二等字白读仍作开口呼；影云以三母合流，基本读作零声母。疑母部分与影母合流，一部分白读音为－ŋ，还有部分与泥母合流。

二、成都话韵母系统的特点

无塞音韵尾；果摄开口一等中的一些字和假摄开口二等中的一些字读音相同，如"－ɑ 那哪_果巴把_假"；遇摄模韵字部分读入果摄为－o，如"幕慕暮"；止摄合口一部分字读入遇摄，"虽隧遂穗"，存在"支微入鱼"现象；蟹摄和止摄有着紧密的联系，蟹摄开口三等字和止摄开口字大部分读同，为－i/－ʅ。止摄合口一部分字读同蟹摄合口，两摄都有读为"－uei、－uai"韵母的字，王力也曾指出止蟹两摄合口呼合流的情况②。中古蟹止两摄合口逢泥来母时今成都话仍读作合口字，如"内累泪"；蟹止两摄合口字逢非组时，多读作了合口字，如"非妃肥"，这些字声母都与晓匣相混，韵母中带上了－u－介音。蟹摄开口二等见系字文白读存在合口与开口的区别，文读音都带上了－i－介音，与普通话同，白读音为开口呼，没有－i－介音，如"鞋解"；中古－m尾在今成都话中已经消失；－an韵在成都话中存在明显主元音高化，韵尾弱化及脱落倾向；深臻曾梗四摄合流，主要读作－ən/－in/－uən/－yn；宕江摄基

---

① 以下特征均参考笔者 2008 年硕士学位论文《四川成都话音系调查研究》。
② 王力．汉语史稿：上［M］．北京：中华书局，1980：160．

本合流。通摄保持相对的独立，但与曾梗摄都有不同程度的联系。曾梗摄部分唇牙喉音字读入了通摄。通摄合口三等东钟韵非组字多读同晓母字，韵母读同开口 -oŋ 韵，如风冯封缝。咸山两摄入声基本合流。

三、成都话声调系统的特点

成都话的全浊声母清化基本遵循下面的规律：古平清→今阴平，古平浊→今阳平；古上清和次浊→今上声，古上浊→今去声；古去声→今去声；古入清→阳平，古入浊→今阳平，古入次浊→今阳平。因此，全浊声母的清化使得成都话的阳平和去声数量不断增加，而上声数量减少。总的来看，成都话声调有 4 个：阴平 35、阳平 31、上声 52、去声 212。阴平属中升调，阳平是低降调，上声是高降调，去声是降升调。成都话的整个调型是降势。

第三节　重庆话总体音系特征

一、重庆市基本概况[①]

重庆市总面积为 23113.95 平方千米。位于四川盆地的东南部，地跨东经 105°17′至 107°27′，北纬 28°27′至 30°26′，南北长 220 千米，东西宽 208 千米。东邻四川省涪陵地区，南界贵州省遵义地区，西南靠四川省泸州市，西接四川省内江市，西北连四川省遂宁市，北与四川省南充和达州地区接壤。

唐代至南宋末年，巴渝地区一直比较安定，人口增长较多，到元丰三年（1080）达到 13.4 万户，约 67 万人。受宋末长期战争的影响，人口大量死亡和逃散。至元二十七年（1290）仅 22395 户，93535 人。康熙二十四年（1685），全省在籍人口仅 18090 户，约 9 万余人，重庆城"为都臣驻节之地，哀鸿稍集，然不过数百；此外州县，非数十家，或十数家，更有止一二家者"。后由于战乱的平息，经过几代人的休养生息和外地人口迁入，康熙六十一年（1772），重庆府人口达 11854 户，约 56 万人。从人口的数量可见，移民给重庆带来了新鲜的血液，同时作为明末清初移民入川的必经之路，移民在带来人口增长的同时，在很大程度上改变了当地人的语音。

---

① 重庆市地方志编纂委员会. 重庆市志：第一卷［M］. 成都：四川大学出版社，1992.

二、重庆市语音特征

自 1997 年重庆和成都在政治区划上分开管理后，由于行政管理的区别，很多人开始强调成都和重庆两地方言的差别，但是重庆本地人都会认为成都话和重庆话没有什么区别，只是重庆话听起来更"硬"一些。重庆话的语音特征和成都话基本相同，比如声母都不分平翘舌，不分边鼻音等；韵母没有后鼻音等；声调入声消失，只有阴阳上去四个。但是重庆话和成都话也有不同，主要有以下四点区别：

（1）重庆话泥来母没有洪混细分，即泥＝离，尿＝廖。

（2）深、臻、曾、梗摄入声开口三、四等帮、端、见系字的读法不同，比如"及、集、级"等字，成都话读为 - ie，重庆话全部读为 - i，和普通话同。

（3）"橘、局"等字韵母的读法，成都话读为 - y 韵，重庆话读为 - iy 韵。

（4）重庆话的去声读为 24，成都话的去声读为 212。

第四节　成都平原方言与湖广话[1]
主要语音特征的比较[2]

我们选取了湖广话的 21 条代表特征作为参考，将成都平原方言与湖广话进行比较，具体情况如下：

一、帮组字今读情况

表 5 - 1　帮组字今读音表

例字	波	八	盼	拍	杷	白	陪	拔
中古音	帮歌平	帮黠入	滂山去	滂陌入	並麻平	並陌入	並灰平	並黠入
茶店	po1	pʌ2	phan4	phe2	pʌ1	pe2	phei2	phʌ2

---

① 此处的湖广话主要是指成都话和重庆话。
② 为了突显声韵对比，简化声调标记，阴平调表示为 1，阳平调表示为 2，上声表示为 3，去声表示为 4，入声表示为 5。

续表 5-1

例字	波	八	盼	拍	杷	白	陪	拔
中古音	帮歌平	帮黠入	滂山去	滂陌入	並麻平	並陌入	並灰平	並黠入
柏合	po1	pʌ5	phæn4	phe5	pʌ1	pe5	phei2	phʌ2
三河	po1	pʌ5	phan4	phe5	pʌ1	pe5	phei2	phʌ2
石羊	po1	pʌ5	phan4	phe5	pʌ1	pe5	phei2	phʌ2
九江	po1	pʌ5	phan4	phæ5	pʌ1	pæ5	phei2	pʌ5
白家	po1	pʌ5	phan4	phɛ5	pʌ1	pɛ5	phei2	fʌ5
苏坡	po1	pʌ5	phæn4	phɛ5	pʌ1	pɛ5	phei2	phʌ2
永宁	po1	pʌ5	phan4	phe5	pʌ1	pe5	phei2	phæ5
安靖	po1	pʌ5	phan4	phe5	pʌ1	pe5	phei2	phʌ2
都江堰	po1	pɐ5	phan4	phæ5	pa1	pæ5	phei2	phæ5
金堂	po1	pa2	phan4	phe2	pa1	pe2	phei2	pha2
彭山	pu1	pʌ5	phan4	phai5	pa1	pai5	phei2	pha5
新津	pu1	pæ5	phan4	phæ5	pa1	pæ5	phei2	phæ5
成都	po1	pʌ2	phan4	phe2	pʌ1	pe2	phei2	phʌ2
重庆①	po1	pʌ2	phan4	phe2	pʌ1	pe2	phei2	phʌ2

由上表可知，帮组字在今成都平原和湖广话的读音基本一致，帮母读为不送气，滂母读为送气，並母消失归入帮滂，其中仄声洪音今成都平原方言和湖广话中都有部分字读为了送气声母 ph-，如"拔、勃、捕"等。个别方言点存在例外，比如，九江读为拔 p-，不送气；白家读为 f-。

二、古非晓组字的分混情况

表 5-2 古非晓组字分混情况表

例字	虎	付	欢	伐	发	黄
中古音	晓模上	非虞去	晓寒平	奉月入	非月入	匣唐平
茶店	fu3	fu4	xuan1	fʌ2	fʌ2	xuaŋ2

---

① 重庆话音系参考四川方言调查工作组《四川方言音系》.

例字	虎	付	欢	伐	发	黄
中古音	晓模上	非虞去	晓寒平	奉月入	非月入	匣唐平
柏合	fu3	fu4	xuɛn1	fʌ5	fʌ5	xuɑŋ2
三河	fu3	fu4	xuan1	fʌ5	fʌ5	xuɑŋ2
石羊	fu3	fu4	xuan1	fʌ5	fʌ5	xuɑŋ2
九江	fu3	fu4	xuan1	fæ5	fæ5	xuɑŋ2
白家	fʊ3	fʊ4	xuan1	fʌ5	fʌ5	xuɑŋ2
苏坡	fu3	fu4	xuæn1	fʌ5	fʌ5	xuɑŋ2
永宁	fu3	fu4	xuan1	fæ5	fæ5	xuɑŋ2
安靖	fu3	fu4	xuan1	fʌ5	fʌ5	xuɑŋ2
都江堰	fʊ3	fʊ4	xuan1	fɐ5	fɐ5	xuɑŋ2
金堂	fu3	fu4	xuan1	fa2	fa2	xuɑŋ2
彭山	fu3	fu4	xuan1	fa5	fa5	xuɑŋ2
新津	fu3	fu4	xuan1	fæ5	fæ5	xuɑŋ2
成都	fu3	fu4	xuan1	fʌ2	fʌ2	xuɑŋ2
重庆	fu3	fu4	xuan1	fʌ2	fʌ2	xuɑŋ2

　　由上表可知，成都平原各方言点关于古非晓组的分混基本相同，和成都市区话以及重庆话的演变一致，即古非晓组字在－u 韵前发生混读现象，韵母为－u 时，晓组字声母读为 f－。而在其他韵母前，非晓组没有发生混读。

三、泥来母的分混情况

表 5－3　泥来母分混情况表

例字	南	兰	泥	离	年	帘
中古音	泥覃平	来寒平	泥齐平	来支平	泥先平	来监平
茶店	lan2	lan2	ȵi2	li2	ȵian2	lian2
柏合	næn2	næn2	ȵi2	ni2	ȵiɛn2	niɛn2
三河	lan2	lan2	ȵi2	li2	ȵian2	lian2
石羊	lan2	lan2	ȵi2	li2	ȵian2	lian2

续表5-3

例字	南	兰	泥	离	年	帘
中古音	泥覃平	来寒平	泥齐平	来支平	泥先平	来监平
九江	lan2	lan2	ȵi2	li2	ȵian2	lian2
白家	nan2	nan2	ȵi2	ni2	ȵiɛn2	niɛn2
苏坡	næn2	næn2	ȵi2	ni2	ȵiɛn2	niɛn2
永宁	lan2	lan2	ȵi2	li2	ȵian2	lian2
安靖	lan2	lan2	ȵi2	li2	ȵian2	lian2
都江堰	nan2	nan2	ȵi2	ni2	ȵian2	nian2
金堂	lan2	lan2	ȵi2	li2	ȵian2	lian2
彭山	nan2	nan2	ȵi2	ni2	ȵian2	nian2
新津	nan2	nan2	ȵi2	ni2	ȵian2	nian2
成都	lan2	lan2	ȵi2	li2	ȵian2	lian2
重庆	nan2	nan2	ni2	ni2	nian2	nian2

从上表可知，成都平原方言和成都市区方言泥来母分混情况相同，泥来母洪混细分，分为 l-/n- 和 ȵ- 两组。调查的各个方言点中都存在 n- 和 l- 两个声母并存的现象，但是 n-/l- 没有区别意义的作用，所以我们把它看作音位的变体。重庆话泥来母今都读为了 n- 声母，没有洪混细分。

四、知庄章组字今读情况

表5-4 知庄章组字今读情况表

例字	知	超	住	找	察	章	齿	植
中古音	知支平	彻宵平	澄虞去	庄肴上	初黠入	章阳平	昌之上	禅职入
茶店	tsʅ1	tshau1	tsu4	tsau3	tshʌ2	tsaŋ1	tshʅ3	tsʅ2
柏合	tsʅ1	tshau1	tsu4	tsau3	tshʌ2	tsaŋ1	tshʅ3	tsə5
三河	tsʅ1	tshau1	tsu4	tsau3	tshʌ2	tsaŋ1	tshʅ3	tʂʅ5
石羊	tsʅ1	tshau1	tsu4	tsau3	tshʌ2	tsaŋ1	tshʅ3	tsə5
九江	tsʅ1	tshau1	tsu4	tsau3	tshʌ2	tsaŋ1	tshʅ3	tsə5
白家	tsʅ1	tshau1	tsu4	tsau3	tshʌ2	tsaŋ1	tshʅ3	tsə5

例字	知	超	住	找	察	章	齿	植
中古音	知支平	彻宵平	澄虞去	庄肴上	初黠入	章阳平	昌之上	禅职入
苏坡	tsʅ1	tshau1	tsu4	tsau3	tshʌ2	tsaŋ1	tshʅ3	tʂɚ5
永宁	tsʅ1	tshau1	tsu4	tsau3	tshæ5	tsaŋ1	tshʅ3	tsɚ5
安靖	tsʅ1	tshau1	tsu4	tsau3	tshʌ2	tsaŋ1	tshʅ3	tʂɚ5
都江堰	tsʅ1	tshau1	tsu4	tsau3	tshæ5	tsaŋ1	tshʅ3	tʂɚ5
金堂	tsʅ1	tshau1	tsu4	tsau3	tsha2	tsaŋ1	tshʅ3	tsʅ2
彭山	tsʅ1	tshau1	tsu4	tsau3	tshʌ5	tsaŋ1	tshʅ3	tsɚ5
新津	tsʅ1	tshau1	tsu4	tsau3	tshæ5	tsaŋ1	tshʅ3	tsɚ5
成都	tsʅ1	tshau1	tsu4	tsau3	tshʌ2	tsaŋ1	tshʅ3	tsʅ2
重庆	tsʅ1	tshau1	tsu4	tsau3	tshʌ2	tsaŋ1	tshʅ3	tsʅ2

从上表可知，古知庄章字今在成都平原和成都市区方言中均已基本合流。安靖、苏坡两点保留了翘舌音声母字，都存在于入声字中。据肖娅曼、何婉等学者对成都市区方言翘舌音声母的调查，一些翘舌声母字还在一部分老年人口语中遗存，但其分布的情况较为复杂，且不稳定。

五、见系开口二等字蟹咸江梗摄字今读情况

表 5-5　见系开口二等字蟹咸江梗摄字读音表

例字	解	鞋	陷	硬	杏	咸	街
中古音	见佳上	匣佳平	匣咸去	疑梗去	匣梗上	匣咸平	见佳平
茶店	tɕiai3 kai3	xai2	xan4	ŋen4	ɕin4 xen4	xan2	kai1
柏合	tɕiai3 kai3	ɕiai2	ɕiɛn4	ŋen4	xen4	xæn2	kai1
三河	tɕiai3 kai3	xai2	xan4	ŋen4	ɕin4 xen4	xan2	kai1
石羊	tɕiai3 kai3	xai2	xan4	ŋen4	xen4	xan2	kai1
九江	tɕiai3	xai2	ɕian4	ŋen4	xen4	xan2	kai1

续表 5－5

例字	解	鞋	陷	硬	杏	咸	街
中古音	见佳上	匣佳平	匣咸去	疑梗去	匣梗上	匣咸平	见佳平
白家	tɕiai3 kai3	xai2	ɕiɛn4	ŋen4	xen4	xan2	kai1
苏坡	tɕiai3 kai3 ɕiɛ4	xai2	xæn4	ŋen4	xen4	xæn2	kai1
永宁	tɕiai3	xai2	xan4	ŋen4	xen4	xan2	kai1
安靖	tɕiai3 kai3	xai2	xan4	ŋen4	ɕin4 xen4	xan2	kai1
都江堰	kai3	xai2	xan4	ŋen4	ɕin4 xen4	xan2	kai1
金堂	kai3	xai2	xan4	ŋen4	ɕin4 xen4	xan2	kai1
彭山	kai3	xai2	xan4	ŋən4	ɕin4 xən4	xan2	kai1
新津	kai3	xai2	xan4	ŋen4	ɕin4 xen4	xan2	kai1
成都	tɕiai3 kai3	xai2	xan4	ŋen4	xen4	xan2	kai1
重庆	tɕiai3 kai3	xai2	ɕian4	ŋen4	ɕin4 xen4	xan2	kai1

从上表可知，部分见系二等字在成都平原各方言点和成都市区话以及重庆话中仍读开口呼，其中部分字文读音已腭化。

六、船禅两母今读塞擦音、擦音比较

表 5－6　船禅两母今读塞擦音、擦音对比表

例字	船	唇	乘	慎	常	纯	禅	晨
中古音	船仙平	船真平	船蒸平	禅真去	禅阳平	禅真平	禅仙平	禅真平
茶店	tshuan2	suen2	sen2	tshen4	sɑŋ2	suen2	san2	tshen2
柏合	tshuæn2	suən2	sen2	tshen4	tshɑŋ2	suən2	sæn2 sæn4	sen2

例字	船	唇	乘	慎	常	纯	禅	晨
中古音	船仙平	船真平	船蒸平	禅真去	禅阳平	禅真平	禅仙平	禅真平
三河	tshuan2	tshuən2	sən2	tshən4	tshaŋ2	ʂuən2	tshan2	sən2
石羊	tshuan2	suen2	sen2	tshen4	tshaŋ2	suen2	san2	sen2
九江	tshuan2	tshuen2	sen2	sen4	saŋ2	tshuen2	tshan2	tshen2
白家	tshuan2	suen2	sen2	tshen4	saŋ2	suen2	san2	sen2
苏坡	tshuæn2	suən2	sen2	tshen4	saŋ2	suən2	sæn2	sen2
永宁	tshuan2	suen2	sen2	sen4	saŋ2	suen2	san2	sen2
安靖	tshuan2	suen2	sen2	tshen4	saŋ2	suen2	san2	sen2
都江堰	tshuan2	suən2	sen2	sen4	saŋ2	tshuən2	san2	sen2
金堂	tshuan2	suen2	sen2	tshen4	saŋ2	suen2	tshan2	tshen2
彭山	tshuan2	suən2	sən2	tshən4	saŋ2	suən2	san2	sən2
新津	tshuan2	suən2	sen2	tshen4	saŋ2	suən2	san2	sen2
成都	tshuan2	suen2	sen4	saŋ2		suen2	san2	sen2
重庆	tshuan2	suen2	sen2	tshen4	saŋ2	suen2	san2	sen2

从上表可知，船禅两母今在普通话中有送气塞擦音和擦音两种情况。成都平原各方言点和成都市区相比，分化情况大致相同。个别字存在例外情况，如"慎"字在茶店、石羊、安靖几点读为送气塞擦音声母，与成都市区话不同。"纯"和"唇"、"禅"和"晨"字在各方言点中读法不完全统一，这种不规律的读音应该是受到普通话的影响而产生的。

七、影疑母开口一二等字

表 5－7　影疑母开口一二等字读音表

例字	我	咬	昂	雁	奥	鞍	恩	樱
中古音	疑哿上	疑肴上	疑唐平	疑删去	影豪去	影寒平	影痕平	影耕平
茶店	ŋo3	ŋau3	ŋaŋ2	ŋan4	ŋau4	ŋan1	ŋen1	in1（文） ŋen1（白）
柏合	ŋo3	ŋau3	ŋaŋ2	iɛn4	ŋau4	ŋæn1	ŋen1	ŋen1
三河	ŋo3	nʲiau3	aŋ2	ian4	ŋau4	ŋan1	ŋen1	ŋən1

续表 5-7

例字	我	咬	昂	雁	奥	鞍	恩	樱
中古音	疑哿上	疑肴上	疑唐平	疑删去	影豪去	影寒平	影痕平	影耕平
石羊	ŋo3	ŋau3	aŋ2	ian4	ŋau4	ŋan1	ŋen1	in1 ŋen1（白）
九江	ŋo3	ɲiau3	ŋaŋ2	ian4	ŋau4	ŋan1	ŋen1	in1 ŋen1（白）
白家	ŋo3	ŋau3	ŋaŋ2	iɛn4	ŋau4	ŋan1	ŋen1	ŋen1
苏坡	ŋo3	ɲiau3	ŋaŋ2	iɛn4	ŋau4	ŋæn1	ŋen1	ŋen1
永宁	ŋo3	ŋau3	ŋaŋ2	ŋan4	ŋau4	ŋan1	ŋen1	in1 ŋen1（白）
安靖	ŋo3	ɲiau3	ŋaŋ2	ŋan4	ŋau4	ŋan1	ŋen1	ŋen1
都江堰	ŋu3	ŋau3 ɲiau3	ŋaŋ2	ŋan4	ŋau4	ŋan1	ŋen1	ŋen1
金堂	ŋo3	ŋau3 ɲiau3	ŋaŋ2	ian4	ŋau4	ŋan1	ŋən1	ŋən1
彭山	ŋu3	ŋau3 ɲiau3	ŋaŋ2	ŋan4 iɛn4	ŋau4	ŋan1	ŋen1	ŋen1
新津	ŋo3	ŋau3 ɲiau3	ŋaŋ2	ŋan4 iɛn4	ŋau4	ŋan1	ŋen1	ŋen1
成都	ŋo3	ŋau3	ŋaŋ2	ian4	ŋau4	ŋan1	ŋen1	ŋen1
重庆	ŋo3	niau3	ŋaŋ2	ian4	ŋau4	ŋan1	ŋen1	in1

从上表可知，影疑母开口一二等字在成都平原方言点中大部分字今读 ŋ 声母，与成都市区话基本相同，但个别字在成都市区话中已经读为零声母字。重庆话读音与成都市区话同。

八、疑影母开口三四等字

表 5-8 疑影母开口三四等字读音表

例字	艺	脸	严	言	凝	乙	英	益
中古音	疑祭去	疑严去	疑严平	疑元平	疑蒸平	影质入	影庚平	影昔入
茶店	ɲi4	ɲian3	ɲian2	ian2	ɲin4	ie2	in1	ie2
柏合	ɲi4	ɲiɛn3	ɲiɛn2	iɛn2	nin4	i2	in1	i4

例字	艺	脸	严	言	凝	乙	英	益
中古音	疑祭去	疑严去	疑严平	疑元平	疑蒸平	影质入	影庚平	影昔入
三河	ȵi4	ȵian3	ȵian2	ian2	nin4	ie5	in1	ie5
石羊	ȵi4	ȵian3	ȵian2	ian2	nin4	ie5	in1	ie5
九江	ȵi4	ȵian3	ian2	ian2	nin4	ie5	in1	ie5
白家	ȵi4	ȵiɛn3	ȵiɛn2	iɛn2	nin4	iɛ5	in1	iɛ5
苏坡	ȵi4	ȵiɛn3	ȵiɛn2	iɛn2	ȵin4	iɛ5	in1	iɛ5
永宁	ȵi4	ȵian3	ȵian2	ian2	ȵin4	ie5	in1	ie5
安靖	ȵi4	ȵian3	ȵian2	ian2	ȵin4	ie5	in1	ie5
都江堰	ȵi4	niɛn3	ȵiɛn2	iɛn2	ȵin2 / nin4	ie5	in1	ie5
金堂	ȵi4	nian3	ȵian2	iɛn2	ȵin4	i2	in1	i2
彭山	ȵi4	niɛn3	ȵiɛn2	iɛn2	ȵin2 / nin4	i5	in1	ie5
新津	ȵi4	niɛn3	ȵiɛn2	iɛn2	ȵin2 / nin4	ie5	in1	ie5
成都	ȵi4	ȵian3	ȵian2	ian2	ȵin4	i2	in1	i2
重庆	ni4	niɛn3	niɛn2	ian2	nin4	i2	in1	i2

从上表可知，疑影母字开口三四等字读法，成都平原各方言点和成都市区基本相同。影母基本读零声母，疑母部分读为 ȵ - 声母，混入泥母。重庆话疑母字部分读为 n - 声母。

九、以、云母及日母

表 5 - 9　以、云母及日母读音表

例字	泳	荣	容	爷	阎	肉	入	日
中古音	云庚去	云庚平	以钟平	以麻平	以盐平	日屋入	日缉入	日质入
茶店	yn4	yn2	ioŋ2	ie2	ȵian2	zəu4	zo2	zʅ2
柏合	yn4	yn2	ioŋ2	iɛ2	ȵiɛn2	zəu4	zo5	zəʅ5
三河	yn4	ioŋ2	ioŋ2	iɛ2	ȵian2	zəu4	zo5	zʅʅ5
石羊	yn4	yn2	ioŋ2	ie2	ȵian2	zəu4	zo5	zo5

续表 5-9

例字	泳	荣	容	爷	阎	肉	入	日
中古音	云庚去	云庚平	以钟平	以麻平	以鉴平	日屋入	日缉入	日质入
九江	yn4	ioŋ2	ioŋ2	i2	ian2	zu2 白 zəu4 文	zo5	zə5
白家	yn4	yn2	ioŋ2	iɛ2	ȵiɛ̃2	zəu4	zo5	zə5
苏坡	yn4	yn2	ioŋ2	iɛ2	iɛ̃2	zəu4	zʅ5	ɚ5
永宁	yn4	yn2	ioŋ2	ie2	ȵian2	zəu4	zo5	zə5
安靖	yn4	yn2	ioŋ2	ie2	ȵian2	zəu4	zo5	ʐə5
都江堰	yn4	yn2	ioŋ2	ie2	ȵiɛ̃2	zəu4 zo5	zo5	zɚ5
金堂	yn4	yn2	ioŋ2	ie2	ȵian2	zəu4 zo5	zo2	zʅ2
彭山	yn4	yn2	ioŋ2	i2	ȵiɛ̃2	zəu4 zo5	zo5	zʁ2
新津	yn4	yn2	ioŋ2	i2	ȵiɛ̃2	zəu4 zo5	zo5	zə5
成都	yn4	yn2	ioŋ2	ie2	ȵian2	zu2 白 zəu4 文	zu2	zʅ2
重庆	yŋ4	yŋ2	yŋ2	ie2	nian2	zəu4	zu2	zʅ2

　　由上表可以看出，以、云母字的今读在成都平原和成都市区基本相同，只有个别字略有不同，如"爷、阎"。日母字"肉"在成都市区保留文白两读，成都平原方言点除九江外，读音［zu］均已消失。苏坡、安靖两点保留卷舌音 ʐ-。

十、臻摄合口一三等端泥精组字

表 5-10　臻摄合口一三等端泥精组字读音表

例字	尊	盾	寸	存	笋	孙	损
中古音	精魂平	定魂上	清魂去	从魂平	心淳上	心魂平	心魂上
茶店	tsen1	ten4	tshuən4	tshen2	sen3	suən1	sen3
柏合	tsen1	ten4	tshen4	tshen2	sen3	suən1	sen3
三河	tsən1	tən4	tshuən4	tshən2	ʂuən3	ʂuən1	sən3

例字	尊	盾	寸	存	笋	孙	损
中古音	精魂平	定魂上	清魂去	从魂平	心淳上	心魂平	心魂上
石羊	tsen1	ten4	tshuan4	tshen2	sen3	sen1	sen3
九江	tsen1	ten4	tshen4	tshen2	sen3	sen1	sen3
白家	tsen1	ten4	tshen4	tshen2	sen3	sen1	sen3
苏坡	tsen1	ten4	tshen4	tshen2	sen3	sen1	sen3
永宁	tsen1	ten4	tshən4	tshen2	sen3	sen1	sen3
安靖	tsen1	ten4	tshuan4	tshen2	sen3	sen1	suen3
都江堰	tsen1	ten4	tshen4	tshen2	sen3	suən1	sen3
金堂	tsen1	ten4	tshuen4	tshen2	suen3	sen1	sen3
彭山	tsən1	tən4	tshən4	tshən2	sən3	sən1	sən3
新津	tsen1	ten4	tshen4	tshen2	sen3	sen1	sen3
成都	tsen1	ten4	tshuen4	tshen2	sen3	sen1	sen3
重庆	tsen1	ten4	tshen4	tshen2	sen3	sen1	sen3

从上表可知，臻摄字今在成都平原各方言点和成都市区的部分端泥精组字
无－u－介音，个别字在两地均受普通话影响，已带上介音－u－。三河"笋"
和"孙"，金堂"笋"都带－u－介音。

十一、假摄开口三等精组见系字

表5－11　假摄开口三等精组见系字读音表

例字	姐	且	借	卸	些	谢	爹	野
中古音	精麻上	清麻上	精麻去	心麻去	心麻平	邪麻去	知麻平	以麻上
茶店	tçie3	tçhie3	tçie4	çie4	çi1	çie4	ti1	ie3
柏合	tçie3	tçhie3	tçie4	çie4	çi1	çie4	tie1	ie3
三河	tçie3	tçhie3	tçie4	çie4	çi1	çie4	tie1	ie3
石羊	tçie3	tçhie3	tçie4	çie4	çi1	çie4	ti1	ie3
九江	tçi3	tçhi3	tçi4	çi4	çi1	çi4	ti1	i4
白家	tçiɛ3	tçhiɛ3	tçiɛ4	çiɛ4	çi1	çiɛ4	ti1	iɛ3
苏坡	tçiɛ3	tçhiɛ3	tçiɛ4	çiɛ4	çi1	çiɛ4	tiɛ1	iɛ3

续表5-11

例字	姐	且	借	卸	些	谢	爹	野
中古音	精麻上	清麻上	精麻去	心麻去	心麻平	邪麻去	知麻平	以麻上
永宁	tɕie3	tɕhie3	tɕie4	ɕie4	ɕi1	ɕie4	ti1	i3
安靖	tɕie3	tɕhie3	tɕie4	ɕie4	ɕi1	ɕie4	ti1	ie3
都江堰	tɕi3	tɕhie3	tɕie4	ɕie4	ɕi1	ɕie4	ti1	ie3
金堂	tɕie3	tɕhie3	tɕie4	ɕie4	ɕi1	ɕie4	ti1	ie3
彭山	tɕi3	tɕhi3	tɕi4	ɕi4	ɕi1	ɕi4	ti1	i3
新津	tɕi3	tɕhi3	tɕi4	ɕi4	ɕi1	ɕi4	ti1	i3
成都	tɕie3	tɕhie3	tɕie4	ɕie4	ɕi1	ɕie4	tie1	ie3
重庆	tɕie3	tɕhie3	tɕie4	ɕie4	ɕie1	ɕie4	tie1	ie3

从上表可知，假摄开口三等精组见系，麻韵字大部分读为－ie 韵，在成都平原各点读为－i 韵母的情况更多，如"爹、谢、野"。成都市区话基本读为－ie，极个别字如"些"读为－i。重庆话全部读为－ie。

十二、流摄明母字

表5-12　流摄明母字读音表

例字	某	亩	茂	贸	谋	母
中古音	明厚上	明厚上	明侯去	明侯去	明尤平	明侯上
茶店	moŋ3	moŋ3	moŋ4	moŋ4	moŋ2	mu3
柏合	moŋ3	moŋ3	moŋ4	moŋ4	moŋ2	mu3
三河	moŋ3	moŋ3	moŋ4	moŋ4	moŋ2	mu3
石羊	moŋ3	moŋ3	moŋ4	moŋ4	moŋ2	mu3
九江	moŋ3	moŋ3	moŋ4	moŋ4	moŋ2	mu3
白家	moŋ3	moŋ3	moŋ4	moŋ4	moŋ2	mu3
苏坡	moŋ3	moŋ3	moŋ4	moŋ4	moŋ2	mu3
永宁	moŋ3	moŋ3	moŋ4	moŋ4	moŋ2	mu3
安靖	moŋ3	moŋ3	moŋ4	moŋ4	moŋ2	mu3
都江堰	moŋ3	moŋ3	moŋ4	moŋ4	moŋ2	mʊ3
金堂	moŋ3	moŋ3	moŋ4	moŋ4	moŋ2	mu3

例字	某	亩	茂	贸	谋	母
中古音	明厚上	明厚上	明侯去	明侯去	明尤平	明侯上
彭山	məŋ3	məŋ3	moŋ4	moŋ4	məŋ2	mu3
新津	moŋ3	moŋ3	moŋ4	moŋ4	moŋ2	mu3
成都	moŋ3	moŋ3	moŋ4	moŋ4	moŋ2	mu3
重庆	moŋ3	moŋ3	moŋ4	moŋ4	moŋ2	mu3

从上表可知，流摄明母今读情况，成都平原各点和成都市区话、重庆话一致，大部分字今读－oŋ韵。

十三、蟹山摄合口一等端泥组今读情况

表5－13 蟹山摄合口一等端泥组读音表

例字	堆	腿	团	乱	内	累	雷	泪
中古音	端灰平	透灰上	定寒平	来寒去	泥灰去	来灰去	来灰平	来脂去
茶店	tuei1	thuei3	thuan2	luan4	luei4	luei4	luei2	luei4
柏合	tuei1	thuei3	thuæn2	nuæn4	nuei4	nuei4	nuei2	nuei4
三河	tuei1	thuei3	thuan2	luan4	luei4	luei4	luei2	luei4
石羊	tuei1	thuei3	thuan2	luan4	luei4	luei4	luei2	luei4
九江	tuei1	thuei3	thuan2	luan4	luei4	luei4	luei2	luei4
白家	tuei1	thuei3	thuan2	nuæn4	nuei4	nuei4	nuei2	nuei4
苏坡	tuei1	thuei3	thuæn2	nuæn4	nuei4	nuei4	nuei2	nuei4
永宁	tuei1	thuei3	thuan2	luan4	luei4	luei4	luei2	luei4
安靖	tuei1	thuei3	thuan2	luan4	luei4	luei4	luei2	luei4
都江堰	tuei1	thuei3	thuan2	nuan4	nuei4	nuei4	nuei2	nuei4
金堂	tuei1	thuei3	thuan2	luan4	luei4	luei4	luei2	luei4
彭山	tei1	thei3	tan2	nan4	nuei4	nuei4	nuei2	nuei4
新津	tei1	thei3	tan2	nan4	nuei4	nuei4	nuei2	nuei4
成都	tuei1	thuei3	thuan2	luan4	luei4	luei4	luei2	luei4
重庆	tuei1	thuei3	thuan2	nuan4	nuei4	nuei4	nuei2	nuei4

从上表可知，蟹山摄合口一等端泥组今在成都平原各方言点和成都市区以及重庆话中都有 -u- 介音，读为合口呼。

十四、宕摄入开口三等（药）

表 5-14　宕摄入开口三等读音表

例字	雀	鹊	芍	着	弱	酌	掠	约
中古音	精药入	清药入	禅药入	知药入	日药入	章药入	来药入	影药入
茶店	tɕhio2	tɕhio2	so2	tsho2	zo2	tso2	lio2	io2
柏合	tɕhio5	tɕhio5	sɑo2	tso5	zo5	tso5	nio5	io5
三河	tɕhio5	tɕhio5	so5	tso5	zo5	tso5	lio5	io5
石羊	tɕhio5	tɕhio5	so5	tso5	zo5	tso5	io5	io5
九江	tɕhio5	tɕhio5	so2	tso5	zo5	tso5	lio5	io5
白家	tɕhio5	tɕhio5	so2	tsʋ5	zo5	tso5	nio5	io5
苏坡	tɕhiɵ5	tɕhiɵ5	sɵ5	tsu4	zɵ5	tsɵ5	niɵ5	iɵ5
永宁	tɕhio5	tɕhio5	so5	tso5	zo5	tso5	lio5	io5
安靖	tɕhio5	tɕhio5	so5	tso5	zo5	tso5	lio5	io5
都江堰	tɕhio5	tɕhio5	so2	tso5	zo5	tso5	nio5	io5
金堂	tɕhio2	tɕhio2	so2	tso2	zo2	tso2	lio2	io2
彭山	tɕhio5	tɕhio5	so5	tso5	zo5	tso5	nio5	io5
新津	tɕhio5	tɕhio5	so5	tso5	zo5	tso5	nio5	io5
成都	tɕhio2	tɕhio2	so2	tsho2	zo2	tso2	lio2	io2
重庆	tɕhyo2	tɕhyo2	so2	tsho2	zo2	tso2	nyo2	yo2

从上表可知，宕摄入声开口三等字今在成都平原各方言点大部分读 -io 韵，个别知系字读 -o 韵。成都平原各方言点除茶店、金堂外基本都保留了入声，成都市区和重庆话均读为阳平。"芍"字柏合点读为［sɑo2］，同普通话。重庆话主要读为 -yo 韵和 -o 韵。

十五、曾一梗二开口入声帮端知见系字

表 5-15 曾一梗二开口入声帮端知见系字读音表

例字	北	德	则	黑	白	择	责	赫
中古音	帮德入	端德入	精德入	晓德入	並陌入	澄陌入	庄陌入	晓陌入
茶店	pe2	te2	tse2	xe2	pe2	tshe2	tse2	xe2
柏合	pe5	te5	tse5	xe5	pe5	tshe5	tse5	xe5
三河	pe5	te5	tse5	xe5	pe5	tshe5	tse5	xe5
石羊	pe5	te5	tse5	xe5	pe5	tshe5	tse5	xe5
九江	pæ5	tæ5	tsæ5	xæ5	pæ5	tshæ5	tsæ5	xæ5
白家	pɛ5	tɛ5	tsɛ5	xɛ5	pɛ5	tshɛ5	tsɛ5	xɛ5
苏坡	pɛ5	tɛ5	tsɛ5	xɛ5	pɛ5	tshɛ5	tsɛ5	xɛ5
永宁	pæ5	tæ5	tsæ5	xæ5	pæ5	tshæ5	tsæ5	xæ5
安靖	pe5	te5	tse5	xe5	pe5	tshe5	tse5	xe5
都江堰	pæ5	tæ5	tsæ5	xæ5	pæ5	tshæ5	tsæ5	xæ5
金堂	pe2	te2	tse2	xe2	pe2	tshe2	tse2	xe2
彭山	pai5	tai5	tsai5	xai5	pai5	tshai5	tsai5	xai5
新津	pæ5	tæ5	tsæ5	xæ5	pæ5	tshæ5	tsæ5	xæ5
成都	pe2	te2	tse2	xe2	pe2	tshe2	tse2	xe2
重庆	pe2	te2	tse2	xe2	pe2	tshe2	tse2	xe2

从上表可知，曾一梗二入开口帮端知见系字在成都平原各方言点中主要读为 -e/-ɛ 韵和 -æ 韵，彭山读为 -ai 韵，九江、永宁、都江堰、新津读为入声 -æ 韵，三河、柏合、石羊、安靖为入声 -e 韵，白家、苏坡读为入声 -ɛ 韵，茶店、金堂、成都市区、重庆读为阳平 -e 韵，从各点读音的情况可以看出南路话受湖广话影响的变化过程，首先变化的是韵母，保留声调，然后入声消失，读入湖广话。

十六、臻入声合口一三等帮知系端泥组字

表 5 - 16　臻入声合口一三等帮知系端泥组字读音表

例字	不	没	突	物	术_{苍术}	率	出	律
中古音	非没入	明没入	定没入	微物入	澄术入	生术入	昌术入	来术入
茶店	po2	mo2	tho2	o2	tsho2	so2	tsho2	lo2
柏合	po5	mo5	thʊ2	o5	sʊ4	so5	tsho5	no5
三河	po5	mo5	thu2	o5	ʂu4	lue5	tsho5	lo5
石羊	po5	mo5	thu2	o5	su4	so5	tsho5	lo5
九江	po5	mo5	thu2	uə5	su4	so5	tsho5	lo5
白家	po5	mo5	tho2	o5	sʊ4	so2	tsho5	no5
苏坡	pɵ5	mo2 mei2	thu2	ɵ5	su4	sɵ5	tshɵ5	nɵ5
永宁	po5	mo5	tho5	o5	su4	so5	tsho5	lo5
安靖	po5	mo5	tho5	o5	tsho5	so5	tsho5	lo5
都江堰	po5	mo5	tho5	o5	sʊ4	so5	tsho5	no5
金堂	po2	mo2	tho2	o2	su4	so2	tshu2	lu2
彭山	po5	mo5	tho5	o5	su4	so5	tsho5	no5
新津	pu5	mo5	tho5	o5	su4	so5	tsho5	no5
成都	pu2	mo2	thu2	vu2	tshuo2	lv2	tshu2	lu2
重庆	pu2	mo2	thu2	vu2	tshuo2	lv2	tshu2	nu2

从上表可知，臻入声合口一三等帮知系端泥组字在成都平原各方言点和成都市区读音不同，成都平原各方言点基本读为－o韵入声，个别字茶店、金堂读为－o韵阳平，成都市区话和重庆话读为－u韵阳平，个别字还保留了－o韵的读法，比如"没"。

十七、深臻曾梗入声三四等开口帮端见系

表5-17　深臻曾梗入声三四等开口帮端见系字读音表

例字	及	吸	七	惜	劈	滴	绩	力
中古音	群缉入	晓缉入	清质入	心昔入	滂锡入	端锡入	精锡入	来职入
茶店	tɕie2	ɕie2	tɕhie2	ɕie2	phie2	tie2	tɕie2	lie2
柏合	tɕie5	ɕie5	tɕhie5	ɕie5	phie5	tie5	tɕie5	nie5
三河	tɕie5	ɕie5	tɕhie5	ɕie5	phie5	tie5	tɕie5	lie5
石羊	tɕie5	ɕie5	tɕhie5	ɕie5	phie5	tie5	tɕie5	lie5
九江	tɕie5	tɕie5	tɕhie5	ɕie5	phie5	tie5	tɕie5	lie5
白家	tɕiɛ5	ɕiɛ5	tɕhiɛ5	ɕiɛ5	phiɛ5	tiɛ5	tɕiɛ5	niɛ5
苏坡	tɕiɛ5	ɕiɛ5	tɕhiɛ5	ɕiɛ5	phiɛ4	tiɛ5	tɕiɛ5	niɛ5
永宁	tɕie5	ɕie5	tɕhie5	ɕie5	phie5	tie5	tɕie5	lie5
安靖	tɕie5	tɕie5	tɕhie5	ɕie5	phie5	tie5	tɕie5	lie5
都江堰	tɕie5	tɕie5	tɕhie5	ɕie5	phie5	tie5	tɕie5	nie5
金堂	tɕi2	tɕi2	tɕhi2	ɕi2	phie2	ti2	tɕi2	li2
彭山	tɕie5	ɕie5	tɕhie5	ɕie5	phie5	tie5	tɕie5	nie5
新津	tɕie5	tɕie5 ɕie5	tɕhie5	ɕie5	phie5	tie5	tɕie5	nie5
成都	tɕie2 老 tɕi2 新	tɕie2 老 tɕi2 新	tɕi2	ɕie2 老 ɕi2 新	phie2 老 phi2 新	ti2	tɕie2 老 tɕi2 新	li2
重庆	tɕi2	ɕi2	tɕhi2	ɕi2	phi2	ti2	tɕi2	ni2

从上表可知，深臻曾梗入声三四等开口帮端见系字今在成都平原各方言点除金堂外基本都读为 -ie/ -iɛ 韵入声，茶店话读为 -ie 韵阳平。成都话呈现出明显的新老异读现象，"及、吸、惜"等字老年人保留了 -ie 韵，青年人中主要读为了 -i 韵，与普通话韵母接近。重庆话全部读为 -i 韵，同普通话的韵母。

十八、曾梗入合口三等见系，通入三等精组见系

表5-18　曾梗入合口三等见系，通入三等精组见系字读音表

例字	菊	曲	局	狱	域	疫	育	蓄
中古音	见屋入	溪烛入	群烛入	疑烛入	云职入	以昔入	以屋入	晓屋入
茶店	tɕhio2	tɕhio2	tɕy2	io2	io2	io2	io2	çio2
柏合	tɕhio5	tɕhio5	tɕy2	io5	io5	io5	io5	çio5
三河	tɕhio5	tɕhio5	tɕio5	io5	io5	io5	io5	çio5
石羊	tɕhio5	tɕhio5	tɕye5	io5	io5	io5	io5	çio5
九江	tɕye5	tɕhio5	tɕio5	io5	ye5	i4	ye5	çio5
白家	tɕhio5	tɕhio5	tɕy2	io5	io5	io5	io5	çio5
苏坡	tɕyɛ5	tɕhyɛ5	tɕyɛ5	iθ5	iθ5	iθ5	iθ5	çiθ5
永宁	tɕhio5	tɕhio5	tɕio5	io5	io5	io5	io5	çio5
安靖	tɕhio5	tɕhio5	tɕio5	io5	io5	io5	io5	çio5
都江堰	tɕhio5	tɕhio5	tɕio5	io5	io5	io5	io5	çio5
金堂	tɕhio2	tɕhio2	tɕy2	io2	io2	io2	io2	çio2
彭山	tɕhye5	tɕhio5	tɕy5	io5	io5	io5	io5	çy5
新津	tɕio5	tɕhio5	tɕio5	io5	io5	io5	io5	çio5
成都	tɕy2	tɕhio2	tɕy2	io2	io2	io2	io2	çio2
重庆	tɕyu2	tɕhyu2	tɕyu2	yi2	yi2	yi2	yi2	çyu2

从上表可知，曾梗入合口三等见系字、通入三等精组见系字在今成都平原方言点主要读为－io/－iθ韵或－ye/－yɛ韵入声。茶店、金堂和成都市区方言中主要读为－io韵阳平，少数读为－y韵阳平，向普通话靠拢。重庆话读为－yu韵或者－yi韵阳平。

十九、通摄屋韵帮系

表5-19　通摄屋韵帮系字读音表

例字	卜占卜	扑	仆	木	幅	覆	服	牧
中古音	帮屋入	滂屋入	並屋入	明屋入	非屋入	敷屋入	奉屋入	明屋入
茶店	po2	phu2	mu2	mo2	fu4	mu2	fo2	mo4
柏合	pʊ3	pho5	phʊ4	mo5	fo5	fo5	fo5	mo5

续表 5－19

例字	卜占卜	扑	仆	木	幅	覆	服	牧
中古音	帮屋入	滂屋入	並屋入	明屋入	非屋入	敷屋入	奉屋入	明屋入
三河	pu4	pho5	pho5	mo5	fo5	fo5	fo5	mo4
石羊	pho5	phu2	phu2	mo5	fu2	fo5	fo5	mo5
九江	pho5	pho5	pho5	mo5	fə5	fə5	fə5	mo5
白家	pho2	pho5	pho5	mo5	fʊ4	fo5	fo2	mo5
苏坡	phu3	phu4	phu4	meɵ5	fɵ5	fɵ5	fɵ5	mo4
永宁	pho5	pho5	pho5	mo5	fo5	fo5	fo5	mo5
安靖	pho5	pho5	pho5	mo5	fo5	fo5	fo5	mo5
都江堰	pho5	pho5	pho5	mo5	fo5	fo5	fo5	mo5
金堂	phu2	phu2	phu2	mu2	fu4	fu2	fo2	mu2
彭山	pho5	pho5	pho5	mo5	fɤ5	fɤ5	fɤ5	mo5
新津	pho5	pho5	pho5	mo5	fo5	fo5	fo5	mo5
成都	pu3	phu2	mu2	mu2	fu4	mu2	fu2	mu4
重庆	pu3	phu2	mu2	mu2	fu4	mu2	fu2	mu4

　　从上表可知，通摄屋韵帮系字今在成都平原各方言点地主要读为－o韵，和果摄字混同，部分读为－u韵，除茶店、金堂都保留入声。成都市区话和重庆话读为－u韵，入声消失。

二十、遇合三今读情况

表 5－20　遇合三今读情况表

例字	居	墟	锯	于	雨	娱	去	瞿
中古音	见鱼平	溪鱼平	见鱼去	云虞平	云虞上	疑虞平	溪鱼去	群虞平
茶店	tɕy1	ɕy1	tɕy4	y2	y3	y2	tɕhy4	tɕhy2
柏合	tɕy1	ɕy1	tɕy4	y2	y3	y2	tɕhie4 tɕhy4	tɕhy2
三河	tɕy1	ɕy1	tɕy4	y2	y3	y2	tɕhie4 tɕhy4	tɕhy2
石羊	tɕy1	ɕy1	tɕy4	y2	y3	y2	tɕie4 tɕhy4	tɕhy2
九江	tɕy1	ɕy1	tɕy4	y2	y3	y2	tɕie4	tɕhye2

续表 5-20

例字 中古音	居 见鱼平	墟 溪鱼平	锯 见鱼去	于 云虞平	雨 云虞上	娱 疑虞平	去 溪鱼去	瞿 群虞平
白家	tçy1	çy1	tçy4	y2	y3	y2	tçhiɛ4 tçhy4	tçhy2
苏坡	tçy1	çy1	tçy4	y2	y3	y2	tçhiɛ4 tçhy4	tçhiθ5
永宁	tçy1	çy1	tçy4	y2	y3	y2	tçhiɛ4 tçhy4	tçhy2
安靖	tçy1	çy1	tçy4	y2	y3	y2	tçhiɛ4 tçhy4	tçhy2
都江堰	tçy1	çy1	tçy4	y2	y3	y2	tçhiɛ5 tçhy4	tçhy2
金堂	tçy1	çy1	tçy4	y2	y3	y2	tçhy4	tçhy2
彭山	tçy1	çy1	tçy4	y2	y3	y2	tçhi5	tçhy2
新津	tçy1	çy1	tçy4	y2	y3	y2	tçhiɛ4 tçhy4	tçhy2
成都	tçy1	çy1	tçy4	y2	y3	y2	tçhiɛ4 tçhy4	tçhy2
重庆	tçyi1	çyi1	tçyi4	yi2	yi3	yi2	tçhyi4	tçhyi2

从上表可知，遇摄合口三等今在成都平原各方言点基本都读为 -y 韵，与成都市区话相同。"去"字各点基本都保留 -y 韵和 -ie 韵，其中九江、石羊读为不送气。"瞿"字九江点读为 -ye 韵，苏坡点读为 -iθ 韵例外。重庆话都读为 -yi 韵，与成都平原话不同。

二十一、古入声调今读情况

表 5-21 古入声调今读情况表

方言点 调类	茶店	柏合	三河	石羊	九江	白家	苏坡	永宁	安靖	都江堰	金堂	彭山	新津	成都	重庆
古入声	阳平 31	入声 43	入声 44	入声 33	入声 32	入声 33	入声 33	入声 42	入声 32	入声 32	阳平 41	入声 24	入声 22	阳平 21	阳平 21

古入声在今成都市区话和重庆话中无论清浊基本归入阳平调，在成都平原各方言点中，茶店、金堂入声消失，归入阳平，其他方言点均保留入声，调值基本属于中平调。

第五节　成都平原各方言点与
成都话、重庆话的异同分析

我们以表5-4的21条语音特征为线索，把成都平原各点方言、成都市区话以及重庆话进行对比，以成都市区话的语音特征作为参照，成都平原方言各点中与之相似的特征，即用"＋"表示，反之用"－"表示，如果该相似特征较为模糊或呈现部分与之相似而部分与之不同，则用"＋/－"表示。

表5-22　成都平原方言点、成都市区话、重庆话语音特点比较表

音韵特点＼方言点①	成	茶	柏	三	石	九	白	苏	永	安	都	金	彭	新	重
（1）帮组字今主要读 p/ph，并母仄声个别读为 ph	＋	＋	＋	＋	＋	＋	＋	＋	＋	＋	＋	＋	＋	＋	＋
（2）古晓组字 u 韵前读 f，其他不混	＋	＋	＋	＋	＋	＋	＋	＋	＋	＋	＋	＋	＋	＋	＋
（3）泥来母洪混细分	＋	＋	＋	＋	＋	＋	＋	＋	＋	＋	＋	＋	＋	＋	－
（4）知庄章组合流，读 ts	＋	＋	＋	＋/－	＋	＋	＋/－	＋	＋/－	＋/－	＋	＋	＋	＋	＋
（5）见系开口二等字蟹咸江梗摄字部分不腭化	＋	＋	＋	＋	＋	＋	＋	＋	＋	＋	＋	＋	＋	＋	＋
（6）船禅两母部分读擦音	＋	＋	＋	＋	＋	＋	＋	＋	＋	＋	＋	＋	＋	＋	＋
（7）影疑母开口一二等今读 ŋ	＋	＋/－	＋	＋/－	＋/－	＋/－	＋	＋/－	＋	＋/－	＋	＋/－	＋/－	＋/－	＋/－
（8）疑母开口三四等今读零声母和 ȵ	＋	＋	＋	＋	＋	＋	＋	＋	＋	＋	＋	＋	＋	＋	－
（9）以、云母及日母部分读零声母	＋	＋	＋	＋	＋	＋	＋	＋	＋	＋	＋	＋	＋	＋	＋

---

① 为表格排版方便，所有地区均使用首字代替：成（成都）、茶（茶店）、柏（柏合）、三（三河）、石（石羊场）、九（九江）、白（白家）、苏（苏坡）、永（永宁）、安（安靖）、都（都江堰）、金（金堂）、彭（彭山）、新（新津）、重（重庆）。

续表 5-22

音韵特点 \ 方言点	成	茶	柏	三	石	九	白	苏	永	安	都	金	彭	新	重
(10) 臻摄合口一三等端泥精组字部分丢失 u 介音	+	+	+	+	+	+	+	+	+	+	+	+	+	+	+
(11) 假摄开口三等精组见系字读 ie 韵	+	+/−	+/−	+	+/−	−	+/−	+	+/−	+/−	+/−	+/−	−	−	+
(12) 流摄明母字读 oŋ	+	+	+	+	+	+	+	+	+	+	+	+	+	+	+
(13) 蟹山摄合口一等端泥组今读带 -u- 介音	+	+	+	+	+	+	+	+	+	+	+	+/−	+/−	+	+
(14) 宕摄入开口三等今读 o/io	−	+	+	+	+	+	+	+	+	+	+	+	+	+	+/−
(15) 曾一梗二开口入声帮端知见系字读 e	+	+	+	+	+	−	+	+	−	+	−	+	−	−	+
(16) 臻入声合口一三等帮知系端泥组读 u	+	−	+/−	+/−	+/−	+/−	+/−	+/−	+/−	−	+/−	+/−	+/−	+/−	+
(17) 深臻曾梗入声三四等开口帮端见系部分读 ie	+	+	+	+	+	+	+	+	+	+	+/−	+	+	+	−
(18) 曾梗入合口三等见系，通入三等精组见系读 io	+	+	+	+	+	+/−	+/−	+	+	+	+/−	+/−	+	+	−
(19) 通摄屋韵帮系今读 u	+	+/−	+/−	+/−	+/−	−	+	+/−	−	−	−	+/−	−	−	+
(20) 遇合三今读 y	+	+	+	+	+	+	+	+	+	+	+/−	+	+/−	+/−	−
(21) 古入声调今读阳平	+	+	−	−	−	−	−	−	−	−	+	−	−	−	+

　　为了进一步比较成都平原各方言与成都市区方言以及重庆话的相似程度，我们借鉴周及徐所采用的"语音特征及权重数值表"作为计算方法之一，将每一个方言点的相似度进行数字的统计，并转为相应的数值，以期更直观地展现方言点之间的相似程度。

表 5-23　成都平原与成都市区话语音特征及权重数值表

方言点	相似特征数	加权的相似特点条数及加权值①	相似特征权重值
成都—茶店	18.5	1/2/3/4/5/6/7/8/9/21，8 × 0.68 + 0.5 × 0.68 + 6.4 = 12.18	18.5 + 12.18 = 30.68
成都—柏合	18.5	1/2/3/4/5/6/7/8/9，9 × 0.68 = 6.12	18.5 + 6.12 = 24.62
成都—三河	18	1/2/3/4/5/6/7/8/9，8 × 0.68 = 5.44	18 + 5.44 = 23.44
成都—石羊	18	1/2/3/4/5/6/7/8/9，8 × 0.68 + 0.5 × 0.68 = 5.78	18 + 5.78 = 23.78
成都—九江	15.5	1/2/3/4/5/6/7/8/9，8 × 0.68 + 0.5 × 0.68 = 5.78	15.5 + 5.78 = 21.28
成都—白家	18	1/2/3/4/5/6/7/8/9，9 × 0.68 = 6.12	18 + 6.12 = 24.12
成都—苏坡	17.5	1/2/3/4/5/6/7/8/9，8 × 0.68 = 5.44	17.5 + 5.44 = 22.94
成都—永宁	17.5	1/2/3/4/5/6/7/8/9，9 × 0.68 = 6.12	17.5 + 6.12 = 23.62
成都—安靖	16.5	1/2/3/4/5/6/7/8/9，8 × 0.68 = 5.44	16.5 + 5.44 = 21.94
成都—都江堰	16	1/2/3/4/5/6/7/8/9，8 × 0.68 + 0.5 × 0.68 = 5.78	16 + 5.78 = 21.78
成都—金堂	18	1/2/3/4/5/6/7/8/9/21，8 × 0.68 + 0.5 × 0.68 + 6.4 = 12.18	18 + 12.18 = 30.18
成都—彭山	14.5	1/2/3/4/5/6/7/8/9，8 × 0.68 + 0.5 × 0.68 = 5.78	14.5 + 5.78 = 20.28
成都—新津	15	1/2/3/4/5/6/7/8/9，8 × 0.68 + 0.5 × 0.68 = 5.78	15 + 5.78 = 20.78

① 关于表中"加权的相似特点条数及加权值"一栏的计分说明：由于前一栏已经对相似条数按每条1分合计，因此第二栏加分主要对1到9条声母部分的相似条数再乘以概率比，如"成都-茶店"，声母部分有8条特征相似，第一栏已计入8分，按照1.68的概率比，那么第二栏就加8×0.68 = 5.44；由于声母部分第七条特征由于第一栏已计入0.5分，第二栏再加0.5×0.68 = 0.34；声调部分概率比7.4，由于第一栏已经计入了一分，那么第二栏中再加上6.4分。第三栏总计前两栏得分。如果两个方言点所有特征均相同或相似，那么权重值最大为21 + 9×0.68 + 6.4 = 33.52。

续表 5－23

方言点	相似特征数	加权的相似特点条数及加权值[1]	相似特征权重值
茶店—重庆	12.5	1/2/4/5/6/9/21，6×0.68＋6.4＝10.84	12.5＋10.84＝23.34
柏合—重庆	11.5	1/2/4/5/6/7/9，5×0.68＋0.5×0.68＝3.74	11.5＋3.74＝15.24
三河—重庆	11.5	1/2/3/4/5/6/9，5×0.68＋0.5×0.68＝3.74	11.5＋3.74＝15.24
石羊—重庆	12	1/2/4/5/6/9，5×0.68＝3.4	12＋3.4＝15.4
九江—重庆	10.5	1/2/4/5/6/9，5×0.68＝3.4	10.5＋3.4＝13.9
白家—重庆	11	1/2/4/5/6/7/9，6×0.68＋0.5×0.68＝4.42	11＋4.42＝15.42
苏坡—重庆	13	1/2/4/5/6/7/9，7×0.68＝4.76	13＋4.76＝17.76
永宁—重庆	11	1/2/4/5/6/7/9，6×0.68＋0.5×0.68＝4.42	11＋4.42＝15.42
安靖—重庆	11	1/2/4/5/6/7/9，7×0.68＝4.76	11＋4.76＝15.76
都江堰—重庆	11	1/2/4/5/6/7/9，6×0.68＋0.5×0.68＝4.42	11＋4.42＝15.42
金堂—重庆	13.5	1/2/4/5/6/9/21，6×0.68＋6.4＝10.84	13.5＋10.84＝24.34
彭山—重庆	10.5	1/2/4/5/6/7/9，6×0.68＋0.5×0.68＝4.42	10.5＋4.42＝14.92
新津—重庆	11	1/2/4/5/6/7/9，6×0.68＋0.5×0.68＝4.42	11＋4.42＝15.42
成都—重庆	15	1/2/4/5/6/7/9/21，6×0.68＋0.5×0.68＋6.4＝10.82	15＋10.82＝25.82

计算方法说明：

1. 相似特征数：每两个方言之间，同为加号即为 1 个语音相似点，以此累计。
2. 语音特点权重数值：由于在具体的语流中，声韵调出现频率不同，因此其在音系特点中所占比重也不同。我们将平均声调数定为 5，声母平均数定为 22 个，韵母平均数定为 37 个，那么我们假设在 37 个音节的语句中，声韵调出现的概率大约为 1.68∶1∶7.4。
3. 计算出概率比之后，我们将在表中计入重出现概率的权重数值。声母特点相似权重数值记为 1.68，调类特点相同或相似记为 7.4，韵母特点相似则记为 1。

表 5－24　数值总表

	茶店	柏合	三河	石羊	九江	白家	苏坡	永宁	安靖	都江堰	金堂	彭山	新津	重庆
成都	30.68	24.62	23.44	23.78	21.28	24.12	22.94	23.62	21.94	21.78	30.18	20.28	20.78	25.82
重庆	23.34	15.24	15.24	15.4	13.9	15.42	17.76	15.42	15.76	15.42	24.34	14.92	15.42	—

我们在上表中得到每两个方言之间相似特征的权重值。如两个方言点 21 条特征全部对应，那么权重值最大应为 21＋9×0.68＋6.4＝33.52。我们将上表中的数值与最大权重值相比，则可以得出方言点之间的相似度，计算列表如下：

表 5 - 25 成都平原方言点与湖广话相似度比例表   单位:%

	茶店	柏合	三河	石羊	九江	白家	苏坡	永宁	安靖	都江堰	金堂	彭山	新津	重庆
成都	91.5	73.4	69.9	70.9	63.5	72	68.4	70.5	65.5	65	90	60.5	62	77.0
重庆	69.6	45.5	45.5	45.9	41.5	46	53.0	46.0	47.0	46	72.6	44.5	46	—

从上表得出的数据看,成都平原各方言点中,茶店和金堂语音特点与成都话最近,第二是柏合和白家,第三是安靖、石羊、永宁、三河、苏坡、都江堰,最远的是九江、彭山和新津。从这些特点来看,和成都话语音特征最接近的是茶店话,最远的是彭山话。这和地理位置有一定的关系,东部地区语音和成都市区话差距小,西部地区语音和成都市区话差距大。

我们采用的语音特征权重比较得出的百分比不是绝对值,只代表各点之间的相对差,因为衡量的标准是主观抽取的部分特征,并不是全部特征。用同样的几个主要特征来衡量,可以看出相对差距。成都市区话和重庆话都被认为是湖广话的代表,从上表可见,成都市区话和重庆话的相似度是 77% ,可见成都话和重庆话相对关系较近。从成都平原方言点和重庆话的比较来看,相似度都在 44% ~55% ,可见这些带有南路话特征的方言和湖广话的典型代表——重庆话之间的关系较远。

第六章　成都平原方言和南路话音韵特征比较

第一节　南路话的概念

"南路"本指四川地区以岷江为凭借的水路，由于水路便利，岷江是古代成都、乐山、宜宾等城市经长江进出四川盆地的主要通道，这条通路称为"南路"。成都地区民间常常提到"南路"，后来周及徐从语言学的角度出发，提出了"南路话"这一概念。成都的"湖广人"称讲这种当地话的人为"南路人"。在当地人对方言的认识中，"南路话"与以成都市区话为代表的"湖广话"是两种完全不同的方言。之前的学者大都将"湖广填四川"之前的四川土著方言称之为"老四川话"，但"老四川话"的音系特征究竟有哪些并未明确提出。我们可以从对"南路话"的分析中找到一些线索。"'南路话'指岷江以西及以南，特别是成都西南的都江堰、温江、崇州、大邑、邛崃、蒲江和新津一带的方言，最明显的不同于湖广话的语音特征是入声独立，其在更大的范围上，有这种语音特征的话沿岷江以西一直向南分布，经乐山、宜宾直至泸州地区，再折向东北进入今重庆市境内分布范围大约相当于《中国语言地图集》中西南官话'灌赤片'中的'岷江小片'。一般来说，'南路话'在语音、词汇系统方面都有自己的特征，最明显不同于湖广话的语音特征是入声独立。"① 崔荣昌认为今天的四川话都是由湖广移民带来的。而另有学者认为四川地区仍有原四川土著语言的痕迹，如杨波、孙越川等。周及徐从移民史和方言的地理分布情况进行考察，认为四川和重庆地区仍然成片地存在元明清大移民以前延续下来的方言，即原来的"老四川话"，也就是"南路话"。此前的四川方言研究中，"南路话"这一概念没有被提出过。今天人们所说的四川话

---

① 周及徐. 从移民史和方言分布看四川方言的历史——兼论"南路话"与"湖广话"的区别 [J]. 语言研究，2013 (1)：55.

是否都是元明清时期湖广移民带来的？湖广地区的移民方言与当时的四川土著语言之间究竟是一种什么关系？是移民方言替代土著方言，还是土著方言影响移民方言，还是两种方言相互接触形成一种新的方言？不管怎样，今天的四川方言受到了湖广移民的巨大改变，这已是学界共识。我们要做的是通过进一步比较成都平原方言语音特征和南路话，分析其异同，为今天四川方言的不同历史来源提供佐证。

在已调查的 13 个方言点中，除龙泉茶店和金堂两点入声消失以外，其他各点都保留了入声，这些方言点分布在成都平原的四周，茶店、金堂在成都的东边，是当初移民进入四川的方向。那么这些方言点和南路话关系怎样？通过比较我们可以看到它们的远近亲疏关系。

第二节　南路话的总体音系特征

一、声母主要特征

（1）南路话泥来母洪混细分，区分"泥离"。

（2）成都周边的都江堰、郫都区、彭州、新都等地古深臻曾梗摄入声三等知系声母今读卷舌 tʂ-。

二、韵母主要特征

（1）泥来母洪混细分。例如：泥 n̪i ≠ 离 ni/li。

（2）臻摄一三等合口端泥精组字失去 -u- 介音。例如：论 lən，盾 tən。

（3）蟹摄舒声合口一等端组字、山摄舒声合口一等端泥组字失去 -u- 介音。堆 tei，腿 thei。

（4）果摄一等帮端系韵母为 -u，见系字为 -u/ -ɯ/ -ɤ。例如：我 ŋu，锅 ku。

（5）麻三精组见系字韵母读 -i。例如：姐 tɕi，泻 ɕi，爷 i。

（6）模韵帮系端组字读 -o。例如：肚 to，图 tho。

（7）咸山宕摄入声一等开口见系读 -ə/ -e。例如：鸽 kə。

（8）咸深山臻曾梗开口入声一二三等字韵母都读 -æ，例如：答 tæ，辣 læ，黑 xæ，德 tæ，色 sæ。

（9）山臻曾梗通合口和宕江开口入声字大部分韵母读 -o/ -io。例如：月

io，突 tho，橘 tҫio，域 io。

（10）深臻曾梗入声三四等开口帮端见系读－ie。例如：集 tҫie，力 lie。

（11）深臻曾梗入声开口三等知章组字读央元音－ɘ/－ə 或－ʅ。例如：十 sɘ，直 tsɘ。

（12）通摄入声帮知系、端泥组读－o/－ɵ。例如：木 mo，绿 no。

三、声调主要特征

南路话的声调主要特征是入声独立。

第三节 成都平原各方言点和南路话的语音特征比较

从已有的调查可知，四川地区岷江以西及以南为南路话地区，都江堰、温江、崇州、大邑、邛崃、蒲江、新津等地都是南路话地区，笔者随机选取崇州话作为代表方言点，将其与成都平原方言点进行语音特征的比较，观察成都平原方言与南路话语音特点的异同。同时也加入成都市区方言，与之一起比较。崇州点的调查数据由四川师范大学文学院 2012 级研究生毕圆调查记音、周及徐老师校对的数据库提供。① 由于想了解成都平原方言各点是否具有南路话的特征，我们选取了 22 条南路话的代表特征进行比较。

一、声母中舌尖前音 ts 与舌尖后音 tʂ 的读法

表 6－1　舌尖前音、舌尖后音读音表

	住	吃	十	直
茶店	tsu4	tshə2	sə2	tsʅ2
柏合	tsu4	tshə5	sə5	tsə5
三河	tsu4	tʂhʅ5	ʂʅ5	tʂʅ5
石羊	tsu4	tshə5	sə5	tsə5
九江	tsu4	tshə5	sə5	tsə5

---

① 方言数据由国家社科基金项目"四川西南地区方言研究"课题提供，特此感谢！

	住	吃	十	直
白家	tsu4	tshə5	sə5	tsə5
苏坡	tsu4	tʂhɚ5	ʂɚ5	tʂɚ5
永宁	tsu4	tshə5	sə5	tsə5
安靖	tsu4	tʂhə5	ʂə5	tʂə5
都江堰	tsu4	tʂhɚ5	ʂɚ5	tʂɚ5
金堂	tsu4	tshɿ2	sɿ2	tsɿ2
彭山	tso5	tshɵ5	sɵ5	tsɵ5
新津	tsu4/tso5	tshɵ5	sɵ5	tsɵ5
崇州	tsu4	tshɵ5	sɵ5	tsɵ5
成都	tsu4	tshɿ2	sɿ2	tsɿ2
重庆	tsu4	tshɿ2	sɿ2	tsɿ2

从上表可知，我们调查的成都平原 13 个方言点中，苏坡、安靖、都江堰三个点保留舌尖后音 tʂ-，但是也仅保留在入声中；三河点在 -u- 韵前也保留舌尖后音 ʂ-，形成了声母中舌尖前音 ts- 与舌尖后音 tʂ- 的对立；其余各点和成都市区话同，声母中舌尖前音 ts- 与舌尖后音 tʂ- 没有形成对立，tʂ- 一律变为 ts- 都读作平舌，知系字混同精组字。

二、泥来母一、二等字相混，三、四等字的区分情况

表6-2　泥来母洪混细分读音表

	南	兰	你	离
茶店	læn2	læn2	ȵi3	li2
柏合	næn2	næn2	ȵi3	ni2
三河	lan2	lan2	ȵi3	li2
石羊	lan2	lan2	ȵi3	li2
九江	lan2	lan2	ȵi3	li2
白家	nan2	nan2	ȵi3	ni2
苏坡	næn2	næn2	ȵi3	ni2

续表6-2

	南	兰	你	离
永宁	lan2	lan2	ȵi3	li2
安靖	lan2	lan2	ȵi3	li2
都江堰	nan2	nan2	ȵi3	ni2
金堂	lan2	lan2	ȵi3	li2
彭山	nan2	nan2	ȵi3	ni2
新津	nan2	nan2	ȵi3	ni2
崇州	næn2	næn2	ȵi3	ni2
成都	lan2	lan2	ȵi3	li2
重庆	nan2	nan2	ni3	ni2

成都平原方言点、成都市区话、崇州话读法一致，都是泥来母一二等字相混，三四等字区分，形成"n-/l-"与"ȵ-"对立的情形。古泥来母字，在今洪音"-a、-u、-e、-o"前相混，在细音"-i、-y"前则相互区分。

三、古晓组字在-u韵前的读法

表6-3　古晓组在-u韵前的读法表

	虎	荤	欢	挥
茶店	fu3	xuen1	xuan1	xuei1
柏合	fʊ3	xuən1	xuæn1	xuei1
三河	fu3	xuən1	xuan1	xuei1
石羊	fu3	xuen1	xuan1	xuei1
九江	fu3	xuen1	xuan1	xuei1
白家	fʊ3	xuen1	xuan1	xuei1
苏坡	fu3	xuən1	xuæn1	xuei1
永宁	fu3	xuen1	xuan1	xuei1
安靖	fu3	xuen1	xuan1	xuei1
都江堰	fʊ3	xuən1	xuan1	xuei1

续表6-3

	虎	荤	欢	挥
金堂	fu3	xuen1	xuan1	xuei1
彭山	fu3	xuən1	xuan1	xuei1
新津	fu3	xuən1	xuan1	xuei1
崇州	fu3	xuən1	xuæn1	xuei1
成都	fu3	xuen1	xuan1	xuei1
重庆	fu3	xuen1	xuan1	xuei1

  成都平原方言点、成都市区话、崇州话读法一致，都是古晓组字－u韵前读为 f－，其余韵母前，晓组字读 x－。

四、臻摄合口一三等端、泥、精组字是否失去－u－介音

表6-4 臻摄合口一三等端、泥、精组字是否失去－u－介音

	墩	孙	损	村
茶店	ten1	suen1	sen3	tshuen1
柏合	ten1	suən1	sen3	tshen1
三河	tən1	ʂuən1	sən3	tshuən1
石羊	ten1	sen1	sen3	tshen1
九江	ten1	sen1	sen3	tshuen1
白家	ten1	sen1	sen3	tshen1
苏坡	ten1	sen1	sen3	tshen1
永宁	ten1	sen1	sen3	tshen1
安靖	ten1	sen1	suen3	tshuen1
都江堰	ten1	sen1	sen3	tshen1
金堂	ten1	suen1	sen3	tshuen1
彭山	tən1	sən1	sən3	tshən1
新津	ten1	suen1	sen3	tshen1
崇州	tən1	sən1	sən3	tshən1
成都	ten1	sen1	sen3	tshen1
重庆	ten1	sen1	sen3	tshen1

　　成都平原方言点、成都市区话、崇州话读法一致，臻摄合口三等字都有丢失 -u-介音的情况。成都平原各点中有些例外字，如三河、茶店、金堂的"孙"和"村"，柏合的"孙"，九江的"村"，安靖的"损"和"村"。

五、麻韵三等精组见系字韵母的读法

表6-5　麻韵三等精组见系字韵母读音表

	姐	且	爷	些
茶店	tɕie3	tɕhie3	ie2	ɕi1
柏合	tɕie3	tɕhie3	ie2	ɕi1
三河	tɕie3	tɕhie3	ie2	ɕi1
石羊	tɕie3	tɕhie3	ie2	ɕi1
九江	tɕi3	tɕhi3	i2	ɕi1
白家	tɕiɛ3	tɕhiɛ3	iɛ2	ɕi1
苏坡	tɕiɛ3	tɕhiɛ3	iɛ2	ɕi1
永宁	tɕie3	tɕhie3	ie2	ɕi1
安靖	tɕie3	tɕhie3	ie2	ɕi1
都江堰	tɕi3	tɕhie3	ie2	ɕi1
金堂	tɕie3	tɕhie3	ie2	ɕi1
彭山	tɕi3	tɕi3	i2	ɕi1
新津	tɕi3	tɕi3	i2	ɕi1
成都	tɕie3	tɕhie3	ie2	ɕi1
崇州	tɕi3	tɕhi3	i2	ɕi1
重庆	tɕie3	tɕhie3	ie2	ɕie1

　　崇州话读 -i，成都平原大部分地区读 -ie/-iɛ，在麻三精见系字上，一些常用字"些 ɕi1"，都江堰、彭山、新津主要读为 -i，保留南路话特征，但是受到普通话的影响，年轻人都读成 -ie。

六、蟹摄合口舒声一等端泥组和山摄合口舒声一等端泥组字是否失去 - u - 介音

表 6 - 6　蟹摄山摄合口舒声一等端泥组字是否失去 - u - 介音表

	对	推	内	端	卵
茶店	tuei4	thuei1	luei4	tuan1	luan3
柏合	tuei4	thuei1	nuei4	tuæn1	nuæn3
三河	tuei4	thuei1	luei4	tuan1	luan3
石羊	tuei4	thuei1	luei4	tuan1	luan3
九江	tuei4	thuei1	luei4	tuan1	luan3
白家	tuei4	thuei1	nuei4	tuan1	nuan3
苏坡	tuei4	thuei1	nuei4	tuæn1	nuæn3
永宁	tuei4	thuei1	luei4	tuan1	luan3
安靖	tuei4	thuei1	luei4	tuan1	luan3
都江堰	tuei4	thuei1	nuei4	tuan1	nuan3
金堂	tuei4	thuei1	luei4	tuan1	luan3
彭山	tei4	thei1	nei4	tan1	nan3
新津	tuei4	thei1/thuei1	nuei4	tan1	nuan3
成都	tuei4	thuei1	luei4	tuan1	luan3
崇州	tei4	thei1	lei4	tan1	lan3
重庆	tuei4	thuei1	nuei4	tuan1	nuan3

　　崇州话丢失 - u - 介音，读开口；成都平原大部分方言点和成都市区均保留 - u - 介音，读合口；彭山话丢失 - u - 介音，全部读为开口；新津话保留两读。

七、果摄一等帮、端、见系韵母的读法

表 6 - 7　果摄一等帮、端、见系韵母读音表

	哥	饿	螺	棵
茶店	ko1	o4	lo2	kho1

续表6-7

	哥	饿	螺	棵
柏合	ko1	o4	no2	kho1
三河	ko1	o4	lo2	o1
石羊	ko1	o4	lo2	o1
九江	kə1	o4	lo2	khə1
白家	kɔ1	o4	no2	o1
苏坡	ko1	o4	no2	kho4
永宁	ko1	o4	lo2	o1
安靖	ko1	o4	lo2	o1
都江堰	kɤ1	o4	no2	o1
金堂	ko1	o4	lo2	kho1
彭山	kɤ1	u4	nu2	khɤ1/o1
新津	kɤ1	o4	nu2	khɤ1/o1
成都	ko1	o4	lo2	o1
崇州	kɯ1	u4	nu2	u1
重庆	ko1	o4	lo2	o1

崇州话果摄一等字主元音是 -u，新津、都江堰、彭山部分字读为 -ɤ或者 -u，九江个别字读为 -ə，如："哥"，其他方言点和成都市区话基本全读 -o。

八、"者蔗（也）"的读法

表6-8 "者蔗（也）"读音表

	者	蔗	也
茶店	tse3	tse2	ie3
柏合	tse3	tse2	ie3
三河	tse3	tse2	ie3
石羊	tse3	tse2	ie3
九江	tsai3	tse4	ie3

	者	蔗	也
白家	tsɛ3	tsɛ2	iɛ3
苏坡	tsɛ3	tsɛ2	iɛ3
永宁	tse3	tse4	ie3
安靖	tse3	tse4	ie3
都江堰	tsai3	tsai4	ie3
金堂	tse3	tse2	ie3
彭山	tsai3	tsei4	i3
新津	tsai3	tsai4	i3
崇州	tsai3	tsai2	iai3
成都	tse3	tse2	ie3
重庆	tse3	tse2	ie3

崇州话读－ai，成都平原方言点和市区话读为读－e/－ɛ，九江、新津、彭山、都江堰一些字读为－ai，同崇州话。

九、山宕曾梗入合口一二等见系今读 uæ

表 6－9　山宕曾梗入合口一二等见系字读音表

	国	获	括	郭
茶店	kue2	xue2	khue2	kue2
柏合	kue5	xue5	khue5	kue5
三河	kue5	xue5	khue5	kue5
石羊	kue5	xə5	khue5	kue5
九江	kuæ5	xuæ5	khuæ5	kuæ5
白家	kuɛ5	xuɛ5	khuɛ5	kuɛ5
苏坡	kuɛ5	xuɛ5	khuɛ5	kuɛ5
永宁	kuæ5	xuæ5	khuæ5	kuæ5
安靖	kue5	xue5	khue5	kue5
都江堰	kuæ5	xuæ5	khuæ5	kuæ5

续表 6-9

	国	获	括	郭
金堂	kue2	xue2	khue2	kue2
彭山	kuai5	xo5	khuai5	kuai5
新津	kuæ5	xuæ5	khuæ5	kuæ5
崇州	kuæ5	xuæ5	khuæ5	kuæ5
成都	kue2	xue2	khue2	kue2
重庆	kue2	xue2	khue2	kue2

崇州话读-uæ，成都市区话读为-ue，成都平原方言点读音分三类：茶店、三河、柏合、石羊、白家、苏坡、安靖和金堂读为-ue，九江、永宁、都江堰、新津读为-uæ，彭山读为-uai。

十、咸、山、宕摄入声开口一等见系字的读法

表6-10 咸、山、宕摄入声开口一等见系字读音表

	鸽	割	合	各
茶店	ko2	ko2	xo2	ko2
柏合	ko5	ko5	xo2	ko5
三河	ko5	ko5	xo2	ko5
石羊	kə5	kə5	xə5	kə5
九江	kə5	kə5	xə5	kə5
白家	kɔ5	kɔ5	xɔ2	kɔ5
苏坡	kɵ5	kɵ5	xɵ2	kɵ5
永宁	ko5	ko5	xə5	ko5
安靖	ko5	ko5	xo5	ko5
都江堰	kɤ5	kɤ5	xɤ5	kɤ5
金堂	ko2	ko2	xo2	ko2
彭山	kɤ5	kɤ5	xɤ5	kɤ5
新津	kɘ5	kɘ5	xɘ5	kɘ5
崇州	kɘ5	kɘ5	xɘ5	kɘ5

	鸽	割	合	各
成都	ko2	ko2	xo2	ko2
重庆	ko2	ko2	xo2	ko2

崇州话读入声韵－ə，成都平原方言点中，石羊、九江读入声韵－ə。永宁、安靖读为入声韵－o。三河、柏合、白家、苏坡基本读为入声韵－o，都江堰、彭山读为－ɤ，新津读音与崇州话同。成都市区话、茶店话和金堂话读为阳平－o。

十一、模韵帮系端组字的读法

表 6－11　模韵帮系端组字读音表

	普	都	路	图
茶店	phu3	tu1	lu4	thu2
柏合	phʊ3	tʊ1	nʊ4	thʊ2
三河	phu3	tu1	lu4	thu2
石羊	phu3	tu1	lu4	thu2
九江	phu3	tu1	lu4	thu2
白家	phʊ3	tʊ1	nʊ4	thʊ2
苏坡	phu3	tu1	nu4	thu2
永宁	phu3	tu1	lu4	thu2
安靖	phu3	tu1	lu4	thu2
都江堰	phʊ3	tʊ1	nʊ4	thʊ2
金堂	phu3	tu1	lu4	thu2
彭山	phu3	tu1	nu4	thu2
新津	phu3	tu1	nu4	thu2
成都	phu3	tu1	lu4	thu2
崇州	pu3	to1	no4	tho2
重庆	phu3	tu1	nu4	thu2

崇州话读－o，成都平原方言点和成都市区话均读－u－。

十二、咸、山摄入声开口一、二等帮端系庄组、三等知章组字的读法

表6-12　咸、山摄入声开口一、二等帮端系庄组、三等知章组字读音表

	塔	八	答	袜
茶店	thA2	pA2	tA2	uA2
柏合	thA5	pA5	tA5	uA5
三河	thA5	pA5	tA5	uA5
石羊	thA5	pA5	tA5	uA5
九江	thæ5	pA5	tæ5	uæ5
白家	thA5	pA5	tA5	uA5
苏坡	thA5	pA5	tA5	uA5
永宁	thæ5	pA5	tæ5	uæ5
安靖	thA5	pA5	tA5	uA5
都江堰	thæ5	pɐ5	tæ5	uæ5
金堂	tha2	pa2	ta2	ua2
彭山	thA5	pA5	tA5	ua5
新津	thæ5	pæ5	tæ5	uæ5
崇州	thæ5	pæ5	tæ5	uæ5
成都	thA2	pA2	tA2	uA2
重庆	thA2	pA2	tA2	uA2

崇州话读入声韵－æ，成都平原方言点中茶店、金堂读为阳平－A/－a。九江、永宁、都江堰、新津基本读为入声－æ。其他各点读为入声－A。成都市区话读为阳平－A。

十三、深、臻、曾、梗摄入声开口二、三等庄组字的读法

表 6–13　深、臻、曾、梗摄入声开口二、三等庄组字读音表

	测	责	虱	啬
茶店	tshe2	tse2	se2	se2
柏合	tshe2	tse2	se2	se2
三河	tshe5	tse5	se5	se2
石羊	tshe5	tse5	se5	se2
九江	tshæ5	tsæ5	sæ5	sæ5
白家	tshɛ2	tsɛ2	sɛ2	sɛ2
苏坡	tshɛ2	tsɛ2	sɛ2	sɛ2
永宁	tshæ5	tsæ5	sæ5	sæ5
安靖	tshe5	tse5	se5	se5
都江堰	tshæ5	tsæ5	sæ5	sæ5
金堂	tshe2	tse2	se2	se2
彭山	tshai5	tsai5	sai5	sai5
新津	tshæ5	tsæ5	sæ5	sæ5
崇州	tshæ5	tsæ5	sæ5	sæ5
成都	tshe2	tse2	se2	se2
重庆	tshe2	tse2	se2	se2

崇州话读入声韵 - æ，成都平原方言点中茶店、金堂读为阳平 - e，九江、永宁、都江堰、新津读为入声韵 - æ，彭山读为入声韵 - ai，其他点读为入声韵 - e/ - ɛ。成都市区话读为阳平 - e。

十四、曾摄一等、梗摄二等开口入声帮、端、知、见系字的读法

表 6–14　曾摄一等、梗摄二等开口入声帮、端、知、见系字读音表

	默	德	则	拍	百
茶店	me2	te2	tse2	phe2	pe2

续表 6-14

	默	德	则	拍	百
柏合	me5	te5	tse5	phe5	pe5
三河	me5	te5	tse5	phe5	pe5
石羊	me5	te5	tse5	phe5	pe5
九江	mæ5	tæ5	tsæ5	phæ5	pæ5
白家	mɛ5	tɛ5	tsɛ5	phɛ5	pɛ5
苏坡	mɛ5	tɛ5	tsɛ5	phɛ5	pɛ5
永宁	mæ5	tæ5	tsæ5	phæ5	pæ5
安靖	me5	te5	tse5	phe5	pe5
都江堰	mæ5	tæ5	tsæ5	phæ5	pæ5
金堂	me2	te2	tse2	phe2	pe2
彭山	mai5	tai5	tsai5	phai5	pai5
新津	mæ5	tæ5	tsæ5	phæ5	pæ5
崇州	mæ5	tæ5	tsæ5	phæ5	pæ5
成都	me2	te2	tse2	phe2	pe2
重庆	me2	te2	tse2	phe2	pe2

　　崇州话读入声韵-æ，成都平原方言点中茶店、金堂读为阳平-e，九江、永宁、都江堰、新津读为入声-æ，彭山读为入声-ai，其他点读为入声-e/-ɛ。成都市区话读为阳平-e。

十五、山摄合口三、四等字以及宕、江摄开口二、三等入声精组见系字的读法

表 6-15　山摄合口三、四等字以及宕、江摄开口二、三等入声精组见系字读音表

	缺	月	雀	脚	却
茶店	tɕhye2	ye2	tɕhio2	tɕio2	tɕhio2
柏合	tɕhye5	ye5	tɕhio5	tɕio5	tɕhio5
三河	tɕhye5	ye5	tɕhio5	tɕio5	tɕhio5
石羊	tɕhye5	ye5	tɕhio5	tɕio5	tɕhio5
九江	tɕhye5	io5	tɕhio5	tɕio5	tɕhio5

	缺	月	雀	脚	却
白家	tɕhyɛ5	yɛ5	tɕhio5	tɕio5	tɕhio5
苏坡	tɕhyɛ5	yɛ5	tɕhiɵ5	tɕiɵ5	tɕhiɵ5
永宁	tɕhye5	ye5	tɕhio5	tɕio5	tɕhio5
安靖	tɕhye5	ye5	tɕhio5	tɕio5	tɕhio5
都江堰	tɕhio5	ye5	tɕhio5	tɕio5	tɕhio5
金堂	tɕhye2	ye2	tɕhio2	tɕio2	tɕhio2
彭山	tɕhio5	io5	tɕhio5	tɕio5	tɕhio5
新津	tɕhio5	io5	tɕhio5	tɕio5	tɕhio5
崇州	tɕhio5	io5	tɕhio5	tɕio5	tɕhio5
成都	tɕhye2	ye2	tɕhio2	tɕio2	tɕhio2
重庆	tɕhye2	ye2	tɕhyo2	tɕyo2	tɕhyo2

崇州话全读入声－io，成都平原方言点中茶店、金堂读音分两组，读为阳平－ye 和－io，都江堰、彭山、新津读为入声－io，其他点读音也分两组，读为入声－ye/－yɛ 和－io/－iɵ。成都市区话分两组，阳平－ye 和－io。

十六、臻摄入声合口三等精、见组字的读法

表 6－16　臻摄入声合口三等精、见组字读音表

	戌	屈	倔	橘	黢
茶店	ɕio2	tɕhio2	tɕhio2	tɕye2	tɕhio1
柏合	ɕio5	tɕhio5	tɕye5	tɕye5	tɕhio2/tɕio5
三河	ɕio5	tɕhio5	tɕhio5	tɕye5	tɕhio5/tɕye5
石羊	ɕio5	tɕhio5	tɕye5	tɕio5	tɕhio5
九江	ɕio5	tɕhio5	tɕhio5	tɕye5	tɕhio5
白家	ɕio5	tɕhio5	tɕyɛ5	tɕye5	tɕhio5/tɕyɛ5
苏坡	ɕiɵ5	tɕhiɵ5	tɕye5	tɕyɛ5	tɕhy1/tɕyɛ5
永宁	ɕio5	tɕhio5	tɕye5	tɕye5	tɕhio5
安靖	ɕio5	tɕhio5	tɕhio5	tɕye5	tɕhio5

续表 6－16

	戍	屈	倔	橘	黢
都江堰	ɕio5	tɕhio5	tɕhio5	tɕye5	tɕhio5
金堂	ɕy1	tɕhio2	tɕhio2	tɕy2	tɕhio1
彭山	ɕio5	tɕhio5	tɕhio5	tɕye5	tɕhio5
新津	ɕio5	tɕhio5	tɕhio5	tɕio5	tɕhio5
崇州	ɕio5	tɕhio5	tɕio5	tɕio5	tɕhio5
成都	ɕio2	tɕhio2	tɕye2	tɕy2	tɕy2
重庆	ɕyu2	tɕhio2	tɕyu2	tɕyu2	tɕhy1

崇州话全读入声 - io，成都平原方言点中，茶店话分两组读音，- ye、-
io 读为阳平，其他点也分两组读音，- ye、- io 均读入声，"黢"字各点读法
不统一，柏合读为 - io 韵阳平送气和 - io 韵入声不送气，三河、白家、彭山读
为入声 - io 或 - yɛ 韵，都江堰、新津读为入声 - io 韵，苏坡读为 - y 韵阴平和
- yɛ 韵入声。金堂和成都市区读音分三组，- ye、- io、- y。

十七、臻摄入声合口一、三等帮组知系端、泥组字的读法

表 6－17　臻摄入声合口一、三等帮组知系端、泥组字读音表

	不	突	物	出
茶店	po2	tho2	o2	tsho2
柏合	po5	thʊ2	o5	tsho5
三河	po5	tho5	o5	tsho5
石羊	po5	tho5	o5	tsho5
九江	po5	tho5	uə5	tsho5
白家	po5	tho2	o5	tsho5
苏坡	pɵ5	thu2	ɵ5	tshɵ5
永宁	po5	tho5	o5	tsho5
安靖	po5	tho5	o5	tsho5
都江堰	po5	tho5	o5	tsho5
金堂	pu2	thu2	o2	tshu2

	不	突	物	出
彭山	po5	tho5	o5	tsho5
新津	pu5	tho5	o5	tsho5
崇州	po5	tho5	o5	tsho5
成都	pu2	thu2	vu2	tshu2
重庆	pu2	thu2	vu2	tshu2

崇州话读入声－o，成都平原方言点中，三河、石羊、白家、永宁、安靖、都江堰、彭山、新津读入声－o，茶店都阳平－o，柏合、苏坡基本都为入声－o，例外字"突"读为阳平－u－，九江基本都为入声－o，例外字"物"读为入声－uə。成都市区话和金堂读为阳平－u－。

十八、深、臻、曾、梗摄入声开口三、四等帮、端、见系字的读法

表 6－18　深、臻、曾、梗摄入声开口三、四等帮、端、见系字读音表

	壁	笔必毕	七	集	力
茶店	pie2	pie2	tɕhie2	tɕie2	lie2
柏合	pie5	pie5	tɕhie5	tɕie5	nie5
三河	pie5	pie5	tɕhie5	tɕie5	lie5
石羊	pie5	pie5	tɕhie5	tɕie5	lie5
九江	pie5	pie5	tɕhie5	tɕie5	lie5
白家	piɛ5	piɛ5	tɕhie5	tɕiɛ5	niɛ5
苏坡	piɛ5	piɛ5	tɕhie5	tɕiɛ5	niɛ5
永宁	pie5	pie5	tɕhie5	tɕie5	lie5
安靖	pie5	pie5	tɕhie5	tɕie5	lie5
都江堰	pie5	pie5	tɕhie5	tɕie5	nie5
金堂	pi2	pi2	tɕhi2	tɕi2	li2
彭山	pie5	pie5	tɕhie5	tɕie5	nie5
新津	pie5	pie5	tɕhie5	tɕie5	nie5
崇州	pie5	pie5	tɕhie5	tɕie5	nie5

续表6-18

	壁	笔必毕	七	集	力
成都	pi2	pi2	tɕhi2	tɕie2	li2
重庆	pi2	pi2	tɕhi2	tɕi2	ni2

崇州话入声-ie，除金堂外成都平原各方言点都读为入声-ie。成都市区方言读为阳平-i-。

十九、深、臻、曾、梗摄入声开口三等知、章组字的读法

表6-19 深、臻、曾、梗摄入声开口三等知、章组字读音表

	十拾什	值直	室	尺
茶店	sə2	tʂɿ2	sɿ2	tʂhɿ2
柏合	sə5	tsə5	sə5	tshə5
三河	ʂɿ5	tʂɿ5	ʂɿ5	tʂhɿ5
石羊	sə5	tsə5	sə5	tshə5
九江	sə5	tsə5	sə5	tshə5
白家	sə5	tsə5	sə5	tshə5
苏坡	ʂɚ5	tʂɚ5	ʂɚ5	tʂhɚ5
永宁	sə5	tsə5	sə5	tshə5
安靖	ʂə5	tʂə5	ʂə5	tʂhə5
都江堰	ʂɚ5	tʂɚ5	ʂɚ5	tʂhɚ5
金堂	sɿ2	tsɿ2	sɿ2	tshɿ2
彭山	sɵ5	tsɵ5	sɵ5	tshɵ5
新津	sɵ5	tsɵ5	sɵ5	tshɵ5
崇州	sɵ5	tsɵ5	sɵ5	tshɵ5
成都	sɿ2	tsɿ2	sɿ2	tshɿ2
重庆	sɿ2	tsɿ2	sɿ2	tshɿ2

崇州话读入声-ɵ，成都平原方言点中，茶店读音分为阳平-ə和阳平-ɿ，三河读入声-ɿ，苏坡、都江堰读入声-ɚ，彭山、新津读为入声-ɵ，其他各点读入声-ə。金堂和成都市区话读为阳平-ɿ。

二十、通摄入声帮知系、端泥组字的读法

表6-20　通摄入声帮知系、端泥组字读音表

	督	六	陆	竹	目
茶店	tu2	lo2	lo2	tso2	mu2
柏合	to5	no5	nʊ2	tso5	mo5
三河	to5	lo5	lo5	tso5	mo5
石羊	to5	lo5	lo5	tso5	mo5
九江	to5	liəu4	lo5	tso5	mo5
白家	tʊ5	no5	no5	tso5	mo5
苏坡	tɵ5	nɵ5	nu2	tsɵ5	mɵ5
永宁	to5	lo5	lo5	tso5	mo5
安靖	to5	lo5	lo5	tso5	mo5
都江堰	to5	no5	no5	tso5	mo5
金堂	tu2	lu2	lu2	tsu2	mu2
彭山	to5	no5	no5	tso5	mo5
新津	to5	no5	no5	tso5	mo5
崇州	to5	no5	no5	tso5	mo5
成都	tu2	lu2	lu2	tsu2	mu2
重庆	tu2	lu2	lu2	tsu2	mu2

崇州话读为入声-o，成都平原各方言点中，石羊、永宁、安靖、都江堰、彭山、新津读为入声-o。柏合、苏坡基本读为入声-o，"陆"字例外读为阳平-u-。九江除"六"字外，都读为入声-o。茶店读音分两组，读为阳平-o，阳平-u-。金堂和成都市区话读为阳平-u-。

二十一、曾、梗摄合口三等入声见系、通摄三等入声精组见系字的读法

表6-21　曾、梗摄合口三等入声见系、通摄三等入声精组见系字读音表

	域	役	续	曲
茶店	io2	io2	çio2	tɕhio2
柏合	io5	io5	çio5	tɕhio5

续表 6-21

	域	役	续	曲
三河	io5	io5	çio5	tçhio5
石羊	io5	io5	çio5	tçhio5
九江	ye5	i4	çio5	tçhio5
白家	io5	io5	çio5	tçhio5
苏坡	ieɵ5	ieɵ5	çieɵ5	tçhieɵ5 \ tçhyɛ5
永宁	io5	io5	çio5	tçhio5
安靖	io5	io5	çio5	tçhio5
都江堰	io5	io5	çio5	tçhio5
金堂	io2	io2	çio2	tçhio2
彭山	io5	io5	so5	tçhio5
新津	io5	io5	çio5	tçhio5
崇州	io5	io5	çio5	tçhio5
成都	io2	io2	çio2	tçhio2
重庆	yu2	yu2	çyu2	tçhyu2

崇州话读为入声 -io，成都平原方言点中，茶店、金堂读为阳平 -io。其他各点除个别例外字读为 -ye、-i-、-o 等，其余都读为入声 -io。成都市区话读为阳平 -io。

二十二、古入声字今读入声调

表 6-22　古入声字今读入声调表

	阴平	阳平	上声	去声	入声
茶店	25	31	52	113	阳平 31
柏合	35	31	51	213	43
三河	45	31	51	223	44
石羊	45	31	52	234	33
九江	34	31	52	213	32
白家	35	21	51	213	33
苏坡	24	31	52	223	33
永宁	34	31	51	112	42

	阴平	阳平	上声	去声	入声
安靖	45	31	51	223	33
都江堰	35	31	52	213	32
金堂	34	41	52	325	阳平 41
彭山	45	31	42	213	24
新津	45	31	51	223	22
崇州	55	31	52	11	33
成都	35	31	52	212	(21)
重庆	55	21	42	214	(21)

崇州话保留了五个声调，入声独立。成都平原方言点中，茶店、金堂入声消失，并入阳平，其余各点均保留入声。成都市区话入声消失，并入阳平。

第四节 成都平原各方言点与南路话、成都话的异同分析

我们结合上文 22 条对比特征，对成都平原各方言以及市区方言与南路话进行对比：以南路话代表崇州话的语音特征作为参照，成都平原方言各点有与之相似的特征，即用"＋"表示，反之用"－"表示，如果该相似特征较为模糊或呈现部分与之相似而部分与之不同，则用 +/- 表示。

表 6 - 23　成都平原方言点、成都市区话、南路话语音特点比较表

语音特征	方言点													
	茶店	柏合	三河	石羊	九江	白家	苏坡	永宁	安靖	都江堰	金堂	彭山	新津	成都	重庆	崇州
（1）ts 与 ʂ 相混	+	+	+/-	+	+	+	+/-	+	+/-	+/-	+	+	+	+	+	+
（2）古泥母三四等字读 ȵ，一二等字相混，读 n/l	+	+	+	+	+	+	+	+	+	+	+	+	+	－	+
（3）古晓组字在 - u 韵前读 f	+	+	+	+	+	+	+	+	+	+	+	+	+	+	+
（4）臻摄合口一三等端泥精组字失去 - u - 介音	+/-	+/-	－	+	+	+/-	+	+	+/-	+	－	+/-	+	+	+
（5）麻韵三等精组见系字韵母读 - i	－	－	－	+	+/-	－	－	－	+/-	－	+	+	－	－	+

225

续表 6-23

语音特征	方言点															
	茶店	柏合	三河	石羊	九江	白家	苏坡	永宁	安靖	都江堰	金堂	彭山	新津	成都	重庆	崇州
(6) 蟹摄合口舒声一等端泥组字、山摄合口舒声一等端泥组字读-u-介音	−	−	−	−	−	−	−	−	−	−	−	+	+/−	−	−	+
(7) 果摄一等帮端见系韵母读-u	−	−	−	−	−	−	−	−	−	−	−	+/−	+/−	−	−	+
(8) "者蔗(也)"读-ai	−	−	−	−	+/−	−	−	−	−	+/−	−	+/−	+/−	−	−	+
(9) 山宕曾梗入合口一二等见系今读uæ	−	−	−	+	−	−	+	−	−	+	−	−	+	−	−	+
(10) 咸、山、宕摄入声开口一等见系字读-ɘ/-ə	−	−	−	+	+	−	−	−	−	+	−	+	+	−	−	+
(11) 模韵帮系端组字的读-o	−	−	−	−	−	−	−	−	−	−	−	−	−	−	−	+
(12) 咸、山摄入声开口一二等帮端系庄组、三等知章组字读-æ	−	−	−	+/−	−	−	+/−	−	−	+	−	−	+	−	−	+
(13) 深、臻、曾、梗摄入声开口二三等庄组字读-æ	−	−	−	+	−	−	+	−	−	+	−	+	+	−	−	+
(14) 曾摄一等、梗摄二等开口入声帮、端、知、见系字读-æ	−	−	−	+	−	−	−	−	−	+	−	+	+	−	−	+
(15) 山摄合口三四等字以及宕、江摄开口二、三等入声精组见系字读-io	+	+/−	+/−	+/−	+/−	+/−	+/−	+/−	+/−	+/−	+/−	+/−	+	+	+/−	+
(16) 臻摄入声合口三等精、见组字读-io	+	+/−	+/−	+/−	+/−	+/−	+/−	+/−	+/−	+/−	−	+/−	+	+	+/−	+
(17) 臻摄入声合口一三等帮组知系端、泥组字读-o	+	+	+	+	+	+	+	+	+	+	+/−	+	+	+	−	+
(18) 深、臻、曾、梗摄入声开口三四等帮端见系字读-ie	+	+	+	+	+	+	+	+	+	+	+	+	+/−	+	−	+
(19) 深、臻、曾、梗摄入声开口三等知章组字读-ɘ/-ə	+/−	+	−	+	+	+	+	+	+	+	−	+	+	−	−	+
(20) 通摄入声帮知系端泥组字读-o	+/−	+	+	+	+	+	+	+	+	+	−	+	+	−	−	+
(21) 曾梗摄合口三等入声见系、通摄三等入声精组见系字读-io	+	+	+	+	+	+	+	+	+	+/−	+	+	+	+	−	+
(22) 入声独立	−	+	+	+	+	+	+	+	+	+	−	+	+	−	−	+

226

我们采用"语音特征及权重数值表"中的计算方法，将每一个方言点的相似度进行数字统计，并将其转换为相应的数值，来观察成都平原各地方言与南路话之间的相似程度。计算方法说明详见第五章第五节"成都平原方言各点与成都话、重庆话异同分析"，根据这十个点的声韵调数量，我们把语音特点中声韵调权重数值比仍设置为 1.68：1：7.4。上表中声母比较特征 3 条，韵母比较特征 18 条，声调比较特征 1 条，如方言点之间 22 项语音特征均相同或相似，那么最大相似特征权重值为 $22 + 3 \times 0.68 + 6.4 = 30.44$。

表 6 - 24　成都平原方言点、成都市区话、南路话语音特点比较表

方言点	相似特征数	加权的相似特点条数及加权值	相似特征权重值
崇州—茶店	7.5	1/2/3，$3 \times 0.68 = 2.04$	$7.5 + 2.04 = 9.54$
崇州—柏合	8.5	1/2/3/21，$3 \times 0.68 + 6.4 = 8.44$	$8.5 + 8.44 = 16.94$
崇州—三河	8	1/2/3/21，$2 \times 0.68 + 0.5 \times 0.68 + 6.4 = 8.1$	$8 + 8.44 = 16.44$
崇州—石羊	9	1/2/3/21，$3 \times 0.68 + 6.4 = 8.44$	$9 + 8.44 = 17.44$
崇州—九江	13	1/2/3/21，$3 \times 0.68 + 6.4 = 8.44$	$13 + 8.44 = 21.44$
崇州—白家	8	1/2/3/21，$3 \times 0.68 + 6.4 = 8.44$	$8 + 8.44 = 16.44$
崇州—苏坡	9.5	1/2/3/21，$2 \times 0.68 + 0.5 \times 0.68 + 6.4 = 8.1$	$9.5 + 8.1 = 17.6$
崇州—永宁	11.5	1/2/3/21，$3 \times 0.68 + 6.4 = 8.44$	$11.5 + 8.44 = 19.94$
崇州—安靖	7	1/2/3/21，$2 \times 0.68 + 0.5 \times 0.68 + 6.4 = 8.1$	$7 + 8.1 = 15.1$
崇州—都江堰	16	1/2/3/21，$2 \times 0.68 + 0.5 \times 0.68 + 6.4 = 8.1$	$16 + 8.1 = 24.1$
崇州—金堂	5	1/2/3，$3 \times 0.68 = 2.04$	$5 + 2.04 = 7.04$
崇州—彭山	14.5	1/2/3/21，$3 \times 0.68 + 6.4 = 8.44$	$14.5 + 8.44 = 22.94$
崇州—新津	19.5	1/2/3/21，$3 \times 0.68 + 6.4 = 8.44$	$19.5 + 8.44 = 27.94$
崇州—成都	4.5	1/2/3，$3 \times 0.68 = 2.04$	$4.5 + 2.04 = 6.54$
崇州—重庆	3	1/3 $\times 0.68 = 1.36$	$3 + 1.36 = 4.36$

表 6 - 25　数值总表

	茶店	柏合	三河	石羊	九江	白家	苏坡	永宁	安靖	都江堰	金堂	彭山	新津	成都	重庆
崇州	9.54	16.94	16.44	17.44	21.44	16.44	17.6	19.94	15.1	24.1	7.04	22.94	27.94	6.54	4.36

我们在上表中得到每两个方言之间相似特征的权重值。如两个方言点21条特征全部对应，那么权重值最大应为30.44。我们将上表中的数值与最大权重值相比，则可以得出方言点之间的相似度，计算列表如下：

表6-26　成都平原方言点与南路话相似度比例表　　　　单位:%

	茶店	柏合	三河	石羊	九江	白家	苏坡	永宁	安靖	都江堰	金堂	彭山	新津	成都	重庆
崇州	31.3	55.7	54	57.3	70.4	54	57.8	65.5	49.6	79.1	23.1	75.4	91.8	21.5	14.3

从上表可知，成都平原方言点中，和崇州话相似度最高的是新津话和都江堰话，相似特征是91.8%和79.1%，其次是彭山话和九江话，相似度最低是金堂话。与南路话相似度从高到低依次是：新津＞都江堰＞彭山＞九江＞永宁＞苏坡＞石羊＞柏合＞白家＞三河＞安靖＞茶店＞金堂＞成都＞重庆。从这些数据我们可以看到，重庆话和南路话相似度极低，成都市区中带有少数南路话语音特征，所以有一定的相似成分。其他方言点都不同程度地带有南路话特征，保留特征的多少和移民进入四川的方向成正比，东面的茶店、金堂相似度最低，西南面的方言点相似度最高，其他方言点差距不大。安靖、三河本来就属于南路话的区域，和崇州话的相似程度在50%左右。由于这些地方和成都市区交界，受到湖广话的影响，南路话特征也在减少，有逐渐合流的趋势。

第七章　成都平原方言的内部分区
及其历史成因

第一节　从成都话、重庆话和南路话的地理分布看
成都平原方言的历史层次

从上文我们得出了成都平原方言点与成都市区方言及南路话之间的相似特征权重值，可以看出在成都平原的十三个方言点中，每个点的数据和成都市区话、南路话都不尽相同。各方言点内部也并非完全一致，存在语音特征差异。那么各方言点之间以及和成都市区方言、南路话的远近亲疏关系是怎样的？我们结合前两章的分析结果具体进行讨论和说明。

一、ts－与 tʂ－相混问题

平翘舌相混是西南官话的一个重要特征，从最近几十年的调查来看，对四川方言区非入声区内分平翘舌的调查记录很少。关于成都市区内翘舌音的记录主要见肖娅曼《关于成都话舌尖后音声母的调查》，她通过对当时成都市区方言的调查发现：在调查的 230 人中，保留舌尖后音者 59 人，占调查人数的 25.7%；91 岁以上卷舌人数占 100%，81～90 岁占 77.8%，71～80 岁占 62.5%，61～70 岁占 31.6%，51～60 岁占 5.35%；61 岁以上年龄段者 106 人，保留卷舌声母 58 人，占此年龄段被调查人数的 54.7%，61 岁以下 124 人，保留卷舌声母仅 1 人（一位 59 岁回族男性），占此年龄段的 0.8%。这是 1999 年的调查，从结果来看，80 岁以上的成都市区人基本都保留翘舌音，只是如今应该都去世了。但是 61～70 岁发音人保留翘舌音的比例也有 31.6%。这些发音人现在应该在 75～85 岁，语音变化也不大。但是从近十年的调查来看，成都市区人未保留翘舌音。或许是调查结果有误，当时有保留翘舌音的情况，但是比例远远没有这么大。或许是语言飞速地变化和消失，发音人仅仅保留翘舌音的发音，经过时间的推移和语言的接触变化，翘舌音完全消失。从

此次的调查结果来看，成都市区话和重庆话均不分平翘舌，其他方言点中，三河一点翘舌音保留最多，除了入声韵中保留翘舌音，s-和z-在-u-韵前基本都读为ʂ-和ʐ-。苏坡、安靖和都江堰在部分入声韵中保留翘舌音，和平舌音对应，其他各点也不分平翘舌。

图7-1　成都平原ts-与tʂ-读音分布图

二、泥来母洪混细分问题

泥母今洪音前读n-，细音前读ȵ-，来母读l-。这一语音特征普遍存在于四川地区，成都平原各方言点都具有这一语音特征。周及徐在《从移民史和方言分布看四川方言的历史——兼论"南路话"与"湖广话"的区别》一文中认为，泥来的分化与《切韵》音系相对应，同时，从这一特征的地理分布来看，移民较早覆盖的东部地区泥来全混，而川中大部分地区依然保持洪混细分的特征，由此推断泥来母洪混细分应是南路话固有的语音特征，而并非湖广移民带来而形成的。笔者赞同这种推断，本书前两章的调查结果也是如此。重庆话泥来母全混，靠近重庆方言的川东小部分地区泥来字洪细全混。

图7-2 成都平原泥来母洪混细分分布图

三、古非晓组字的分混问题

南路话的非晓组字的分混规律基本一致，基本为古晓组字仅在 - u - 韵前读 f - ，如"胡、户、虎"等字声母读为 f - ，其他韵前二者不混。成都平原方言点中非晓组混读规律也与南路话相同。

四、臻摄合口一三等端泥精组字是否失去 - u - 介音

从调查的结果来看，成都平原各点、南路话以及重庆话，基本都存在臻摄合口一三等端泥精组字失去 - u - 介音的情况。其中一些点存在一些例外字，比如茶店话中的"寸、孙、论、豚"字，柏合话中的"孙"字，三河话中的"寸、孙"字，安靖话中的"寸、村、损、蹲、豚"等字，成都市区话中的"寸"字。从这些方言点的例外字可以看到，既有常用字也有非常用字，我们猜想这种例外或许是发音人自身的发音习惯造成的，并没有太多规律可循。但是保留 - u - 介音应该是受到了强势语言普通话的影响，所以文化程度越高，和普通话接触越频繁的发音人保留 - u - 介音的字越多。

五、麻韵三等精组见系字韵母的读法

南路话今天全部读为 - i - 韵，重庆话今天全部读为 - ie 韵，其他方言点处于这两者之间。在我们的调查字表中，属于麻韵三等精组见系字的例字有

18 个字，具体见下表。

表 7-1 成都平原麻韵三等精组见系字韵母读 i 韵比例表

地名	崇州	彭山	新津	九江	都江堰	白家	永宁	安靖	柏合	苏坡	石羊	茶店	金堂	三河	成都	重庆
读 i（个）	18	18	18	15	13	4	3	2	2	2	2	2	2	1	1	0
读 ie（个）	0	0	0	3	5	14	15	16	16	16	16	16	16	17	17	18
比例①（%）	100	100	100	83	72	22	16	11	11	11	11	11	11	5	5	0

从表中我们看到读为 -i- 韵的比例从崇州到重庆依次递减，成都平原方言点中，彭山、新都全部读为 -i，都江堰和九江读为 -i- 韵的比例也较高，例外字都是不常用的字，应该都是连音带字新学的，所以发音同普通话。剩下的方言点中，白家读为 -i- 韵的字有"写、藉、些、爹"，永宁读为 -i- 韵的字有"些、爹、野"，安靖、柏合、苏坡、石羊、茶店、金堂读为 -i- 韵的有"些、爹"，三河话、成都市区话读为 -i- 韵的有"些"。-i- 韵的保留是南路话的语音特征，从这些读为 -i- 韵的字可以看到"些"和"爹"字最稳定，属于最后变化的字。可见称呼和常用词是相对最稳定的。

图 7-3 成都平原麻韵三等精组见系字韵母读音分布图

---

① 此处的百分比是指该方言点的读为 i 韵的比例。

六、蟹摄合口舒声一等端组字和山摄合口舒声一等端泥组字是否丢失 -u- 介音

以"对、腿、端、乱"为例，成都市区话、重庆话都保留了 -u- 介音，南路话非常整齐，丢失 -u- 介音。

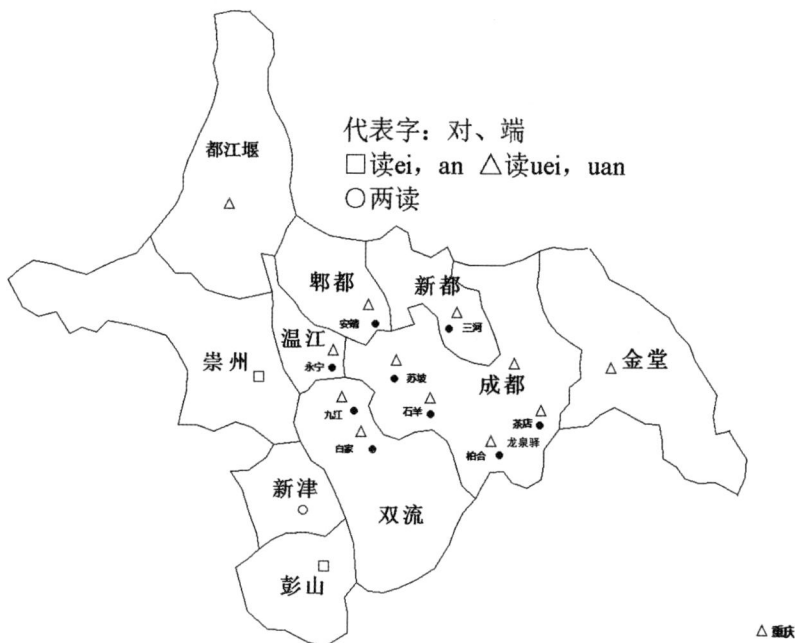

图7-4　成都平原蟹摄山摄合口舒声一等端组字丢失 -u- 介音分布图

七、果摄一等帮端见系韵母的读法

以"我、锅"为例，成都市区话、重庆话都读为 -o 韵，成都平原方言点中，九江一点中"哥、歌、可、个、河、课、颗、棵、讹、科"读为 -ə 韵，其他字都为 -o 韵。彭山、新津部分读为 -u 韵，其他读为 -ɤ，或者 -o。其他方言点都读为 -o 韵。南路话读为 -ɯ 韵和 -u 韵。

代表字：哥、棵
□读ɯ/u △读o
○部分读u

图7-5　成都平原果摄一等帮端见系韵母读音分布图

八、"者、蔗、也"的读法

成都市区话、重庆话都读为-e韵或-ie韵。南路话读为-ai韵。九江话中"者"字读为-ai韵，"蔗"和"也"读为-e韵和-ie韵，从九江话中的语音可以看到语音变化的过程，一些字读为了"湖广话"的特征，一些字依然保留了南路话的特征。

代表字：者、也
□读ai △读e/ie
○读e/ie/ai/i

图7-6　成都地区"者、蔗、也"读音分布图

九、山宕曾梗入合口一二等见系字的读法

以"国、括"为例，南路话读为－uæ 韵，成都市区话、重庆话读为－ue 韵，成都平原其他方言点读音介于两者之间，永宁、九江读为－uæ 韵，其他点读为－ue 韵。其中石羊一点"获"字例外，读为－ə 韵。

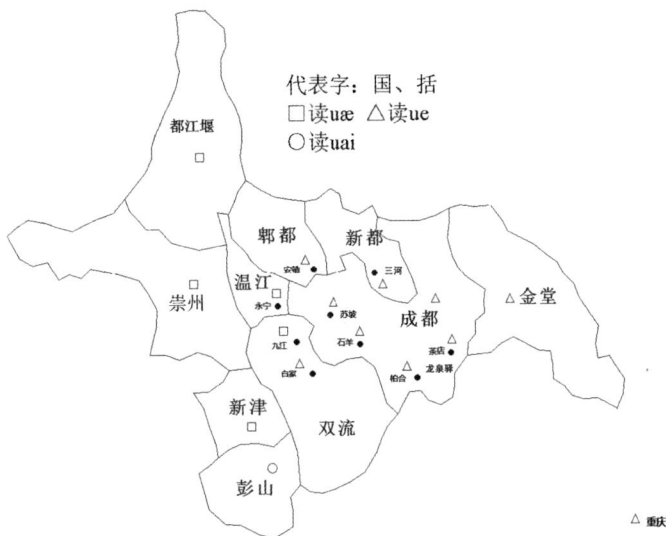

图7-7　成都平原山宕曾梗入合口一二等见系字读音分布图

十、咸、山、宕摄入声开口一等见系字的读法

以"各、鸽"为例，成都市区话、重庆话读为－o 韵，南路话读为－ə韵，成都平原其他方言点读音介于两者之间，在我们的调查字表中，属于咸、山、宕摄入声开口一等见系字的例字有 26 个字，具体情况见下表。

表7-2　成都平原咸、山、宕摄入声开口一等见系字韵母读 ə/ɤ 韵比例表

地名	崇州	都江堰	彭山	新津	九江	石羊	永宁	安靖	柏合	苏坡	白家	茶店	三河	金堂	成都	重庆
读 ə/ə/ɤ（个）	26	26	26	26	24	9	5	0	0	0	0	0	0	0	0	0
读 o（个）	0	0	0	0	2	17	21	26	26	26	26	26	26	26	26	26
比例①（%）	100	100	100	100	92	35	19	0	0	0	0	0	0	0	0	0

---

① 此处的百分比是指该方言点的读为－ə/ə－韵的比例。

从表中我们看到读为 - ɘ/ - ə/ - ɤ 韵的方言点有崇州、九江、石羊、永宁、都江堰、彭山和新津,其他各点都读为 - o 韵,读为 - ɘ/ - ə/ - ɤ 韵的方言点比例从崇州到永宁依次递减,其中都江堰、彭山和新津没有例外字,九江一点读为 - ɘ/ - ə 韵的比例为92%,只有"活、豁"二字读为 - o 韵。石羊一点读为 - ɘ/ - ə 韵的字有"霍、合、鸽、盒、活、割、渴、葛、磕"。永宁读为 - ɘ/ - ə 韵的字有"霍、藿、合、鹤、盒"。从这些读为 - ɘ/ - ə 韵的字来看,既有常用字也有不常用字,暂时不能找到一个变化的规律。除此之外,其他9个点全部整齐地读为 - o 韵。

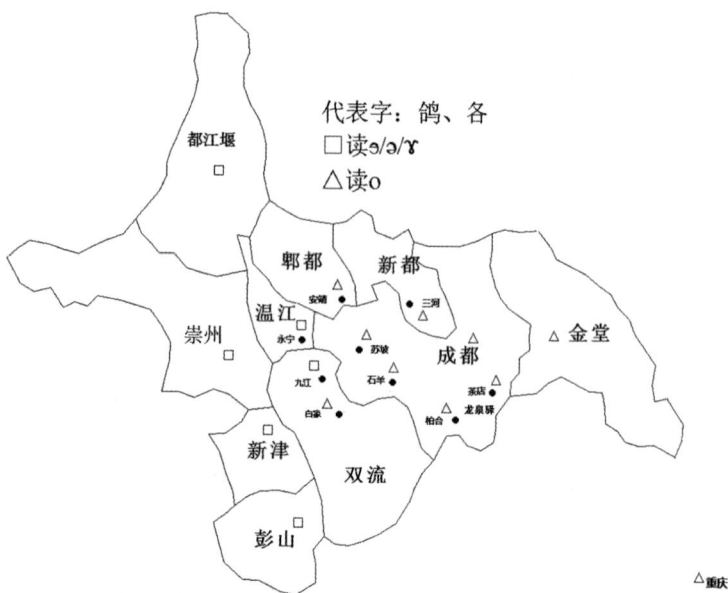

图7-8 成都地区咸、山、宕摄入声开口一等见系字读音分布图

十一、模韵帮系端组字的读法

以"图、肚、股、路"为例,成都平原各点和重庆话都读为 - u 韵,南路话非常整齐,都读为 - o 韵。

图 7-9　成都平原模韵帮系端组字读音分布图

十二、咸、山摄入声开口一二等帮端系庄组、三等知章组字的读法

以"答、辣、舌"为例，成都市区话、重庆话读为 -A 韵，南路话读为 -æ
韵，其他方言点读音介于两者之间，在我们的调查字表中，属于咸、山摄入声
开口一二等帮端系庄组、三等知章组字的例字有 45 个字，具体情况见下表。

表 7-3　成都平原咸、山摄入声开口一二等帮端系庄组、三等知章组字韵母读 -æ 韵比例表

地名	崇	新	永	九	都	石	彭	安	柏	苏	白	茶	三	金	成	重
读 -æ（个）	45	43	40	37	36	0	0	0	0	0	0	0	0	0	0	0
读 -A（个）	0	2	5	8	9	45	45	45	45	45	45	45	45	45	45	45
比例①（%）	100	96	88	82	75	0	0	0	0	0	0	0	0	0	0	0

从表中我们看到读为 -æ 韵的方言点有崇州、九江、永宁、都江堰和新
津，其他各点都读为 -A 韵，读为 -æ 韵的方言点比例从崇州到九江依次递
减，其中新津读为 -A 韵的有"拉、撒" 2 个字，永宁读为 -A 韵的有"八、
拉、撒、闸、萨" 5 个字，都江堰读为 -A 韵的有"八、拉、撒、闸、垃、
蛤、察、溻" 8 个字，九江读为 -A 韵的有"八、拉、撒、闸、拔、垃、蛤、
察、溻" 9 个字。从这四个点读为 -A 韵的字来看，重合的字有"拉、撒"两

---

① 此处的百分比是指该方言点的读为 -æ 韵的比例。

个字，其中"拉"属于常用字，"撒"属于不常用字，为什么会出现这种现象，暂时还不能解释。除此之外，其他点全部整齐地读为-A韵。

图7-10 成都平原咸、山摄入声开口一二等帮端系庄组、三等知章组字读音分布图

十三、深、臻、曾、梗摄入声开口二三等庄组字的读法

以"色、策"为例，南路话读为-æ韵，成都市区话、重庆话读为-e韵。其他方言点读音不统一，见下表：

表7-4 成都平原深、臻、曾、梗摄入声开口二三等庄组字韵母读音分布表

读为æ韵	崇州	永宁	九江	都江堰	新津				
读为e韵	石羊	安靖	柏合	苏坡	白家	茶店	三河	金堂	成都	重庆
读为ai韵	彭山								

十四、曾摄一等、梗摄二等开口入声帮、端、知、见系字的读法

以"百、德、黑"为例，南路话读为-æ韵，成都市区话、重庆话读为-e韵。成都平原方言点读音不统一，具体见下表。

表7-5 成都平原曾摄一等、梗摄二等开口入声帮、端、知、见系字韵母读音分布表

读为æ韵	崇州	永宁	九江	都江堰	新津				
读为e韵	石羊	安靖	柏合	苏坡	白家	茶店	三河	金堂	成都	重庆
读为ai韵	彭山								

图 7-11 成都平原曾摄一等、梗摄二等开口入声帮、端、知、见系字韵母读音分布图

十五、山摄合口三四等字以及宕、江摄开口二三等入声精组见系字的读法

以"月、脚、学"为例,南路话都读为 - io 韵,其他方言点读为 - io 韵和 - ye 韵两组,重庆话读为 - yo 韵。

图 7-12 成都平原山摄合口三四等字以及宕、江摄开口
二三等入声精组见系字读音分布图

十六、臻摄入声合口三等精、见组字的读法

以"屈、橘、黢"为例，南路话读为－io 韵，成都市区话读为三组：
－ye 韵、－io 韵、－y－韵。其他方言点大都读为两组：－ye 韵、－io 韵，重
庆话读为两组：－yu 韵、－yi 韵。

图7－13　成都平原臻摄入声合口三等精、见组字读音分布图

十七、臻摄入声合口一三等帮组知系端、泥组字的读法

以"不、突、出"为例，南路话读为读－o 韵，成都市区话、重庆话读为
－u 韵。成都平原其他方言点读音介于两者之间，在我们的调查字表中，属于
臻摄入声合口一三等帮组知系端、泥组字的例字有 16 个字，具体情况见下表。

表7－6　成都平原臻摄入声合口一三等帮组知系端、泥组字读－o 韵比例表

地名	崇州	永宁	安靖	都江堰	彭山	三河	九江	茶店	白家	苏坡	柏合	石羊	新津	金堂	成都	重庆
读－o（个）	16	16	16	16	16	13	15	15	15	15	15	15	15	1	0	0
读－u（个）	0	0	0	0	0	3	1	1	1	1	1	1	1	15	16	16
比例①（%）	100	100	100	100	100	81	94	94	94	94	94	94	94	6	0	0

---

① 此处的百分比是指该方言点的读为－o 韵的比例。

读为 -o 韵的方言点有崇州、永宁、安靖、都江堰和彭山。读为 -u 韵的方言点有成都和重庆。另外金堂除了"勿"字其他都读为 -u。有少数字读为 -u 韵，三河的例外字是"术、述、忽"三个字。其他成都平原方言点只有一个字读为 -u 韵，另外的 15 个字都读为 -o 韵。九江一点的例外字是"术_{白术}"，该字并非常用字，是中药名，发音人应该是受到"术_{技术}"发音影响的一种误读。茶店一点的例外字是"勿"，该字属于古代汉语中的字，日常口语基本不用，发音人直接读为普通话的 -u 韵。白家、苏坡、柏合、石羊四个点的例外字都是"突"字。

图 7-14　成都平原臻摄入声合口一三等帮组知系端、泥组字分布图

十八、深、臻、曾、梗摄入声开口三四等帮端见系字的读法

以"力、集、七"为例，南路话读为 -ie 韵，重庆和金堂话读为 -i 韵，成都市区话分新老两读，年轻人读音与重庆话同，读为 -i 韵，老年人部分字还保留 -ie 韵，比如"集"字等。成都平原其他点非常整齐，都读为 -ie 韵。

代表字：七、力
□读-i，少数读-ie
△读-ie ○读-i

图7-15 成都平原深、臻、曾、梗摄入声开口三四等帮端见系字读音分布图

十九、深、臻、曾、梗摄入声开口三等知章组字的读法

以"直、尺、十"为例，南路话读为-ə/-ə韵，成都市区话、重庆话读为-ʅ韵，成都平原其他方言点分为三类，具体见表7-7。

表7-7 成都平原深、臻、曾、梗摄入声开口三等知章组字读音分布表

地名	崇州	永宁	安靖	九江	石羊	白家	苏坡	柏合	都江堰	彭山	新津	三河	茶店	成都	重庆	金堂
读音	-ə/-ə/-ɚ											-ʅ	-ʅ/-ə	-ʅ		

从上表可知，深、臻、曾、梗摄入声开口三等知章组字的读法分为四类，成都平原大部分地区都读入南路话，三河一点读为-ʅ韵。茶店一点，大部分字读入湖广话，"十、什、拾、石"四个字读为-ə韵，和"南路话"读同。这四个字都是属于口语常用字，前面两个都是数字词，使用频率高，所以其他一些字的发音已经发生了变化，而这四个字还保留了本来的读音。

图7-16　成都平原深、臻、曾、梗摄入声开口三等知章组字读音分布图

二十、通摄入声帮知系端泥组字的读法

以"木、竹、绿"为例，南路话读为－o韵，成都市区话、重庆话读为－u韵，成都平原其他方言点介于两者之间，在我们的调查字表中，属于通摄入声帮知系端泥组字的例字有50个字，具体情况见下表。

表7-8　成都平原通摄入声帮知系端泥组字读－o韵比例表

地名	崇州	彭山	新津	永宁	安靖	都江堰	白家	三河	石羊	九江	柏合	苏坡	茶店	金堂	成都	重庆
读-o（个）	50	50	50	49	48	47	46	45	45	45	43	41	34	0	0	0
读-u（个）	0	0	0	1	2	3	4	5	5	5	7	9	16	50	50	50
比例①（%）	100	100	100	98	96	94	92	90	90	90	86	82	68	0	0	0

从上表我们可以看到，南路话、成都市区话、重庆话读音都很整齐，成都平原其他点主要读入南路话，读为－o韵，都有不同数量的例外字，读为－u韵，读同湖广话，从永宁到茶店依次递减，例外字具体情况见下表：

---

①　此处的百分比是指该方言点的读为－o韵的比例。

表7-8　成都平原通摄入声帮知系端泥组例外读为 -u 韵字表

永宁	卜
安靖	鹿卜
都江堰	赎叔褥
白家	督幅酷辱
三河	卜鹿辱褥酷
石羊	卜扑蝠鹿酷
九江	肉辱褥粟赎
柏合	陆鹿瀑辱褥秃酷
苏坡	陆酷鹿赂扑仆瀑褥秃
茶店	鹿卜扑目幅蝠腹督笃轴赎叔淑蜀辱褥

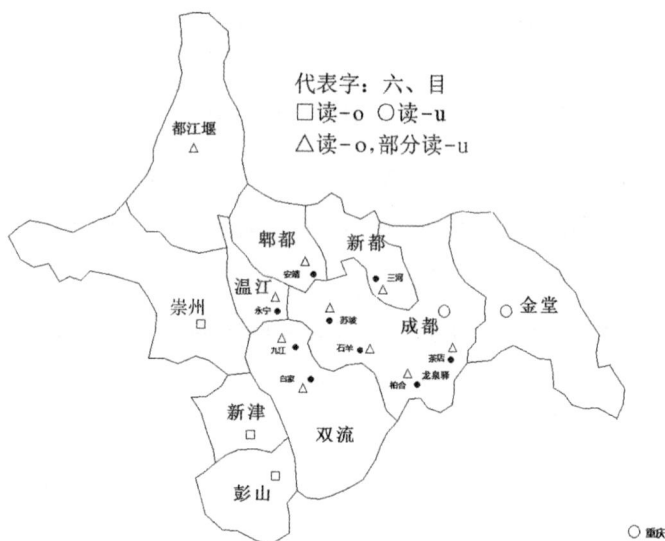

图7-17　成都平原通摄入声帮知系端泥组字读音分布图

二十一、曾梗摄合口三等入声见系字、通摄三等入声精组见系字的读法

以"域、肃、局、曲"为例，南路话读为 -io 韵，成都平原各点基本都读为 -io 韵，个别点存在例外字，成都市区话读为 -io 韵，部分字读为 -y-韵，同于普通话，重庆话读为 -yi 韵和 -yu 韵。具体情况见下表。

表7-9 成都平原曾梗摄合口三等入声见系、通摄三等入声精组见系字读音分布表

地名	崇州	永宁	安靖	九江	石羊	白家	苏坡	柏合	茶店	三河	都江堰	新津	彭山	成都	重庆
读音	io/iɵ													-io/-y	-yi/-yu

从上表可以看到曾梗摄合口三等入声见系字、通摄三等入声精组见系字在成都地区读法分为三类，第一类是南路话和成都平原大部分方言点，第二类是成都市区话，第三类是重庆话。第二类介于第一类和第三类之间，重庆话的读音和普通话更相似，这种差别应该是不同地区语音自身演变的结果。

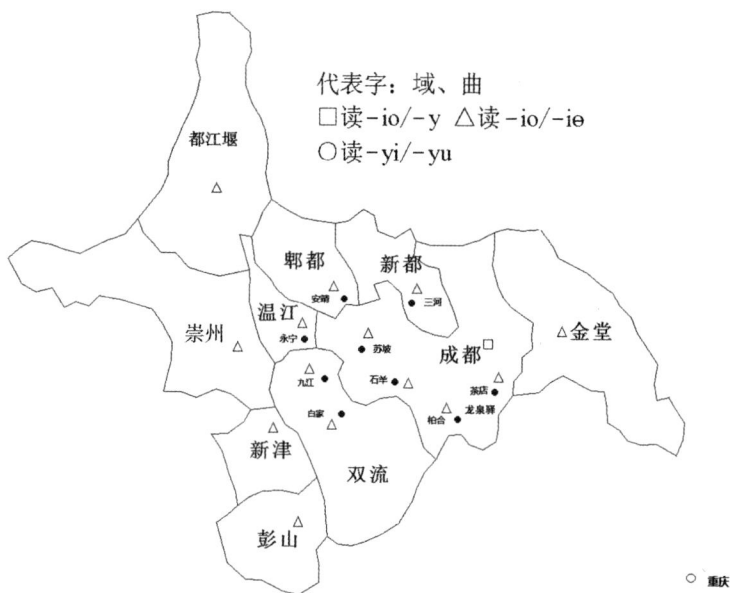

图7-18 成都平原曾梗摄合口三等入声见系、通摄三等入声精组见系字读音分布图

二十二、古入声今读音情况

南路话最大的一个特点即是入声独立。成都平原大部分方言点都保留入声调，只有茶店、金堂读为阳平调。从地理分布来看，茶店、金堂处于成都市区的东部，正是移民入川的方向，所以其语音更多地受到了移民方言的影响。成都市区话和重庆话入声均消失，读为阳平。

图 7-19　成都平原古入声读音分布图

　　我们将成都平原方言点与成都市区话、南路话、重庆话语音上的主要区别特征进行了分析，并结合这些特征总结了地理分布特点，我们根据这些地理分布来寻求同言线的分布与走势，以进一步分析成都平原方言内部的结构和层次。

　　我们用前文成都平原方言点与湖广话以及南路话比较的 35 条语音特征作为线索，首先排除各方言点、成都市区话、重庆话及南路话四者共有的语音特征，取其主要的语音比较特征来绘制同言线。

　　①泥来母洪混细分，如"脑、奴、泥、女"（茶店、柏合、三河、石羊、九江、白家、苏坡、永宁、安靖、成都、崇州、都江堰、彭山、新津、金堂）。

　　②疑影母开口三四等字读为 ŋ-，如"艺、脸、严、逆"（茶店、柏合、三河、石羊、九江、白家、苏坡、永宁、安靖、成都、崇州、都江堰、彭山、新津、金堂）。

　　③遇合三今读 y-，如"局、于、雨、据"（茶店、柏合、三河、石羊、九江、白家、苏坡、永宁、安靖、成都、崇州、都江堰、彭山、新津、金堂）。

　　④曾梗入合口三等见系字、通入三等精组见系字今读 -io，如"曲、疫、族、速"（茶店、柏合、三河、石羊、九江、白家、苏坡、永宁、安靖、成都、崇州、都江堰、彭山、新津、金堂）。

⑤深臻曾梗摄入声开口三四等帮端见系字读－ie，如"及、七、滴、力"（茶店、柏合、三河、石羊、九江、白家、苏坡、永宁、安靖、成都、崇州、都江堰、彭山、新津、金堂）。

⑥山摄合口三四等字以及宕、江摄开口二三等入声精组见系字读－io，如"雀、却"（茶店、柏合、三河、石羊、九江、白家、苏坡、永宁、安靖、成都、崇州、都江堰、彭山、新津、金堂）。

⑦咸山摄帮端组开口三四等字今读－ie，如"灭、接"（茶店、柏合、三河、石羊、九江、白家、苏坡、永宁、安靖、成都、崇州、都江堰、彭山、新津、金堂）。

⑧假摄开口三等精组见系字读－i－，如"些、爹"（茶店、柏合、三河、石羊、九江、白家、苏坡、永宁、安靖、崇州、都江堰、彭山、新津）。

⑨臻入声合口一三等帮知系端泥组字读－ɵ/－o，如"不、物"（茶店、柏合、三河、石羊、九江、白家、苏坡、永宁、安靖、崇州、都江堰、彭山、新津）。

⑩通摄入声帮知系端泥组字读－o，如"木、服"（茶店、柏合、三河、石羊、九江、白家、苏坡、永宁、安靖、崇州、都江堰、彭山、新津）。

⑪深臻曾梗摄入声开口三等知章组字读－ɵ/－ə，如"十、直"（茶店、柏合、三河、石羊、九江、白家、苏坡、永宁、安靖、崇州、都江堰、彭山、新津）。

⑫咸山开口入声一二等帮端系庄组字、三等知章组字今读－æ，如"八、答"（九江、永宁、崇州、都江堰、新津）。

⑬山宕曾梗入合口一二等见系字今读－uæ，如"国、括"（九江、永宁、崇州、都江堰、新津）。

⑭深臻曾梗入声二三等开口庄组字今读－æ，如"责、测"（九江、永宁、崇州、都江堰、新津）。

⑮山摄合口舒声一等端泥组字今读无－u－介音，如"端、乱"（崇州、新津、彭山）。

⑯果摄一等帮端见系韵母读－u，如"多、波"（崇州、新津、彭山）。

⑰模韵帮系端组字的读－o，如"都、图"（崇州）。

⑱曾一梗二开口入声帮端知见系字今读－æ，如"默、百"（九江、永宁、都江堰、崇州、新津）。

⑲咸山宕摄入声一等开口见系字今读－ə，如"鸽、合"（石羊、九江、

崇州、都江堰、新津、彭山）。

⑳深臻曾梗摄入声三等知系声母今读 tʂ-/tʂh-/ʂ-，如"直、尺、十"（苏坡、安靖、三河、都江堰）。

㉑入声独立，如"白、十、八"（柏合、三河、石羊、九江、白家、苏坡、永宁、安靖、崇州、都江堰、彭山、新津）。

这些特征基本情况是：①～⑦特征除重庆外都有，⑧～⑪特征除成都、金堂、重庆外都有，⑫～⑭特征存在于九江、永宁、崇州、都江堰、新津，⑮～⑯特征存在于崇州、新津、彭山，⑱～⑳特征都是独立的，和其他特征没有交叉。见下图：

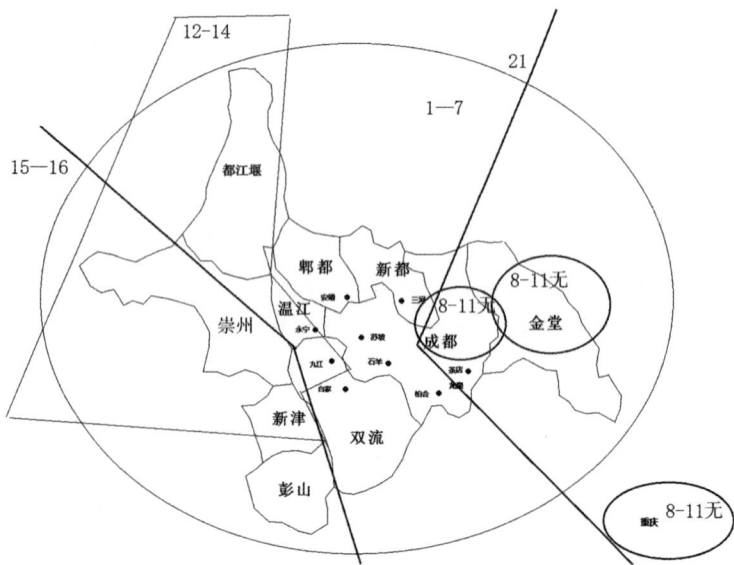

图7-20　成都地区方言特征整体分布图

从上图可以看到，第①～⑦特征形成了一个同言线圈，将重庆和其他地区区别开，⑧～⑪特征将成都和重庆和其他地区区别开，⑫～⑭特征形成了一个同言线圈，将崇州、永宁、九江、都江堰、新津划开。⑮～⑯形成一条同言线，将崇州、彭山、新津和其他地区区别开。

我们把同言线作为方言分区的一个重要参考标准。从上图中的同言线可以看到，温江永宁、双流九江和崇州可以看作典型的南路话区域。第㉑条特征将成都市区、龙泉茶店、重庆区别开，可以看作湖广话区域。而剩下的部分就是一个中间状态，他们既保留了南路话特征，同时也兼有湖广话的特征。

第二节　成都方言语音特征的历史成因

赵元任曾提出："原则上大概地理上看得见的差别往往也代表历史演变上的阶段。所以横里头的差别往往就代表竖里头的差别。"[①] 我们从成都平原与南路话语音特征的地理分布来探寻其形成的历史原因。

一、历史移民因素

整个四川地区在历史上都受到了移民的影响，前面我们详细介绍了移民对重庆、成都以及成都平原的影响。明末清初，由于天灾、战乱等因素，四川土著人口骤减，但是四川各地区人口仍存在一些区别。据曹树基考证，"成都平原两侧的龙安、嘉定一带情况要好一些……西部的雅安一带也因战事较少，人口稍有保留"。从描述可以看到当时南路一带的土著人口数量受损相对较少。从整个四川地区的历史移民来看，元明清时期的入川移民并不是均衡地分布在四川各地。湖广移民的路线大致是自东向西。从移民入川落户的数量来看，各地移民选择落户的地区有差异，其中最靠近湖广的川东地区成为移民密集地带，其次就是成都府。成都府是四川盆地的平原地带，同时又是经济、政治中心，移民的数量也非常多。移民到达成都府以后，再往西便进入山区，加之岷江的阻隔，所以继续西行的移民数量大大减少，并没有形成规模。从成都府再往西南方向的眉州、邛州、嘉定府、雅州府等移民数量大大减少。可以说成都府是大批移民的终点。由此我们可以推断，四川西南地区受到移民方言的影响相对要小很多，很大程度上还保留了自己的语言，即当年土著所讲的语言。以历史移民为基础，结合我们今天调查的成都平原方言点、重庆话和南路话的语音特征，今天的重庆话属于湖广话，成都市区话、茶店话、金堂话都属于带有少量南路话特征的湖广话，崇州等南路话区域较多保留了移民前四川土著方言的特征，成都平原的柏合、白家、九江、苏坡、永宁、安靖、三河、都江堰、新津、彭山介于两者之间，兼有湖广话和南路话的特征。

---

① 赵元任. 语言问题 [M]. 北京：商务印书馆，1980：104.

二、地理因素

重庆地处中国西南部，长江上游地区，其北部、东部及南部分别有大巴山、巫山、武陵山、大娄山环绕。地貌以丘陵、山地为主，坡地面积较大，有"山城"之称。从地理环境来看，重庆属于山区，交通不便，语音变化应该较小。但是从前文的调查结果来看，重庆方言完全属于湖广话，不带有任何南路话的特征，这大概是因为重庆为移民入川的通道，大量移民经重庆进入四川，大规模的移民进入改变了当地的语言。

成都平原又叫"川西坝子"，由岷江、沱江、青衣江、大渡河冲积而成，地势平坦，水域遍布，河网纵横，物产丰富，自古就有"天府之国"的美誉。成都处于整个四川地区的中心位置，又是经济政治中心，所以吸引了大量的元明清移民，成都话很大程度上受到了湖广移民的影响。

成都市区东部的茶店镇，从地理位置看刚好处于成都和重庆之间，按照规律，其语音特征也应介于两者之间，但是从调查的结果来看，茶店话比成都话更靠近南路话。从地理条件来看，茶店属于山区，和外部交流多有不便。地势陡峭的高山及丘陵地区，由于地理上的阻隔和交通条件的不便，这些地区的语言面貌通常较为保守，与周边方言之间的接触也大大减弱。移民途经此地时很可能由于地理条件较差而没有过多停留，所以移民方言并没有过多影响到此地。茶店今天所讲语言应该是后来经济发展、交通便利以后受到成都市区方言的影响。

成都平原其他方言点如柏合、石羊、九江、白家、永宁、柏合、苏坡、三河、都江堰、新津和彭山，它们围绕在成都的北面、南面和西面。从今天的地理位置来看，一些方言点已经处于成都市区的范围，距离城中心并不远，即现在人们常说的"大成都"范畴。移民来到成都，大部分人会选择留在城市里面，不再前行，少数移民继续前行，去到成都市区周围的农村，但是数量零星，不成规模，所以对于方言的改变较小。

三、行政区划

梅耶指出："语言区域的分界常与古代的行政区域相符。……因为这些区域的划分实际上与自然的要求。语言间的相似，无疑也可以用这些关系来加以说明。"① 崔荣昌认为："因为长期居住在同一行政区域内，不同的方言会有更

---

① 梅耶. 历史语言学中的比较方法［M］. 岑麟祥，译. 北京：世界图书出版公司. 2008：57.

多的机会发生融合而变得日趋接近。"

　　清乾隆四十二年（1777）柏合建场，时称柏合寺。清朝末年柏合镇为简州5镇乡之一。民国二十四年（1935）为简阳县第三区柏合乡联保，民国三十七年（1948）撤销安柏乡合并至柏合乡。今天柏合属于龙泉区管辖。由于长时间属于简阳的行政区域，所以柏合方言受到简阳话的影响，和现在龙泉地区人们所讲的湖广话以及客家话并不相同。调查时发现，今天的柏合人在心理上也更认同自己是简阳人而不是龙泉人。

　　"通常人们对自己所在区域的文化习俗无形之间会形成一种归属感，表现在语言上就是一种对母语的认同，这种归属倾向使他们在使用语言上认同同一个行政区划内的语言，从而尽力维持属于他们自己的语言习惯和语言特征。"①我们以三河镇为例，三河镇紧邻成都市内的天回镇，两镇之间并没有天然的地理阻隔，两地居民的交往却不多。从现在的语音调查来看，天回镇所讲方言与成都市区无异，而三河镇所讲方言则更接近南路话。为什么紧紧相邻的两地语言会有如此之大的区别，行政区划可以在一定程度上解释这个问题。天回镇属于成都市管辖，而三河镇属于新都区管辖。天回镇的居民认为自己是成都人，自然更愿意和成都市内居民交往，而不愿和"乡坝头"的人，即新都人交往，所以其语言受到成都市区语言的影响。同理，三河镇的居民虽愿意和城里人交往，但因为城里人的"清高"，只好和新都人交往，所以语言上也受到新都话的影响。除此之外，此次调查的永宁、安靖、九江都存在这样的问题，其语音特征大多受行政区划的影响。

　　由于成都是整个四川的经济政治文化中心，对于周边语言都处于强势方言地位，在讲湖广话的成都人看来，南路话是一种和自己所讲方言完全无关的"土话"，南路话特征越明显越土。所以来成都学习和工作的年轻人，都学说成都话。受交通和大众传媒的影响，南路话区域正在快速地缩减，一次新的大规模语言接触正在进行。

　　成都平原方言受到了历史移民、地理条件、行政区划等因素的影响。成都市区方言和周边地区方言之间的接触变得深入，成都平原方言内部也在发生复杂的变化。从成都平原方言现今情况来看，移民的数量、地理环境的限制以及行政区划的不同，使得方言之间的接触具有不均衡性，从而形成了成都平原各方言点语音特征上的差异。

---

① 苏晓青、许井岗. 地理变化对方言分布格局的影响——以江苏邳州方言为例［J］. 徐州工程学院学报（社会科学版），2011（6）：38.

第八章 结 语

第一节 成都平原方言音系特征总结

一、成都平原方言内部的一致性

成都平原方言内部存在一致性，从调查的方言点来看，它们的主要的语音特征有：

（1）泥来母洪混细分。泥来母在开口、合口二呼前混读为 l-；在齐齿、撮口二呼前，来母字读 l-，泥母字读 ȵ-，如"脑、奴、泥、女"。

（2）影疑母字部分合流，开口一二等字今主要读 ŋ-，疑母开口三四等字今读零声母和 ȵ-，如"我、咬、艺、脸"。

（3）遇合三今读 -y，如"局、于、雨、据"。

（4）曾梗入合口三等见系，通入三等精组见系今读 -io，如"曲、疫"。

（5）山摄合口三四等字以及宕、江摄开口二三等入声精组见系字读 -io，如"雀、却"。

（6）咸山摄帮端组开口三四等字今读 -ie，如"灭、接"。

（7）见系开口二等字部分不腭化，仍读开口呼，如"鞋、咸"。船禅两母字部分今读擦音，如"禅、蝉、唇、纯"。

（8）臻摄合口一三等端泥精组部分字今读开口呼，丢失 -u- 介音，如"孙、墩"。

（9）蟹山摄合口一等端泥组部分今读合口呼，如"内、累"。

二、成都平原方言内部的差异性

成都平原方言内部的差异性主要表现在：一些方言点有湖广话特征，一些方言点有南路话特征，一些方言点则南路话夹杂湖广话（这是方言点近年来学习成都话的结果）。

（1）假摄开口三等精组见系字的读音，成都、金堂主要读为－ie，其余各点主要读为－i，如"姐，爷"。

（2）咸山开口入声一二等帮端系庄组、三等知章组字的读音，九江、永宁、都江堰、新津四点今读－æ，茶店、石羊、白家、柏合、三河、苏坡、安靖、成都、金堂、彭山十个点读－ʌ／－a，如"八、答"。

（3）山宕曾梗入合口一二等见系字的读音，九江、永宁、都江堰、新津四点今读－uæ，茶店、石羊、白家、柏合、三河、苏坡、安靖、金堂、成都九点读为－ue／－uɛ，彭山读为－uai，如"国、括"。

（4）深臻曾梗入声二三等开口庄组字的读音，九江、永宁、都江堰、新津四点今读－æ，茶店、石羊、白家、柏合、三河、苏坡、安靖、金堂、成都九点读为－e／－ɛ，彭山读为－ai，如"责、测"。

（5）深臻曾梗摄入声开口三四等帮端见系字的读音，金堂、成都读为－i／－ie，其他各点都读为－ie，如"及、力"。

（6）曾一梗二开口入声帮端知见系字读音，永宁、都江堰、新津三点今读－æ，九江、茶店、白家、柏合、三河、苏坡、安靖、金堂、成都九点读为－e／－ɛ，石羊读为－ɤ，彭山读为－ai，如"默、百"。

（7）咸山宕摄入声一等开口见系字的读音，石羊、九江、都江堰、彭山、新津五点今读－ɤ，永宁、茶店、白家、柏合、三河、苏坡、安靖、成都、金堂九点读为－o／－ɵ，如"鸽、合"。

（8）通摄入声帮知系端泥组字的读音，金堂、成都读－u，其他各点读－o，如"木、服"。

（9）臻入声合口一三等帮知系端泥组字的读音，成都全部读为－u，金堂读为－u／－o，其他各点读－ɵ／－o，如"不、物"。

（10）深臻曾梗摄入声开口三等知章组字的读音，金堂、成都读－ʅ，三河读为－ɻ，其他各点读－ɵ／－ə，如"十、直"。

（11）以、云母今主要读为零声母字，以－u为韵母的情况下因摩擦音强烈常常读为v－声母，金堂例外，如"五、误"。

（12）深臻曾梗摄入声三等知系声母的读音，苏坡、安靖、三河、都江堰四点入声保留卷舌音 tʂ－／tʂh－／ʂ－，茶店、柏合、石羊、九江、白家、永宁、彭山、金堂、新津、成都这10点知庄章声母今与精组声母基本合流，没有 ts－／tsh－／s－ 与 tʂ－／tʂh－／ʂ－的对立，如"直、尺"。

（13）有无独立入声调。本次调查结果显示柏合、三河、石羊、九江、白家、苏坡、永宁、安靖、都江堰、彭山、新津中均有独立入声调存在，无塞音尾。茶店、金堂、成都入声均已消失，派入阳平调，如"百、十"。

上文列出的 9 条成都平原方言内部的一致性展现了湖广话的特征，具有这些特征的方言便是湖广话。周及徐提出了 9 条南路话和湖广话对立的语音特点，这些特点和笔者所列出的 13 条成都平原方言内部的差异性正好吻合，符合这些特点的方言即为南路话。成都平原同时存在这两套方言系统，成都位于湖广话和南路话的分界处，属于过渡区域，成都西边和南边是南路话区域，如苏坡、安靖、新津等；成都东边是湖广话区域，如金堂、重庆等（参看图 1-1）。

第二节　成都平原方言语音的历史形成

一、从成都方言特征看"湖广填四川"

"湖广填四川"这一著名的历史事件长期以来都备受关注，但是由于史料记载有限，很多问题一直是学者们争论的焦点，比如"湖广填四川"是否完全改变了四川原住民，如今四川大地上的人们的祖先是当初原住民的后代还是移民的后代。关于移民的来源，民间的传说是大部分移民都来自湖北孝感一带，但是关于这个问题，很多学者都提出了异议。雷兵在《清代"湖广填四川"质疑》一文中对自清初以来很多四川人都自认为或被认为是湖北麻城孝感移民后裔这一普遍的说法提出质疑。①

今天的成都平原方言呈现出"湖广话"和"南路话"各有地域、分片并存的局面。这种局面扩大到整个四川地区。讲"南路话"的原住民和讲"湖广话"的移民长期交汇接触，一些地区全讲"湖广话"，一些地区全讲"南路话"，一些地区所讲方言同时具有两种话的特点。改变当地原有的语言必须具备两个条件：第一，说原住民方言的人数急剧减少；第二，短时间内大规模移民的到来。成都平原当时就具有这两个条件，战乱和屠杀使得土著人口骤减，明末清初大规模的移民又带来了新的语言。四川方言的变迁，说明"湖广填四川"是一个真实可信的历史事件。

关于移民的来源，学者也尝试从语言学角度来探索。周及徐在《从语音

---

① 雷兵. 清代"湖广填四川"质疑 [J]. 中华文化论坛，2006：148.

特征研究四川重庆"湖广话"的来源——成渝方言与湖北官话带标点音系特点比较》一文中从语音特征看四川重庆湖广话的来源，但选择了麻城、武汉、钟祥、宜昌、恩施、重庆和成都 7 个方言点进行比较。从语音特征来看，宜昌话和恩施话是湖北方言中和重庆话相似度最高的方言，孝感话相似度最低。所以从语言学角度来看，"湖广填四川"的移民主要来源于"湖北麻城孝感"的说法与现在方言特征比较不相符，四川移民的主要来源地应是湖北东部的宜昌、恩施等地区。[①]

二、成都平原方言的历史层次

周及徐等认为，李实《蜀语》记录的应该是明代的四川遂宁方言，通过音系比较，剑阁金仙话和巴州话与之语音最为接近，而现在的遂宁方言与之差别很大。从剑阁金仙镇、南部县伏虎镇以及巴中市的调查资料可以看到，入声独立、分尖团、分平翘甚至见系细音字不腭化，《蜀语》记录的这些语音特征仍在这些方言中保存着。这些湖广话区域中存在的南路话方言岛，证明整个四川地区在 400 年前都讲南路话。从今天成都平原方言的调查可以看到，湖广移民带来了自己的语言，形成了今天成都市区人所说的"湖广话"。

笔者认为，"湖广填四川"对四川方言的发展产生重大影响。明末清初的移民从东向西入川，成都市区成为西向移民集中的地区。从今天的四川方言分布来看，成都市区正好处于来自湖广的移民和明以前原住居民住区的交界点。历史的变迁在语言的发展上留下了痕迹，本书从语言学的角度证明了这个历史上存在过的移民大潮。从地理位置来看，成都位于四川西部，但是从经济、政治地位来看，成都又一直是四川的中心，所以成都方言具有双重特征。移民所讲方言以湖广话为主，而原住民所讲方言为南路话，两种方言来源和内部结构均不同，对今天成都方言产生了深远的影响。成都平原方言内部既有湖广话成分，又不同程度地保留了南路话的语音特征。

第一，成都市区话、金堂话、茶店话在本次调查中入声调消失，都归入阳平调，并没有保留南路话最典型的特征。但是另外一些特征又区别于单纯的湖广话：泥来母洪混细分。深、臻、曾、梗摄入声开口三四等帮端见系字成都市区话和茶店话读为 ie，如集、及、级等。除此之外茶店话中还保留了更多的南

---

① 周及徐，周岷.《蜀语》与今四川南路话音系——古方言文献与当代田野调查的对应［J］. 语言研究，2017（2）：62-69.

路话特征：臻摄入声合口一、三等帮组知系端、泥组字读为 o 韵，如不/po2①/、突/tho2/、物/o2/等；深、臻、曾、梗摄入声开口三等知、章组字部分读为 ə 韵，如十/sə2/、什/sə2/、拾/sə2/等；通摄入声帮知系、端泥组字读为 o 韵，如六/lo2/、陆/lo2/、竹/tso2/等。

　　第二，石羊、柏合、白家、安靖、三河、苏坡这六个方言点保留了入声。曾梗入合口三等见系字、通入三等精组见系字、山摄合口三四等字以及宕、江摄开口二三等入声精组见系字今读 io；如续/çio5/，曲/tɕhio5/，雀/tɕhio5/。深臻曾梗摄入声开口三四等帮端见系字今读 ie，如力/lie5/，绩/tɕie5/。假摄开口三等精组见系字读 i，如：些/çi1/，爹/ti1/。这些特征与南路话所具有的特征一致。

　　第三，新津、都江堰、彭山、永宁和九江这五个点和南路话特征最接近，除了保留入声调和以上所提到的南路话特征外，咸山开口入声一二等帮端系庄组、三等知章组字，深臻曾梗入声二三等开口庄组字，曾摄一等、梗摄二等开口入声帮、端、知、见系字今读 æ，如八/pæ5/，塔/thæ5/，责/tsæ5/，啬/sæ5/，默/mæ5/，百/pæ5/；山宕曾梗入合口一二等见系今读 uæ，如：国/kuæ5/，括/khuæ5/。其中新津和彭山两点蟹摄合口舒声一等端泥组和山摄合口舒声一等端泥组字读 -u-介音，如推/tei1/，端/tan4/；果摄一等帮端见系韵母读 -u，如螺/nu2/。这些也都是南路话遗留下来的特征。

　　从上面的分析来看，我们可以把整个成都平原大概分为三个部分：成都市区及东面地区、成都北面和南面地区、成都西面地区。成都东面的茶店和金堂是移民进入的方向，成都市区是很多移民定居的地方，所以语音基本被湖广话语音覆盖，只剩下零星的南路话特征。成都北面和南面地区处于湖广话与南路话的叠置混合地带。成都西面地区由于地理位置较为偏僻，加之南面便是南路话的大本营，方言中保留了部分南路话语音特征，虽然受到了湖广话的冲击，但是原有语音依然保留了下来。

　　在成都平原还存在一部分客家话方言岛，这些清代移民由于自身语言和原住民语言差异大，加之他们聚族而居，同外界交流很少，这些方言岛得以保留下来，岛内居民基本都会讲两种方言。不过，随着社会的发展和外界接触的频繁，这种双语现象逐渐消失，1990 年以后出生的人大多放弃讲自己方言岛的语言，而只学习周围的强势方言。

① 由于各地调值均不相同，音标后面数字仅标出调类，1 为阴平，2 为阳平，3 为上声，4 为去声，5 为入声。下文同。

　　总的来看，四川地区的方言主要有两种：湖广话和南路话，湖广话是明清以后移民带来的方言，是移民的后裔所讲的方言。南路话是四川地区近 400 年来土著所讲的方言。两种方言经过几百年的碰撞和语言接触，形成了现在四川地区的方言。从本书的调查记音分析可以看到，成都平原方言符合四川方言的整体特征。从具体调查的各个方言点以及成都市区方言来看，成都平原方言都呈现出湖广话的表层特征和南路话的底层特征。以成都市区话为例，一直以来，研究者们普遍认为成都市区话是"湖广话"的典型代表，但从调查的结果来看，成都市区话的一些语音特征应是南路话特征的保留：

　　第一，泥来母洪混细分，在湖广话中"泥 ȵi"和"离 li"是相混的，但是成都市区话能够区分，这符合南路话的语音特征。

　　第二，假摄开口三等精组见系字湖广话都读为 ie 韵，成都市区话也都基本读为此，但是存在一个例外字："些 çi"，通过对成都地区的方言调查，笔者发现这个例外不是偶然，而是南路话的遗留。由于时间久远，加之强势语言的影响，大部分发音都已经改变，只有个别特别常用的字还保留了古代的读音。

　　第三，深臻曾梗入声三四等开口帮端见系字湖广话都读为 i 韵，今天成都市区的年轻人也基本都读为了 i 韵，老成都话读为 ie 韵，如"及 tçie""吸 tçie""绩 tçie"。这种读法刚好又符合南路话的语音系统规律。

　　第四，曾梗入合口三等见系，通入三等精组见系字的读法，成都市区话部分读为 io 韵，如"曲 tçhio""疫 io"，部分读为 y 韵，如"菊 tçy""局 tçy"。读为 io 韵是保留了南路话的读法，读为 y 韵又是受到了湖广话的影响，这一点明显体现出成都市区话湖广话表层特征和南路话底层特征。

　　成都市区话为什么会带有南路话的语音特征呢？笔者认为，在成都市区这片土地上曾经都讲南路话方言，后来湖广移民的方言与之混合，覆盖了旧有的南路话，所以成都市区话才会具有湖广话的表层特征和南路话的底层特征。

　　这次我们调查研究了成都平原的方言情况，新调查了 6 个方言点，离成都市中心的距离最近的 7 千米，最远的 20 千米，加上前人调查的 7 个点，一共13 个方言点，这些点分布在成都平原的四周。从调查的结果来看，这些方言点的语音特征也都保留两个层面，即南路话和湖广话。东面地区由于是移民进入的地区，保留的南路话特征少，而西面、南面地区由于移民进入相对较少，所以保留的南路话特征多。因此，我们可以得出这样一个结论，在 400 多年前的明清大规模移民之前，整个成都平原的人们都讲南路话，后来移民带来了湖广话，从而形成了现在成都平原的方言格局。洪惟仁在《洪水论与语言地理分布发展类型》中做过这样一个比喻："把连续性的原始语言分布状态看成是地面，新兴的语言或新形式看成是大雨之后的洪水。"① 那么成都平原的方言形成也可以用"洪水论"来解释，在明清时期移民到来以前，成都平原土著的语言可以看作地面，而移民带来的语言可以看作洪水。洪水流入地面，一些地面被洪水淹没，比如成都市区、金堂和茶店。一些地面留下了洪水流过的痕迹，比如成都平原的北面和南面地区。一些地面由于地势原因，没有被洪水淹没，比如成都平原西面地区。

　　如今，由于成都市是四川的政治经济文化中心，成都话相较于周边方言是强势方言，有地方标准语的地位，对于周边的辐射能力强，其使用范围逐渐增加，周边方言不断地向成都市区方言靠拢。成都市区的湖广话涌向周边的原南路话地区，正在形成一轮新的语言融合和替换。笔者推测，在不久的将来，这些地区的南路话将消失，而湖广话会成为成都及其周围地区普遍使用的方言。

---

① 洪惟仁. 洪水论与语言地理分布发展类型［J］. 北方语言论丛. 2013.

参考文献

专著类

陈保亚. 语言接触与语言联盟 ［M］. 北京：语文出版社，1996.

崔荣昌. 四川方言与巴蜀文化 ［M］. 成都：四川大学出版社，1996.

邓经武. 六百年迷雾何时清——"湖广填四川"揭秘 ［M］. 成都：四川大学出版社，2010.

傅崇矩. 成都通览 ［M］. 成都：成都时代出版社，2006.

葛剑雄，曹树基. 中国移民史：第六卷 ［M］. 福州：福建人民出版社，1997.

葛剑雄，曹树基. 中国移民史：第五卷 ［M］. 福州：福建人民出版社，1997.

葛剑雄，曹树基. 中国移民史：第一卷 ［M］. 福州：福建人民出版社，1997.

何大安. 规律与方向 ［M］. 北京：北京大学出版社，2004.

何婉，饶冬梅. 四川成都话音系词汇调查研究 ［M］. 成都：四川大学出版社，2014.

赫德森. 社会语言学 ［M］. 北京：中国社会科学出版社，1990.

黄侃，黄焯. 文字声韵训诂笔记 ［M］. 上海：上海古籍出版社，1983.

黄侃. 黄侃论学杂著 ［M］. 上海：上海古籍出版社，1980.

黄尚军. 成都方言词汇 ［M］. 成都：巴蜀书社，2006.

黄淑娉，龚佩华. 文化人类学理论方法研究 ［M］. 广州：广东高等教育出版社，1996.

赖福吉. 语音学教程：第五版 ［M］. 张维佳，译. 北京：北京大学出版社，2011.

李方桂. 上古音研究 ［M］. 北京：商务印书馆，1980.

李荣. 成都方言词典 ［M］. 南京：江苏教育出版社，1998.

林焘，王理嘉. 语音学教程 ［M］. 北京：北京大学出版社，1992.

林孔翼，沙铭璞. 四川竹枝词 ［M］. 成都：四川人民出版社，1989.

林孔翼. 成都竹枝词 ［M］. 成都：四川人民出版社，1986.

刘洪康. 中国人口·四川分册 ［M］. 北京：中国财政经济出版社，1988.

梅耶. 历史语言学中的比较方法 ［M］. 岑麟祥，译. 北京：世界图书出版公司. 2008.

孙晓芬. 清代前期的移民填四川 ［M］. 成都：四川大学出版社，1997.

谭红. 巴蜀移民史 ［M］. 成都：巴蜀书社，2006.

王福堂. 汉语方言语音的演变和层次 ［M］. 北京：语文出版社，1999.

王纲. 清代四川史 ［M］. 成都：成都科技大学出版社，1991.

王力. 汉语史稿 ［M］. 北京：中华书局，1980.

王士元. 王士元语言学论文集 ［C］. 北京：商务印书馆，2002.

吴安其. 历史语言学 ［M］. 上海：上海教育出版社，2006.

徐通锵. 历史语言学 ［M］. 北京：商务印书馆，1991.

杨时逢. 四川方言调查报告 ［M］. 台北：中研院历史语言研究所，1984.

张维佳. 演化与竞争：关中方言音韵结构的变迁（第2版）［M］. 西安：陕西人民出版社，2005.

张一舟，张清源，邓英树. 成都方言语法研究 ［M］. 成都：巴蜀书社，2001.

赵元任，丁声树，等. 湖北方言调查报告 ［M］. 北京：商务印书馆，1948.

赵元任. 语言问题 ［M］. 北京：商务印书馆，1980.

中国社会科学院，澳大利亚人文科学院. 中国语言地图集 ［M］. 香港：香港朗文有限公司，1987.

中国社会科学院语言研究所. 方言调查字表 ［Z］. 北京：商务印书馆，1981.

中国社会科学院语言研究所. 中国语言地图集 ［M］. 北京：商务印书馆，2012.

周及徐，等. 岷江流域方音字汇：20世纪四川方音大系之一 ［M］. 成都：四川大学出版社，2018.

周振鹤，游汝杰. 方言与中国文化 ［M］. 上海：上海人民出版社，1986.

朱晓农. 方法：语言学的灵魂 ［M］. 北京：北京大学出版社，2008.

朱晓农. 音韵研究 ［M］. 北京：商务印书馆，2006.

朱晓农. 语音学 ［M］. 北京：商务印书馆，2010.

学位论文

毕圆. 四川西南彭州等八区市县方言音系研究 ［D］. 成都：四川师范大学，2012.

何婉. 四川成都话音系调查研究 ［D］. 成都：四川师范大学，2008.

李冬香. 湖南赣语语音研究［D］. 广州：暨南大学，2005.

李霞. 西南官话语音研究［D］. 上海：上海师范大学，2004.

刘雪霞. 河南方言语音的演变与层次［D］. 上海：复旦大学，2006.

孙越川. 都江堰方言语音研究［D］. 杭州：浙江大学，2008.

孙越川. 四川西南官话语音研究［D］. 杭州：浙江大学，2011.

唐文静. 四川湖广话音系中的几个异质特征及其意义——以双流白家话、龙泉柏合话为例［D］. 成都：四川师范大学，2013.

王晓先. 四川新津话音系调查研究［D］. 成都：四川师范大学，2009.

吴红英. 川西广汉五县市语音调查研究［D］. 成都：四川师范大学，2010.

肖娅曼. 关于成都话语音的两项调查［D］. 成都：四川大学，1994.

易杰. 川西大邑等七县市方言音系调查研究［D］. 成都：四川师范大学，2010.

张弛. 宜宾、泸州地区数县市方言音韵结构及其方言地理学研究［D］. 成都：四川师范大学，2012.

张强. 四川盐亭等六县市方言音系调查研究［D］. 成都：四川师范大学，2012.

周艳波. 四川彭山方言音系调查研究［D］. 成都：四川师范大学，2009.

学术论文

曹志耘. 老枝新芽：中国地理言学研究展望［J］. 语言教学与研究，2002（3）.

崔荣昌，李锡梅. 四川境内的"老湖广话"［J］. 方言，1986（3）.

崔荣昌. 四川方言的形成［J］. 方言，1985（1）.

崔荣昌. 四川方言研究述评［J］. 中国语文，1994（6）.

邓英树，张一舟. 四川方言研究的里程碑——再读《四川方言音系》有感［J］. 汉语史研究集刊（第十五辑），2012.

邓英树. 成都话的BA式形容词［J］. 西南民族学院学报（哲学社会科学版），2002（10）.

郝锡炯，胡淑礼. 关于四川方言的语音分区问题［J］. 四川大学学报，1985（2）.

洪惟仁. 洪水论与语言地理分布发展类型［J］. 北方语言论丛，2013.

黄权生. 从《竹枝词》看清代"湖广填四川"后"四川话"的形成［J］. 成都大学学报，2004（4）.

黄尚军. 成都话音系 [J]. 西华大学学报（哲学社会科学版），2006（1）.

黄尚军. 湖广移民对四川方言形成的影响 [J]. 川东学刊（社会科学版），
　1997（1）.

黄雪贞. 西南官话分区 [J]. 方言，1986（4）.

黄友良. 四川移民史论 [J]. 四川大学学报，1995（3）.

雷兵. 清代"湖广填四川"质疑 [J]. 中华文化论坛，2006.

李方桂. 中国的语言和方言 [J]. 民族译丛，1980（1）.

李蓝. 六十年来西南官话的调查与研究 [J]. 方言，1997（4）.

李蓝. 西南官话分区（稿）[J]. 方言，2009（1）.

李荣. 读《四川方言音系》[J]. 中国语文，1961（9）.

李荣. 汉语方言分区的几个问题 [J]. 方言，1985（2）.

苏东来.《四川通志》所反映的元明清移民历史记忆 [J]. 巴蜀史志，2010
　（3）.

苏晓青，许井岗. 地理变化对方言分布格局的影响——以江苏邳州方言为例
　[J]. 徐州工程学院学报（社会科学版），2011（6）.

田光炜. "湖广填四川"的移民过程 [J]. 四川师院学报，1981（2）.

韦茂繁，潘悟云. 语言：解答人类未来重大问题的钥匙——人类学学者访谈录
　之六十七 [J]. 广西民族大学学报（哲学社会科学版），2013（6）.

项梦冰. 方言地理、方言分区和谱系分类 [J]. 龙岩学院学报，2012（4）.

肖娅曼. 关于成都话舌尖后音声母的调查 [J]. 四川大学学报（社会科学
　版），1999（6）.

杨波. 四川官话入声现象的历史文化透视——论合江方言的形成与发展 [J].
　西南师范大学学报（哲学社会科学版），1997（5）.

张敏，柯立，孙上茜. 明末清初"湖广填四川"人口迁徙及其影响 [J]. 常
　熟理工学院学报，2008（5）.

张清源. 成都话的"V 起来、V 起去"和"V 起 xy"[J]. 方言，1998（2）.

张一舟. 成都话"一＋量词"的省略式使用情况考察 [J]. 方言，2001（1）.

张一舟. 成都话数词的几个语法特点 [J]. 西南民族学院学报（哲学社会科
　学版），2000（12）.

张一舟. 成都话主观量范畴的特殊表达形式 [J]. 四川大学学报（哲学社会
　科学版），2001（5）.

赵振铎，黄峰.《方言》里的秦晋陇冀梁益方言 [J]. 四川大学学报，1998
　（3）.

甄尚灵，郝锡炯，陈绍龄. 四川方言音系［J］. 四川大学学报，1960（3）.

甄尚灵. 成都语音的初步研究［J］. 四川大学学报，1958（1）.

甄尚灵. 西蜀方言与成都语音［J］. 方言，1988（3）.

郑维宽. 清前中期"湖广填四川"的生动例证——衡阳邓氏家族的移民史［J］. 寻根，2010（5）.

周及徐，周岷.《蜀语》与今四川南路话音系——古方言文献与当代田野调查的对应［J］. 语言研究，2017（2）.

周及徐. 20 世纪成都话音变研究——成都话在普通话影响下的语音变化及规律［J］. 四川师范大学学报（社会科学版），2001（7）.

周及徐. 从移民史和方言分布看四川方言的历史——兼论"南路话"与"湖广话"的区别［J］. 语言研究，2013（1）.

周及徐. 从语音特征看四川重庆"湖广话"的来源——成渝方言与湖北官话带标点音系特点比较［J］. 四川师范大学学报（社会科学版），2012a（3）.

周及徐. 南路话和湖广话的语音特点——兼论四川两大方言的历史关系［J］. 语言研究，2012b（7）.

周及徐. 四川青衣江下游地区方言语音特征及其历史形成［J］. 语言历史论丛，2015.

周及徐. 四川雅安地区方言的历史形成及其与地理和移民的关系［J］. 四川师范大学学报（社会科学版），2014（6）.

朱晓农. 腭近音的日化——官话中尚未结束的［jʊŋ］→［ʐʊŋ］音变［J］. 汉语史学报，2003（5）.

方志类

常璩. 华阳国志［M］.《四部丛刊》景明钞本.

成都市地方志编纂委员会. 成都市志·地理志［M］. 成都：成都出版社，1993.

成都市地方志编纂委员会. 成都市志·民俗方言志［M］. 成都：方志出版社，2006.

成都市地方志编纂委员会. 成都市志·总志［M］. 成都：成都时代出版社，2009.

成都市武侯区地方志编纂委员会. 成都市武侯区志（1990～2005）［M］. 北京：方志出版社，2011.

成都县志［M］. 刻本. 1816（嘉庆二十一年）.

灌县志 ［M］. 刻本. 1786（乾隆五十一年）.

《灌县志》编纂委员会. 灌县志 ［M］. 成都：四川人民出版社，1991.

华阳县志 ［M］. 刻本. 1934.

简阳县志 ［M］. 铅印本. 1927.

金堂县地方志编纂委员会. 金堂县志 ［M］. 成都：四川人民出版社，1994.

金堂县志 ［M］. 刻本. 1811（嘉庆十六年）.

龙泉驿区地方志编纂委员会. 成都市龙泉驿区志 ［M］. 成都：成都出版社，1995.

穆彰阿. 大清一统志 ［M］.《四部丛刊续编》景旧钞本.

南部县志 ［M］. 刻本. 1849（道光二十九年）.

郫县志 ［M］. 铅印本. 1948.

郫县志编纂委员会. 郫县志 ［M］. 成都：四川人民出版社，1989.

郫县志书 ［M］. 刻本. 1751（乾隆十六年）.

双流县志 ［M］. 刻本. 1921.

双流县志编纂委员会. 双流县志 ［M］. 成都：四川人民出版社，1992.

四川省地方志编纂委员会. 四川省志·方言志 ［M］. 成都：方志出版社，2013.

四川省彭山县志编纂委员会. 彭山县志 ［M］. 成都：巴蜀书社，1991.

四川省温江县志编纂委员会. 温江县志 ［M］. 成都：四川人民出版社，1990.

铜梁县志 ［M］. 刻本. 1875（光绪元年）.

温江县志 ［M］. 刻本. 1815（嘉庆二十年）.

温江县志 ［M］. 刻本. 1920.

新都县志 ［M］. 刻本. 1844（道光二十四年）.

新都县志编纂委员会. 新都县志 ［M］. 成都：四川人民出版社，1994.

新津县志 ［M］. 刻本. 1839（道光十九年）.

《新津县志》编纂委员会. 新津县志 ［M］. 成都：四川人民出版社，1989.

姚乐野，王晓波. 四川大学图书馆馆藏珍稀四川地方志丛刊 ［M］. 成都：巴蜀书社，2009.

中国地方志集成·四川府县志辑 ［M］. 成都：巴蜀书社，1992.

重庆市地方志编纂委员会. 重庆市志（第一卷）［M］. 成都：四川大学出版社，1992.

重修成都县志 ［M］. 刻本. 1873（同治十二年）.